Hans Hesselmann
Herbststraße

Hans Hesselmann

Herbststraße

Eine Familiengeschichte

rosenheimer

Titelbild und Bilder im Innenteil: © Hans Hesselmann
Bearbeitung: Beate Decker, München
Satz: SATZstudio Josef Pieper, Bedburg-Hau
Druck und Bindung: GGP Media GmbH, Pößneck
Printed in Germany

ISBN 978-3-475-54753-9

Für Evelyn, Oliver, Tamara und Luca

Inhalt

Prolog

Im Keller unseres Hauses steht ein alter, grauer und schon ziemlich ramponierter Umzugskarton. In ihm befinden sich zweihundertachtundzwanzig Briefe und mehrere Hundert Fotos, die meiner im Mai 2002 verstorbenen Mutter gehört hatten, alles von ihr akribisch nach Datum geordnet und sorgfältig aufbewahrt. Mein älterer Bruder Peter hatte den Karton bei der Auflösung ihres Haushalts an sich genommen und einige Jahre später an mich übergeben mit der Bitte, bei Gelegenheit zu entscheiden, was damit geschehen solle. Da ich zur damaligen Zeit noch berufstätig war und zunächst nicht die Muße fand, mich mit dem Inhalt des Kartons zu befassen, geriet er in meinem Kopf allmählich in Vergessenheit.

Peter war es schließlich auch, der den Anstoß zu diesem Buch gab. Wann immer ich ihn in seinem Haus in der Nähe von Rosenheim besuchte, brachte er die bitteren Erfahrungen zur Sprache, die wir in unserem Elternhaus gemacht hatten. Die Familiengeschichte ließ ihn nicht los, ebenso wenig wie mich. Doch während er damals noch immer um Erklärungen für das schwer Verständliche rang, wollte ich von unserer gemeinsamen familiären Vergangenheit nichts mehr hören, um meinen über viele Jahre hinweg mühsam erkämpften und noch immer höchst fragilen Seelenfrieden nicht zu gefährden. Deshalb überhörte ich auch geflissentlich seine Worte, als er anfing, laut darüber nachzudenken, dass man eigentlich schriftlich festhalten müsste, was in unserer Familie alles vorgefallen sei, denn ich machte mir keine Illusionen, wen er damit meinte, wenn er von ›man müsste‹ sprach. Und deshalb lehnte ich auch umgehend ab, als er mich schließlich direkt fragte, ob ich die Familiengeschichte aufschreiben würde. Doch seine Worte waren nicht gänzlich wirkungslos verhallt. Sie hatten mich wieder an den alten Umzugskarton in unserem Keller erinnert. Und daran, dass ich über seinen Inhalt nach wie vor nicht *mehr* wusste, als dass er Briefe und Fotografien enthält.

Ich hatte ein ziemlich schlechtes Gewissen, als ich nach kurzem Zögern anfing, die Briefe meiner Mutter zu lesen, schließlich waren sie ja nicht an mich adressiert, und dennoch, meine Neugier war stärker als mein Schuldgefühl. Es sind insgesamt hundertdreißig Briefe in besagtem Karton, die aus der Feder meiner Mutter stammen, die meisten von ihnen aus den Jahren 1943 bis 1966, ihren Ehejahren mit meinem Vater. Es sind Briefe, die das Herz berühren. Und solche, die erschüttern, weil sie von bitteren Enttäuschungen und Demütigungen, von tiefer Verzweiflung und Hoffnungslosigkeit handeln. Welch ein Kontrast zu den Briefen und Fotografien meiner Mutter aus den dreißiger Jahren, die von einer glückstrahlenden und vor Lebenslust geradezu sprühenden jungen Frau erzählen! Als ich die Briefe meiner Mutter, die aus der Zeit ihrer Ehe mit meinem Vater stammten, gelesen hatte, war ich bestürzt. Dass sie mit ihm alles andere als glücklich geworden war, das hatte ich gewusst. Dass sie über den Zustand ihrer ehelichen Beziehung in Wahrheit jedoch tiefe Verzweiflung empfand, das hatte ich offenkundig aus meinem Gedächtnis verdrängt.

Durch die Lektüre ihrer sorgsam gehüteten Korrespondenz stieß ich aber auch auf zahlreiche Personen und Ereignisse in unserer Familiengeschichte, die mir bis dahin völlig unbekannt geblieben waren und nun meine

Neugier weckten. Ich begann zu recherchieren, zog zwei Interviews zu Rate, die mein Sohn Oliver in den neunziger Jahren mit seiner Großmutter über ihr Leben geführt und auf Tonträgern aufgezeichnet hatte, ich befragte Peter, konsultierte nahe und ferne Verwandte, sprach mit ehemaligen Arbeitern und Angestellten meines Vaters, besuchte Archive und Bibliotheken – und hatte bald Blut geleckt. Am Abend des 2. November 2012, im dritten Jahr meines Ruhestands, hatte ich die ersten Sätze unserer Familiengeschichte zu Papier gebracht.

Ich habe eine Familiengeschichte geschrieben, in deren Zentrum meine Eltern stehen. Das war auch von Anfang an so beabsichtigt, denn es ging mir vor allem um eine Auseinandersetzung mit ihren Persönlichkeiten, insbesondere der meines Vaters, um ihr Denken und Handeln besser verstehen zu können, wenigstens im Nachhinein. Ich habe mich in meiner Familiengeschichte so nahe wie möglich an die historischen Ereignisse gehalten. Die Schilderung einiger Begebenheiten entspringt meiner Annahme, aber es ist sehr wahrscheinlich, dass sie sich so zugetragen haben.

Aus rechtlichen Gründen wurden die Namen mehrerer Personen, die in diesem Roman eine Rolle spielen, geändert.

Ein unerwarteter Todesfall

Rosenheim, Freitag, 18. Februar 1966. Es war vier Uhr morgens, als mich das schrille Klingeln des Telefons weckte. Ein Anruf um diese Zeit? Das war beunruhigend. Als ich mein Zimmer verließ und auf den Gang hinaustrat, schwieg das Telefon. Im Haus blieb alles ruhig. Niemand schien etwas gehört zu haben. Ob ich mich geirrt hatte? Als das Klingeln wieder einsetzte, anhaltend und eindringlich, wuchs meine Beunruhigung. Ich lief die Treppe in die nachtdunkle Eingangshalle hinunter und nahm den Hörer ab.

Peter war am Apparat.

»Ich habe eine schlechte Nachricht, Hans. Der Vater ist tot.«

Die Wucht dieser Worte machte mich sprachlos. Ich stand in der kalten, düster wirkenden Eingangshalle und versuchte zu begreifen, was er mir gerade gesagt hatte.

»Hans, bist du noch dran?«

»Ja.«

»Herr Merkel hat mich gerade angerufen.«

»Wo ist er gestorben? Und wie?«

»Herr Merkel war mit unserem Vater auf einer Geschäftsreise in Frankreich. Auf dem Rückweg sind sie gestern Abend in einem Hotel am Straßburger Bahnhof abgestiegen. Sie waren mit dem Zug unterwegs. Gegen zwei Uhr nachts hat der Chef ihn plötzlich im Hotelzimmer angerufen und verzweifelt um Hilfe gebeten. Als Herr Merkel kam, klagte Vater über Übelkeit und starke

Schmerzen in der Brust. Herr Merkel ließ einen Notarzt rufen, aber es war schon zu spät. Als der Arzt eintraf, konnte er nur noch Vaters Tod feststellen.«

»Und woran ist er gestorben?«

»Der Arzt vermutet Herzinfarkt. Genaueres wissen wir aber erst, wenn die Obduktion stattgefunden hat. Sein Todeskampf muss furchtbar gewesen sein. Er hat wohl sehr gelitten. Es sei erschütternd gewesen.«

»Wissen es Theo und Karl-Heinz schon?«

»Theo habe ich schon informiert. Karl-Heinz kann ich nicht erreichen, weil er für die Firma in Amerika unterwegs ist. Schlafen Mutter und Herbert noch?«

»Ja.«

»Du musst sie wecken und es ihnen sagen. Theo und ich fahren jetzt mit Vaters Mercedes nach Straßburg, um alles Notwendige zu erledigen.«

Ich schwieg.

»Ich melde mich, wenn wir in Straßburg angekommen sind.«

»Ja.«

Nachdem ich den Hörer aufgelegt hatte, blieb ich noch einen kurzen Augenblick unschlüssig in der Eingangshalle stehen und ging dann in die angrenzende Küche, öffnete einen der dunkelgrünen hölzernen Fensterläden, setzte mich an den lang gestreckten Arbeitstisch und starrte hinaus in die nächtliche Stille. Die Laterne auf der gegenüberliegenden Straßenseite warf ein fahles Licht auf die hochgewachsene Hecke, die den schmalen Vorgarten unseres Hauses begrenzte. Ich war sehr aufgewühlt, und es fiel mir schwer, meine verwirrenden Gedanken und Empfindungen zu ordnen. Die Vorstellung, dass der Vater in einem anonymen Hotelzimmer sterben musste, erschütterte mich und ich spürte, wie mir Tränen in die

14

Augen stiegen. Unwillkürlich musste ich aber auch daran denken, wie symbolisch dieser Tod für sein Verhältnis zur Familie war. Hatte er nicht immer wieder unmissverständlich erkennen lassen, dass er von uns nichts wissen wollte? War er es nicht gewesen, der die Ablehnung, mit der er seit vielen Jahren unserer Mutter begegnete, auch seine beiden jüngsten Söhne, Herbert und mich, deutlich spüren ließ? Hatten wir beide nicht schmerzlich erfahren, dass er von uns nichts hielt? Bilder der Nichtachtung, der Ablehnung und der Demütigung, die sich tief in mein Gedächtnis eingegraben hatten, gingen mir durch den Kopf. Und ich erinnerte mich wieder an die letzte lautstarke Auseinandersetzung zwischen unseren Eltern, die mein jüngerer Bruder Herbert und ich miterlebten. Als wir nicht mehr ertragen konnten, wie er unsere Mutter herabwürdigte, gingen wir mit den Fäusten auf ihn los. Zitternd vor Erregung saßen wir danach in meinem Zimmer, schweigend und von Schuldgefühlen bedrängt, und doch empfanden wir ein befreiendes, ein ermutigendes Gefühl: Wir hatten nicht mehr still erduldet. Wir hatten uns gewehrt und Partei ergriffen.

Trotz der Trauer über den tragischen Tod des Vaters verspürte ich auch jetzt wieder ein Gefühl der Befreiung, als würde die Anspannung nachlassen und der ganze Ballast unserer gescheiterten Beziehung langsam abfallen. Und leise Hoffnung keimte in mir auf. Würde die wortlose Angst in unserer Familie, die wie ein schleichendes Gift, wie ein Krebsgeschwür ihre Seele auszehrte, jetzt endlich ein Ende finden? Würde unser Haus, das durch die kalte Atmosphäre zu einem düsteren, unwirtlichen Ort geworden war, jetzt ein Zuhause werden? Ich musste wieder daran denken, dass uns der Vater nach der handgreiflichen Konfrontation keines Blickes mehr gewürdigt hatte und wenig später zu seiner Geschäftsreise nach Frankreich aufgebrochen war, von der er nicht mehr nach Hause zurückkehren sollte. Wie so oft in den vergangenen Jahren zogen wir nur aus seiner Abwesenheit die Schlussfolgerung, dass er wohl verreist sein musste. In diesem Augenblick wurde mir wieder schmerzlich bewusst, wie wenig wir über unseren Vater wussten. Er hatte so gut wie nie über sich und nur ganz selten mit uns gesprochen. Er war uns immer fremd, unnahbar, unerreichbar geblieben. Hätten wir auf ihn zugehen und ihn fragen sollen, warum er uns so verschlossen und abweisend begegnete? Was uns entfremdet hatte? Warum die Familie in seinem Leben keinen Platz fand? Hätten wir ihm sagen sollen, was wir so sehr entbehrten? Dass wir unter Ängsten und Selbstzweifeln litten, weil uns die Zuneigung und Anerkennung des Vaters versagt blieben? Hätten wir versuchen sollen, mehr über ihn zu erfahren und an seinem Dasein Anteil zu nehmen, um ihn besser zu verstehen? Mangelte es bei uns an Sorge um ihn? Jetzt hätte ich so gerne mit ihm gesprochen, aber es war zu spät. Ich konnte ihm nichts mehr sagen, ihn nichts mehr fragen. Er würde seine Gedanken und Gefühle, seine Sorgen und Ängste, seine Hoffnungen und Sehnsüchte, seine Unergründlichkeit mit ins Grab nehmen.

Inzwischen war es sechs Uhr morgens geworden. Noch herrschte nächtliches Schweigen. Nur das Motorengeräusch eines Fahrzeugs, das in die Straße vor unserem Haus einbog, unterbrach für einen Augenblick die Stille. Das Scheinwerferlicht tastete sich an der gegenüber liegenden Mauer entlang und ließ sie flüchtig aufscheinen. Im Hause regten sich jetzt die ersten Lebenszeichen. Ich hörte die leisen Schritte der beiden Hausmädchen in ihren Dachkammern. Sie würden sich bald in der Küche zu schaffen machen. Auch unsere Mutter würde jeden

Augenblick aufstehen, um sich für ihren Arbeitstag in der Firma zurechtzumachen. Es war Zeit für das Unvermeidliche. Wie würde sie Vaters Tod aufnehmen? Unruhig und zögerlich ging ich die Treppe zu ihrem Zimmer hinauf. Als ich sie weckte und ihr das Geschehene mitteilte, schwieg sie lange und starrte gedankenverloren in das Halbdunkel des Zimmers. Der schwache Lichtschein der Nachttischlampe ließ ihr Gesicht aschfahl und hohlwangig aussehen. Was in diesem Augenblick in ihr vorging, konnte ich nur vermuten. Schließlich sagte sie mit leiser, tonloser Stimme:

»Ich muss in die Firma, mit der Belegschaft und der Geschäftsleitung reden, ich muss wissen, was jetzt zu tun ist.«

Die Angst vor dem, was nun unabwendbar auf sie zukommen würde, ließ sie schwer atmen, und ich spürte, wie sie nach Halt suchte in der Haltlosigkeit, in der sie sich sichtlich fühlte.

Willy Hesselmann, Gründer und Alleininhaber der Firma Planatolwerk W. Hesselmann, Chemische und Maschinenfabrik für Klebetechnik mit Niederlassungen in den oberbayerischen Orten Rosenheim und Thansau, war am 18. Februar 1966 kurz vor drei Uhr morgens im Alter von 71 Jahren im ›Hôtel des Vosges‹ am Bahnhofsplatz in Straßburg verstorben. Die Obduktion seines Leichnams fand zwei Tage später im Institut für Rechtsmedizin der dortigen Universität statt. Sie bestätigte die Vermutung des Notarztes, denn der Direktor des Instituts, Professor Chaumont, der als amtlicher medizinischer Sachverständiger die Autopsie durchgeführt hatte, stellte in seinem Gutachten abschließend fest:

Herr Wilhelm Hesselmann starb eines natürlichen Todes: Herzinfarkt infolge einer arteriosklerotischen Verstopfung der Koronararterien.

Der Verstorbene hatte auch nicht zum ersten Mal an dieser Erkrankung gelitten, wie Professor Chaumont in der knapp gehaltenen Zusammenfassung seiner Untersuchungsergebnisse attestierte:

Das Leiden war alt, wie einige frühere perlmuttartige Infarkte belegen. Ob der Betroffene von seinem Zustand gewusst hat und ob er bei einem Kardiologen in Behandlung war, entzieht sich meiner Kenntnis. In jedem Fall ergibt sich eine besondere Anfälligkeit für einen plötzlichen Tod durch die Erheblichkeit der anatomischen Schädigungen.

Der Vater muss von seinem bedrohlichen Gesundheitszustand gewusst haben, ohne jedoch die notwendigen Konsequenzen daraus zu ziehen. Und mit uns als seiner Familie hat er nie darüber gesprochen.

Beisetzung

München, Freitag, 25. Februar 1966. Es war ein für diese Jahreszeit ungewöhnlich milder Spätwintertag. Der Himmel hing in eintönigem Grau wie ein nebelhafter Schleier hoch über dem alten Münchner Waldfriedhof, die restlichen Schneeflecken hatten sich in den lauen, frühlingsnahen Temperaturen der vergangenen Wochen längst aufgelöst. Die große und altehrwürdige Aussegnungshalle war bis auf den letzten Platz mit Trauergästen gefüllt, die von dem Verstorbenen Abschied nehmen wollten: Angehörige, Freunde und Bekannte der weitverzweigten Familie, Geschäftspartner aus dem In- und Ausland, Repräsentanten von Wirtschafts- und Arbeitgeberverbänden, Honoratioren und Behördenvertreter aus den Niederlassungsorten der Firma, der Betriebsrat, die gesamte Belegschaft. Die Arbeiter und Angestellten standen dicht gedrängt vor dem aufgebahrten Sarg und folgten sichtlich bewegt dem Requiem für ihren hochverehrten und beliebten Chef. Die Erschütterung über seinen unerwarteten Tod, aber auch die große Sorge um die Zukunft ihres Unternehmens stand ihnen ins Gesicht geschrieben. Viele waren schon seit langen Jahren in der Fabrik beschäftigt, die Älteren unter ihnen hatten noch ihren schwierigen und mühevollen Neuanfang in den letzten Kriegsjahren miterlebt. Sie alle hatten bisher stets erkennen lassen, wie sehr sie sich der Firma verbunden fühlten und ihren Chef als einen Menschen schätzten, mit dem man reden konnte, der für sie da war, der sich

19

kümmerte. Ihre Unsicherheit über das, was nun kommen würde, war mit Händen zu greifen.

Nach der feierlichen Totenmesse geleitete ein langer, schier endlos wirkender Trauerzug die sterblichen Überreste des Fabrikanten Willy Hesselmann von der Aussegnungshalle auf den von Nadelbäumen und kahlen Birken gesäumten Wegen zu seiner letzten Ruhestätte, dem Familiengrab der Salzmanns, das von einem Meer an Kränzen und Blumen umgeben war.

Als der Verstorbene in zahlreichen Nachrufen mit Worten der Hochachtung und Zuneigung gewürdigt worden war und schließlich der Sarg beigesetzt wurde, der katholische Geistliche seinen Schlusssegen sprach und die Trauernden von dem Toten Abschied nahmen, hatten viele der altgedienten Arbeiter und Angestellten Tränen in den Augen.

Von der Familie weinte niemand.

Die Mutter stand mit versteinertem Gesicht vor der Grabstätte und nahm in stummer Regungslosigkeit das Defilee der kondolierenden Trauergäste ab, eine Anteilnahme, die aber nicht wirklich bei ihr anzukommen schien. Nachdem die Tortur der Beileidsbezeugungen ein Ende gefunden hatte, verharrte sie noch eine Weile vor der offenen Gruft mit dem schlichten grauen Granitgrabstein der Familie Salzmann, auf dem auch der Name Renate Hesselmann zu lesen war, wandte sich dann aber rasch ab und blieb ein paar Schritte entfernt von der Begräbnisstätte stehen, ihr Blick abwesend und in sich gekehrt, als würde sie gar nicht wahrnehmen, was um sie herum geschah. Was mochte in diesem Augenblick in ihr vorgehen?

Als ich am Grab Abschied vom Vater nahm, gingen mir unwillkürlich wieder Bilder unserer fehlgeschlagenen Beziehung durch den Kopf, und ich musste erneut daran denken, wie tief mich seine abfällige Nichtachtung verletzt, wie sehr ich seine Zuwendung, seine Fürsorge, seine Ermutigung ersehnt hatte. Doch ich empfand keinen Schmerz, nur Trauer: Trauer darüber, dass wir beide nie zu einander gefunden hatten, uns nie nahe gekommen waren, und dass daran nun nichts mehr zu ändern war.

Als die Trauergäste die Grabstätte verließen, trat plötzlich ein hochgewachsener Mann mittleren Alters auf meinen Bruder Herbert und mich zu und sagte:

»Wir kennen uns bisher noch nicht. Ich bin Harald, euer ältester Bruder.«

Charlottes Kindheit

Stettin, Dienstag, 9. Oktober 1906. Es ist elf Uhr nachts. Gustav Bressem erhebt sich zum wiederholten Male aus seinem voluminösen Ohrensessel, wandert ruhelos im Wohnzimmer auf und ab und wirft immer wieder einen Blick auf die barocke Standuhr, einem Erbstück aus dem Nachlass seiner Großeltern. Er ist innerlich angespannt, das Wechselbad der Gefühle zwischen Hoffen und Bangen macht ihn nervös. Er versucht sich zu beruhigen, bemüht sich um Gelassenheit, aber es mag ihm nicht recht gelingen. Als es endlich an der Tür klopft und die Hebamme eintritt, eine freundliche, etwas korpulente Mittfünfzigerin, atmet er tief durch und blickt sie erwartungsvoll, ja ungeduldig an:

»Und?«

Sie lächelt, sichtlich erleichtert, als sie ihm gratuliert:

»Sie haben eine gesunde Tochter, Herr Sekretär, es ist alles gut gegangen, es ist alles in Ordnung. Sie können Ihre Frau und das Kind gleich sehen.«

Gustav Bressem schweigt. Wie sehr hatte er gehofft, es würde ein Junge werden. Eine Tochter hat er doch schon, die vierjährige Erna. Natürlich liebt er sie, und er kümmert sich ja auch fürsorglich um das Kind. Aber wie alle Väter hatte er sich nun auch einen Sohn gewünscht, einen strammen Stammhalter. Wie stolz wäre er gewesen, wenn es dieses Mal geklappt hätte. Die Enttäuschung steht dem Königlichen Eisenbahnsekretär ins Gesicht geschrieben. (Als meine Mutter später erfuhr, dass sie eigentlich ein

Sohn werden sollte, nahm sie es mit Humor: Aus dem erhofften Carl war eben eine Charlotte geworden.)

Nachdem auch ein weiterer Versuch der Eheleute
Gustav und Hedwig Bressem, einen Stammhalter in die
Welt zu setzen, nicht wunschgemäß verlaufen war und
abermals mit der Geburt einer Tochter, der Annemarie,
endete, musste sich der Königliche Eisenbahnsekretär
schließlich damit abfinden, ›nur‹ über einen Frauenhaus-
halt herrschen zu können.

Karl Gustav Franz Bressem wurde 1871, im Jahr der Gründung des Deutschen Kaiserreiches, als Sohn eines Haupt-
zollamts-Dieners in Hamburg geboren. Die Vorfahren
waren Hugenotten gewesen, französische Protestanten,
die wegen ihres Glaubens Ende des 17. Jahrhunderts die
vorwiegend katholisch geprägte Heimat verlassen mussten und sich schließlich in der Freien Hansestadt nieder-
gelassen hatten. Wenige Jahre nach der Reichsgründung
übersiedelte die Familie Bressem nach Stettin, wo Gustav
das Gymnasium mit dem Abitur abschloss und schließlich
Beamter bei den Preußischen Eisenbahnen wurde. Nach
der Ernennung zum Königlichen Eisenbahnsekretär war
er in seiner Dienststelle in Stettin für die Zugfahrpläne zu-
ständig, eine verantwortungsvolle Aufgabe, die er mit Genugtuung und der ihm eigenen Akribie erfüllte. Dass seine Geburt in das Jahr der Reichsgründung fiel, hatte
geradezu symbolischen Charakter, denn er wurde ein
preußischer Beamter, wie er im Buche stand: Konservativ
bis in die Knochen, national gesinnt und als überzeugter
Monarchist dem Deutschen Kaiser und König von Preu-
ßen treu ergeben. Schon sein Äußeres ließ erkennen, wie
sehr ihm Wilhelm II. imponierte. Wie er, so trug auch
Gustav einen dichten, nach außen gekämmten Schnurr-
bart mit steil nach oben gezwirbelten Enden. (Und wie

sein Monarch, so musste auch er nachts eine Bartbinde tragen, um das Schmuckstück, das im Volksmund als »Es-ist-erreicht-Bart« belächelt wurde, in Form zu halten.)

Gustav Bressem war stolz darauf, Beamter zu sein, denn die Staatsdiener besaßen alles in allem eine angesehene und herausgehobene Stellung in der wilhelminischen Gesellschaft, verkörperten sie doch Macht und Autorität des kaiserlichen Obrigkeitsstaates. Gleichwohl plagten ihn Minderwertigkeitsgefühle, denn auf die Frage, wann und wo er beim Militär »jedient« habe, musste er jedes Mal eingestehen, dass er wegen seiner starken Kurzsichtigkeit einen ablehnenden Bescheid erhalten hatte. Das war ihm sehr unangenehm, ja peinlich, denn wer »unjedient« war, wurde häufig als »schlapper Zivilist« verspottet. Dabei wäre er so gerne Reserveleutnant geworden, war ihm doch bewusst, wie hoch im Kurs das Offizierskorps in der Bevölkerung stand, welch großen Respekt es genoss, wie stark das Militär als Inbegriff preußischer Tradition und Tugenden in nahezu allen Lebens- und Arbeitsbereichen, auch bei der Eisenbahn, als Vorbild galt, wie wirkungsvoll daher ein Reserveoffizierspatent das Ansehen im bürgerlichen Leben steigerte und überdies Nachweis der vaterländischen Gesinnung war. Doch er musste damit leben, dass ihm dieser Wunsch versagt blieb. Das hatte ihm lange Zeit sehr zu schaffen gemacht. »Aber der Mensch, der Mensch fängt erst beim Leutnant an …« Hätte Carl Zuckmayer seine Tragikomödie »Der Hauptmann von Köpenick« schon damals geschrieben, Gustav Bressem hätte diesen Worten aus eigener Erfahrung sicherlich mit Bitterkeit zugestimmt.

Trotz alledem, er bewahrte sich seinen Humor und kompensierte diesen »Makel«, indem er die Freuden, die das

Leben bot, in vollen Zügen genoss. Das weibliche Geschlecht hatte es ihm dabei besonders angetan, war er doch nicht nur ein preußischer Beamter, sondern auch ein *Mann*. Hedwig, ein Kind vom Lande, wurde schließlich seine Herzensdame. Sie hatte ihn ernsthaft entflammt, mit ihr wollte er einen eigenen Hausstand gründen. Doch mochte es da noch einen anderen Grund gegeben haben, der seine Liebe zu ihr beflügelte? Hedwig war nämlich nicht nur eine anmutige und warmherzige junge Frau, sie war zudem auch eine gute Partie, denn sie stammte aus einer begüterten Familie. Ihre Mutter Ernestine Wilhelmine Bamberg besaß in der kleinen pommerschen Landgemeinde Buchholz nahe Stettin eine Ziegelei, einen Gasthof mit geräumigem Tanzsaal und eine großbäuerliche Landwirtschaft mit ausgedehnten Waldungen. Gustav Bressem registrierte dies jedenfalls mit Befriedigung.

Ernestine Bamberg hatte im Laufe ihrer Ehe acht Kinder zur Welt gebracht, die drei Jüngsten waren jedoch schon früh verstorben, so auch ihr Ehemann. Hedwig musste deshalb der Mutter im Haushalt und in der Gastwirtschaft tüchtig zur Hand gehen und sich dabei auch um ihre vier kleineren Geschwister kümmern, was sie rührend tat. Gustav Bressem sah dies alles mit Wohlgefallen: Konnte es denn einen überzeugenderen Beweis dafür geben, dass Hedwig nicht nur eine ansehnliche und tugendhafte Gattin (mit beachtlicher Aussteuer?) wäre, sondern auch eine liebevolle Mutter seiner künftigen Kinder und obendrein noch eine tüchtige Hausfrau? Er befand sich deshalb in Hochstimmung (und sein lädiertes Selbstbewusstsein erholte sich ein wenig), als Hedwig sein Werben schließlich erhörte und ihm ihr Jawort gab. Auch Ernestine Bamberg zeigte sich mit der Wahl ihrer Tochter zufrieden. Ihr angehender Schwiegersohn war fraglos eine stattliche und gepflegte Erscheinung, ein schlanker und hochgewachsener junger Mann mit zuvorkommenden Umgangsformen, stets gut gekleidet, sonntags in grauem Anzug, gestärkter weißer Hemdenbrust mit Stehkragen, Krawatte oder Querbinder (»Fliege«) und schwarzem Hut, dem »Homburg«. Zwar war sein Gehalt noch etwas bescheiden, wenn auch auskömmlich, aber er konnte ihrer Hedwig jedenfalls wirtschaftliche Sicherheit bieten, da er als Beamter eine Stellung auf Lebenszeit mit Pensionsberechtigung besaß. Das wusste sie sehr zu schätzen, gab es damals doch kaum sichere Arbeitsplätze und in aller Regel nur sehr geringe Altersrenten.

Das junge Ehepaar bezog eine Vier-Zimmer-Mietwohnung in der Kronprinzenstraße im Zentrum Stettins, wo auch alle drei Töchter, Erna, Charlotte und Annemarie, geboren wurden und einen Teil ihrer Kindheit verbrachten. Die beiden Eheleute führten ein Familienleben, wie es in der bürgerlichen Welt des Kaiserreiches selbstverständlich war. Gustav Bressem ging seiner beruflichen Tätigkeit bei der Eisenbahn nach, er verdiente den Lebensunterhalt, er repräsentierte die Familie. Politik und gesellschaftliche Angelegenheiten waren seine Sache. Hedwig Bressem dagegen konnte an der Gestaltung des öffentlichen Lebens nicht mitwirken, denn Frauen besaßen damals kein Wahlrecht und durften auch keiner politischen Organisation angehören (was ihnen erst ab 1908 möglich war). Er fühlte sich als Herr im Haus, dem es selbstverständlich oblag, alle maßgeblichen Entscheidungen zu treffen und der stets das letzte Wort hatte, so wie es in der männerdominierten wilhelminischen Gesellschaft Usus und in der Rechtsordnung auch festgeschrieben war. Ihre Rolle dagegen war die der treusorgenden Ehefrau und Mutter, sie kümmerte sich um die Familie, die Kinder und den Haushalt, das war ihre

Domäne. Einer Erwerbstätigkeit hätte sie ohne Erlaubnis ihres Mannes auch gar nicht nachgehen dürfen. Und mit einem solchen Wunsch wäre er fraglos nicht einverstanden gewesen, das hätte sein Stolz nicht zugelassen: Als Königlicher Eisenbahnsekretär war er selbstredend in der Lage, seine Familie zu ernähren, seine Frau musste nicht arbeiten gehen!

Gustav Bressem war ein fürsorglicher Vater, einer, der sich um seine Kinder kümmerte, der an ihrem Leben regen Anteil nahm. Aber er war auch ein sehr strenger Vater, einer, der von seinen Töchtern unnachsichtig Gehorsam, Disziplin und Pflichtbewusstsein, Strebsamkeit, Pünktlichkeit und vor allem Ordnungsliebe verlangte, Tugenden, die er selbst exerzierte, wie es seiner Überzeugung nach einem preußischen Beamten mit hugenottischer Herkunft auch geziemte. Wehe der Tochter, die es etwa wagte, sich unerlaubterweise an einem seiner Bücher zu vergreifen! Mit untrüglichem Blick entdeckte er die Freveltat sofort, wenn das corpus delicti nicht mehr exakt an seinem Platz auf dem Regal stand. Dann mussten die drei Mädchen antreten und wurden so lange verhört, bis die Täterin gestand und zurechtgewiesen werden konnte. Zuweilen verwechselte Gustav Bressem Erziehung aber auch mit militärischem Drill und das Kinderzimmer mit einem Kasernenhof. (Kompensierte er da seine Ablehnung durch das Militär, indem er zu Hause wie ein Reserveoffizier agierte?) Die Familie musste jedenfalls immer wieder unter seinen herrischen Allüren, seinem mitunter auch sehr tyrannischen Auftreten, seinem Kommandoton, seiner Rechthaberei leiden. Und oftmals fürchteten die Töchter ihren Vater geradezu, vor allem dann, wenn er sie, wie die leibhaftige Inquisition, zur hochnotpeinlichen Befragung über ihre schulischen

Leistungen ins Wohnzimmer zitierte. Gleichwohl stieß seine häusliche Herrschaftsattitüde bei Hedwig auf Widerstand, denn sie kuschte vor ihrem Gustav nicht. Sie konnte das patriarchalische Familienoberhaupt auch immer wieder in seine Schranken weisen, verfügte sie doch über eine wichtige familiäre Machtposition: Sie verwaltete die Familienkasse! Und dies implizierte, den monatlichen Haushaltsplan mit den einzelnen Etatposten zu erstellen, alle Ausgaben zu kontrollieren und sorgfältig Buch zu führen, eine Profession, die sie im elterlichen Familienbetrieb gründlich gelernt hatte. Das musste Gustav Bressem stets bedenken, vornehmlich dann, wenn er einmal im Monat, freitagabends, seine Kneipen-Tour mit Arbeitskollegen unternahm, eine Männerrunde, die regelmäßig sehr feucht und fröhlich endete. Der Königliche Eisenbahnsekretär war zwar im Dienst ein überaus korrekter und gewissenhafter, ja penibler Beamter, aber bei seinen nächtlichen Exkursionen alles andere als ein Kind von Traurigkeit. Doch zu diesem Vergnügen brauchte er Geld aus Hedwigs Kasse und folglich auch ihr Wohlwollen. Wenn er dann spät nachts und sichtlich alkoholisiert nach Hause kam, war er deshalb stets bemüht, sie mit kleinen Geschenken und seinem schlagfertigen Humor versöhnlich zu stimmen. Einer seiner beliebtesten Sprüche ist in der Familie überliefert: Ich trinke selten, dafür öfter und dann umso mehr.

Gustav Bressem fühlte sich als Beamter mit Gymnasialexamen den »gebildeten Ständen« im wilhelminischen Kaiserreich zugehörig. Dies umso mehr, da er sich als einen stets bildungsbeflissenen Staatsdiener betrachtete, als einen, der sich für Geschichte und Literatur interessierte, der über eine ausgewählte häusliche Bibliothek verfügte, der die Klassiker gelesen hatte und sogar aus ihren Werken zitieren konnte. Deshalb war es für ihn auch keine Frage, dass seine Töchter eine standesgemäße Bildung und Ausbildung erfahren sollten. Da klassische Musik im kulturellen Leben der damaligen bürgerlichen Gesellschaft eine herausgehobene Rolle spielte, mussten selbstverständlich auch seine drei Mädchen, wie die meisten »höheren Töchter«, schon sehr frühzeitig das Klavierspielen erlernen und ihre Künste bei gesellschaftlichen Anlässen zu Hause präsentieren. Das war den Eltern ein Anliegen, das erfüllte sie mit Stolz. Charlotte, die sehr musikalisch war, liebte diese Auftritte, ihre Schwestern Erna und Annemarie dagegen empfanden den Klavierunterricht als seelische Tortur und litten regelmäßig Höllenqualen, wenn sie in Gegenwart von Gästen vorspielen mussten. Als die Familie Jahre später eine größere Mietwohnung in der Pestalozzistraße in Stettin bezog, richteten die Eltern dort sogar ein separates Musikzimmer ein, sehr zum Leidwesen von Erna und Annemarie, die erkennen mussten, dass ihr musikalisches Martyrium so schnell nicht enden würde.

Für Gustav Bressem war es auch keine Frage, dass er seinen jährlichen Urlaub standesgemäß verbringen wollte, glaubte er doch, dies seinem Status als Beamter und Königlicher Eisenbahnsekretär schuldig zu sein. Die Familie reiste deshalb regelmäßig zur »Sommerfrische« in die renommierten Ostseebäder Misdroy, Swinemünde und Ahlbeck, zu deren Gästen stets auch prominente Persönlichkeiten aus Politik und Gesellschaft des Kaiserreiches zählten. Dort flanierten und promenierten Gustav und Hedwig Bressem mit ihren Töchtern, elegant herausgeputzt, er im schwarzen Jackett, Hemd und Fliege in Weiß, Kapitänsmütze und Spazierstock, sie chic im hochgeschlossenen, bodenlangen und taillierten Sonntagskleid in dezentem Beige, mit gemusterten Bordüren, auf dem hochgesteckten Haar einen modischen Strohhut, die Kinder in kurzen, bunten Kleidchen mit Schleifen im Haar. Sehen und gesehen zu werden und zu Hause stolz vom Urlaub erzählen zu können, aber auch von den Anforderungen und Zwängen des oftmals grauen Alltags befreit zu sein, Ruhe und Bequemlichkeit zu finden, die See und den Strand zu genießen, Freiluftkonzerte zu erleben, das war es, was die beiden Eheleute und ihre Kinder die Sommerfrische stets herbeisehnen ließ.

Dieses alljährliche Idyll fand jedoch ein jähes Ende, als Anfang August 1914 der Erste Weltkrieg ausbrach. In der deutschen Bevölkerung löste sein Beginn sehr gegensätzliche Stimmungen und Reaktionen aus: Während in der Arbeiterschaft, die in ihrer großen Mehrheit den Krieg ablehnte, Zukunftsangst, Verzweiflung und Resignation dominierten, jubelten vornehmlich die bürgerlichen Kreise der Wilhelminischen Gesellschaft, aber auch viele namhafte Gelehrte, Literaten und Künstler in chauvinistischer Begeisterung und Hurra-Patriotismus.

Und mein Großvater? Welche Gefühle prägten ihn? Auf welcher Seite stand er? Jubelte er mit den Kriegsbefürwortern oder gehörte er zu den Zweiflern und Kritikern? Als stockkonservativer, vaterländisch gesinnter Beamter und überzeugter Monarchist, der das preußische Militär bewunderte und so gerne Reserveleutnant geworden wäre, glaubte er vermutlich die Propaganda der Reichsregierung, es gelte, Deutschland gegen eine ganze Welt von Feinden zu verteidigen, und teilte folglich die Freude über den Kriegsbeginn. Doch ich weiß es nicht sicher, er hat nie darüber gesprochen.

Wie dem auch gewesen sein mag, schon bald folgte Ernüchterung bei jenen, die den Krieg begrüßt hatten, da seine Auswirkungen auf die Existenzbedingungen der Menschen immer schmerzlicher spürbar wurden, Auswirkungen, von denen auch die Familie Bressem nicht verschont blieb. Ihre Lebenswirklichkeit änderte sich grundlegend, denn bereits ab den Wintermonaten 1914 verschlechterte sich die Ernährungslage der Bevölkerung zusehends.

»Der Erste Weltkrieg war sehr schlimm«, erzählte meine Mutter später, als ich sie nach ihren Kindheitserfahrungen fragte. »Wir mussten stundenlang vor den Lebensmittelgeschäften stehen, um ein paar Kartoffeln und etwas Mehl, Butter, Milch oder Zucker zu ergattern. Ich kann mich noch gut daran erinnern, dass wir nur sehr wenig Brot bekamen, das auch noch von ziemlich schlechter Qualität war, denn es wurde mit viel Kartoffelmehl gebacken. Meine Mutter ist dann oft zum ›Hamstern‹ aufs Land gefahren, um Lebensmittel zu besorgen, vor allem zu meiner Großmutter Bamberg, die ja in Buchholz bei Stettin einen großen Bauernhof hatte. Aber auch sie konnte uns kaum helfen, weil die meisten ihrer Knechte im Krieg waren und die Landwirtschaft brach lag. Abends kam Mutter dann ganz erschöpft nach Hause, aber sie war jedes Mal richtig glücklich, wenn sie etwas zu essen mitbringen konnte und uns wieder satt bekam. Aber je länger der Krieg dauerte, umso öfter kehrte sie mit leeren Händen zurück. Da war sie immer ganz verzweifelt. Besonders schlimm wurde dann der Winter 1916/17, da mussten wir richtig hungern, weil es wegen einer Missernte so gut wie keine Kartoffeln mehr gab, nur noch Kohlrüben, tagaus, tagein nichts als Kohlrüben. Das war eine furchtbare Zeit, und ich weiß noch, dass ich damals sehr oft hungrig in die Schule gegangen bin und mich deshalb nur schwer auf den Unterricht konzentrieren konnte. Wir waren so froh, als der Krieg 1918 zu Ende war und die Versorgung mit Lebensmitteln langsam wieder besser wurde.«

Und mein Großvater? Wie mochte er über diesen Krieg gedacht haben, als die Folgen dieses grauenhaften Gemetzels immer offensichtlicher wurden?

Doch bereits im letzten Friedensjahr vor dem großen Krieg hatte sich Charlottes Leben grundlegend verändert. An Ostern 1913 lief das kleine, blond gelockte Mädchen zum ersten Mal zur Schule, die Eltern im Gefolge, die Schultüte im Arm, den Ranzen auf dem Rücken, aufgeregt und glückselig gleichermaßen. Die Eheleute Bressem waren sich stets einig gewesen, dass ihren drei Töchtern eine Schulbildung zuteil werden sollte, die dem gesellschaftlichen Stand der Familie entsprach und ihnen später eine achtbare berufliche Tätigkeit ermöglichte. Das war Gustav und Hedwig Bressem ein Anliegen. Charlotte und ihre beiden Schwestern wurden deshalb auf das »Gesenius-Wegener-Lyzeum« geschickt, eine private höhere Mädchenschule, die damals in bürgerlichen Kreisen Stettins einen guten Ruf genoss, da sie den Forderungen der Zeit nach einer besseren Ausbildung der jungen Frauen Rechnung trug.

Als ich meine Mutter später nach ihrer Schulzeit fragte, erzählte sie, sie sei keine besonders gute Schülerin gewesen, das Lernen sei ihr nicht leicht gefallen, doch sie habe sich wacker durchgeschlagen und musste in den zehn Jahren, die sie auf dem Lyzeum verbrachte, keine Klasse wiederholen. Andernfalls hätte sie auch nicht wagen können, ihrem Vater unter die Augen zu treten. Diese »Blamage« hätte sie ihm nicht antun dürfen. Es habe ohnedies häufig Szenen zu Hause gegeben, wenn sie und ihre

Schwestern seiner Ansicht nach nicht spurten und ihre Schularbeiten nicht sorgsam genug erledigten. Dann aber sagte sie, lächelte und ihre Augen strahlten:

»Die Jahre auf dem Lyzeum waren dennoch eine schöne Zeit. Wir mussten zwar fleißig lernen und wurden gehörig gedrillt, haben aber auch viel Spaß gehabt, vor allem, wenn wir die Lehrerinnen imitierten. Manchmal wurde ich dabei erwischt und dann auch bestraft. Das machte mir aber nicht viel aus, denn dieses Vergnügen war es wert. Wir hatten sogar Theaterunterricht und durften oft Bühnenstücke aufführen. Da war ich immer ganz begeistert bei der Sache, vor allem, weil ich die lustigen Rollen bekam. Die habe ich auch so gut gespielt, dass die Direktorin der Schule eines Tages zu mir sagte, liebes Kind, das machst du sehr schön, du solltest zum Theater gehen. Als ich das meinen Eltern erzählte und behutsam den Wunsch äußerte, Schauspielerin zu werden, starrten sie mich entgeistert an und erklärten dann voller Empörung, das komme überhaupt nicht in Frage, das sei kein achtbarer Beruf für ein Mädchen aus gutem Hause, sie wollten davon nichts mehr hören.«

Auf meine Frage, wie sie auf das elterliche Verdikt reagiert habe, antwortete meine Mutter nach kurzem Zögern leise und nachdenklich, damit sei dieser Wunsch, wie so viele spätere auch, ein unerfüllbarer Traum geblieben. Die Wehmut in ihrer Stimme war unüberhörbar. Doch dann lächelte sie rasch wieder und sagte:

»Als meine Schulzeit am Gesenius-Wegener-Lyzeum 1923 beendet war, besuchte ich die Frauenfachschule, wo ich all das lernte, was eine Frau wissen sollte, wenn sie eines Tages heiratet. Mein Vater war von dieser Ausbildung so angetan, dass er mich energisch zu überzeugen versuchte, Lehrerin an einer solchen Schule zu werden. Das war seiner Auffassung nach ein achtbarer und standesgemäßer

Frauenberuf für seine Tochter Charlotte. Doch das lehnte ich ab, Lehrerin wollte ich nicht werden, das war kein geeigneter Beruf für mich, ich wollte in einem Büro arbeiten, wie meine ältere Schwester Erna. Deshalb besuchte ich in den Abendstunden auch noch die Handelsschule, an der ich Kurse in Schreibmaschine, Stenographie, kaufmännischer Korrespondenz und englischer Sprache belegte und erfolgreich absolvierte. Da ich sehr fleißig und ehrgeizig war, fand ich danach postwendend eine Anstellung als Kontoristin, Stenotypistin und Sekretärin in dem angesehenen Rudolf-Lorentz-Verlag in Stettin, bei dem ich dann fünf Jahre lang, von 1924 bis 1929, arbeitete. Als diese Firma Anfang 1926 nach Berlin umzog, wurde mir angeboten, mitzugehen und dort in meinem bisherigen Aufgabenbereich weiter beschäftigt zu werden. Da war ich sofort Feuer und Flamme, ganz im Gegensatz zu den Eltern, die meine Absicht entschieden missbilligten. Doch diese Chance, aus meinem strengen Elternhaus herauszukommen und mein Leben endlich selbst gestalten zu können, wollte ich mir nicht entgehen lassen. Ich war damals schon neunzehn Jahre alt, durfte mir aber keinesfalls erlauben, später als acht Uhr abends nach Hause zu kommen und musste jedes Mal Rede und Antwort stehen, wo ich mit wem gewesen war. Das empfand ich als demütigend, damit wollte ich mich nicht mehr abfinden. Nach erregten Diskussionen einigten wir uns schließlich darauf, dass ich sechs Wochen nach Berlin gehen und dann wieder nach Hause kommen sollte. Doch ich bin nicht mehr zurückgekehrt.«

Ein schwieriger Aufstieg

Büren, Montag, 26. März 1923. Er hatte einen langen und arbeitsreichen Tag hinter sich, als der Gewerbebankdirektor Theodor Hesselmann kurz vor halb acht Uhr abends die Schriftstücke auf seinem Schreibtisch ordnete und anschließend sein Büro verließ, um nach Hause zu gehen. Als er auf die Straße hinaustrat, hatte der Regen nachgelassen und sich auf ein leichtes Nieseln zurückgezogen, aber der starke, böige Wind, der inzwischen aufgekommen war, machte ihm zu schaffen und ließ seine raschen, ausholenden Schritte immer wieder ins Stocken geraten. Er war erleichtert, als er nach einer knappen halben Stunde endlich zu Hause ankam. Nachdem er seinen regennassen Parapluie in den Schirmständer gestellt hatte, legte er Hut und Mantel ab, hängte die beiden Kleidungsstücke an die Garderobe und ging den Flur entlang zum Badezimmer, um sich, wie stets nach einem recht anstrengenden Arbeitstag, ein wenig zu regenerieren. Als er sich anschließend zum Esszimmer begab, warf er noch kurz einen Blick in die Küche, um sich zu vergewissern, dass seine Anwesenheit bemerkt worden war, setzte sich sodann an seinen gewohnten Platz an dem großen runden Biedermeiertisch und ließ sich von seiner Frau Sophie die Speisen servieren, die das Dienstmädchen soeben hereingetragen hatte. Während des Essens sagte Sophie:

»Willy war heute Mittag kurz hier.«

»So? Und aus welchem Grund?«

»Helene und er sind nun endgültig geschieden. Er wurde wieder alleine für schuldig erklärt und muss ihr deshalb Unterhalt zahlen. Auch das Sorgerecht für Harald hat er verloren.«

»Das habe ich befürchtet. Jetzt werden wir den Jungen wohl nur noch selten sehen können. Schade!«

»Ja, das fürchte ich auch. Sehr schade! Willy war sehr aufgebracht. Er kommt heute später nach Hause, will uns dann aber alles noch ausführlicher erzählen.«

»Also auch das Oberlandesgericht! Ich habe allerdings nichts anderes erwartet. Derart verletzende Äußerungen hätten ihm nicht passieren dürfen, unter keinen Umständen, nein! Ein unverzeihlicher Fehler! Aber wir kennen ihn ja, er ist oft so unbeherrscht und rechthaberisch, dass mir jedes Mal der Kragen platzen könnte.«

»Ich weiß, und ich bin die Letzte, die hier ein Wort für ihn einlegt. Aber Helene ist nicht weniger hitzköpfig und uneinsichtig. Und diese herrische Art, die sie oftmals an den Tag legt! Kaum zu ertragen! Sie hat sich schon immer eingebildet, etwas Besseres zu sein.«

»Da kann ich dir nur recht geben. Ausgerechnet sie, die sich für nichts anderes als Mode, Schmuck und ihre Damenkränzchen interessiert! Und einen Beruf hat sie auch nicht erlernt! Ich bin deshalb nicht unglücklich über das Ende dieser Ehe, auch wenn das Urteil des Oberlandesgerichts für Willy unangenehme Folgen haben wird. Vor allem die Verpflichtung, Helene Unterhalt zu zahlen, wird ihn sehr belasten, gerade in der jetzigen Situation. Unser Geld verliert doch ständig an Wert und die Preise steigen ins Uferlose. Aber er wollte ja damals auf unsere Bedenken nicht hören, jetzt muss er eben mit den Folgen leben.«

»Ja, da kann ich dir nur zustimmen. Hoffentlich wird er sich das gründlicher überlegen, wenn er später noch einmal heiraten will. Aber da habe ich meine Zweifel.«

Willy Hesselmann und Helene Wittenhaus hatten am 11. Oktober 1918 in Rheydt, das damals zur preußischen Rheinprovinz gehörte, geheiratet und damit alle elterlichen Warnungen vor einer unbesonnenen Eheschließung in den Wind geschlagen. Doch die Hoffnungen, die sie in ihr gemeinsames Leben setzten, erfüllten sich nicht. Ihr anfängliches Liebesglück währte nicht lange, da sich die beiden jungen Eheleute rasch als gleichermaßen unduldsame und unnachgiebige Persönlichkeiten erwiesen, geprägt durch Lebensbedingungen, die unterschiedlicher kaum sein konnten, so dass ihre Beziehung schon bald einen krisenhaften Fortgang nahm und mit der Zeit in einen zermürbenden Machtkampf ausartete. Das frisch vermählte Paar war nach der Hochzeit in das Mietshaus in Rheydt gezogen, in dem auch Helenes Eltern wohnten. Dort wurden der Handelsvertreter Wilhelm Karl Wittenhaus und seine Frau immer häufiger Ohrenzeugen sehr lautstarker Auseinandersetzungen, es wurde geschrien, Türen flogen krachend zu, Fensterscheiben klirrten. Die heillosen Spannungen und Konflikte erreichten im Frühjahr 1922 ihren Kulminationspunkt, als Willy Hesselmann im Verlaufe einer immer heftiger werdenden Konfrontation keine Argumente mehr fand und sich in seiner Ohnmacht nur noch mit verbalen Entgleisungen gegen den hysterischen Redefluss seiner Frau behaupten zu können glaubte. Damit war jedoch die so hoffnungsvoll begonnene Ehe nach nur dreieinhalb Jahren endgültig gescheitert, denn Helenes Antwort ließ nicht auf sich warten: Sie beantragte die Scheidung, die das Oberlandesgericht Köln am 24. März 1923 mit seinem abschließenden Urteil auch vollzog.

Franz Wilhelm (Willy) Hesselmann war am 3. Februar 1895 als jüngster von drei Söhnen des Handelsvertreters

Theodor Hesselmann in Gelsenkirchen geboren worden. Nachdem die Familie einige Jahre später in die westfälische Kleinstadt Büren umgezogen war, machte Theodor Hesselmann dort alsbald Karriere, er arbeitete sich zielstrebig in die Position eines Rechtskonsulenten hoch und avancierte schließlich zum Direktor der örtlichen Gewerbebank.

Auch sein Sohn Willy strebte nach beruflichem Erfolg, er war ehrgeizig, er wollte vorwärts kommen, es zu etwas bringen. Nach anfänglicher Tätigkeit als Kaufmann wechselte er, wie sein Vater, ins Bankgeschäft und erwarb sich ab Dezember 1923 als Angestellter in einem renommierten Münchner Geldinstitut den Ruf eines erstklassigen Bankfachmanns. Ende der zwanziger Jahre schaffte er schließlich den ersehnten Sprung nach oben: Er wurde von namhaften Industrie- und Handelsunternehmen in leitende Positionen berufen, zuerst in Düsseldorf, dann in Berlin. Doch dieser Erfolg war hart erkämpft. Willy Hesselmann arbeitete rastlos, mit unbeirrbarer Entschlossenheit und eiserner Disziplin, er schonte sich nicht, um sein ehrgeiziges Ziel zu erreichen.

So habe auch ich meinen Vater erlebt, als einen Menschen von schier unerschöpflicher Tatkraft und herausragenden Fähigkeiten, als dynamischen Kopf eines florierenden Unternehmens und Schöpfer bahnbrechender Erfindungen, aber vor allem als einen Menschen, der seinen beispiellosen Leistungswillen und sein unermüdliches Erfolgsstreben zum alles beherrschenden Inhalt seines Lebens machte, der seine Ehe und seine Familie kompromisslos der beruflichen Tätigkeit unterordnete und dem die schönen Seiten des Lebens offenkundig nichts bedeuteten.

Was aber hat ihn zu dieser geradezu zwanghaften Arbeitswut, zu diesem unbeugsamen Erfolgswillen getrieben? Seine Anfangsjahre als Kaufmann nach dem Ersten

Weltkrieg waren sehr enttäuschend verlaufen, von Misserfolgen und Rückschlägen geprägt. Wollte er mit seiner rastlosen Emsigkeit die Vergangenheit auf Abstand halten? Oder war es die Angst, den Leistungserwartungen eines gestrengen Vaters nicht gerecht zu werden, eine Angst, die zur Triebfeder für diese unerbittliche und schonungslose Plackerei wurde, die er sich unbarmherzig abverlangte? Wollte er dem Vater beweisen, dass auch sein Sohn Willy beruflich nicht minder erfolgreich war? Theodor Hesselmann hatte es als Sohn eines Dorfschullehrers aus ärmlichen Verhältnissen zum wirtschaftlich einflussreichen und gesellschaftlich geachteten Bankdirektor gebracht. Warum hat mein Vater nie von ihm erzählt? Warum hat er nie über sein Elternhaus gesprochen?

Denkwürdige Weihnachten

Rosenheim, Ende der fünfziger Jahre. Es war gerade sieben Uhr abends geworden, als wir an der festlich gedeckten Tafel im Esszimmer unserer stattlichen Villa Platz nahmen, der Vater, wie stets, am Kopfende, die Mutter, meine vier Brüder und ich an den beiden Längsseiten des langgestreckten Tisches. Die Schiebetüren zum angrenzenden Wohnzimmer waren weit geöffnet, unter dem Christbaum, den wir dort aufgestellt hatten, auf dem geräumigen Biedermeiersofa und den wuchtigen Polstersesseln lagen noch die Geschenke, sorgfältig nach Namen sortiert. Die Mutter, wie stets an diesen Feiertagen angestrengt um weihnachtliche Stimmung in der Familie bemüht, hatte kurz vor dem Essen noch rasch die Kerzen an dem mit Glaskugeln und Strohsternen geschmückten Baum entzündet. Nachdem sich die beiden Hausmädchen vergewissert hatten, dass nun aufgetragen werden durfte, servierten sie das festliche Menü, dessen Hauptgang am ersten Weihnachtsfeiertag üblicherweise aus einem zarten Rehrücken bestand, eine kulinarische Köstlichkeit, die der Vater wünschte und die Mutter deshalb alljährlich zubereitete. Das Essen begann wie immer schweigend. Alles schien wie gewohnt zu verlaufen. Ein Irrtum, wie sich bald herausstellen sollte. Es wurde ein denkwürdiger Abend, denn während des Essens begann der Vater plötzlich und ohne erkennbaren Anlass von seinen Fronterlebnissen im Ersten Weltkrieg zu erzählen. Wir waren völlig überrascht, schließlich hatten wir ihn in unserer Familie nur ganz selten gesprächig erlebt und wenn, dann so gut wie nie über sich selbst sprechen gehört. Deshalb wussten wir auch nicht, dass er damals Soldat gewesen war. Ob er als neunzehnjähriger Rekrut bei Ausbruch des Krieges zu seinen Befürwortern oder zu seinen Gegnern zählte, dazu sagte er nichts. Er sprach zunächst davon, dass er nicht geahnt habe, was für eine Hölle ihn erwartete, als er an der Westfront eingesetzt wurde und 1916 auch an der monatelangen Schlacht um die französische Festung Verdun teilnehmen musste. Dann erzählte er, sichtlich bewegt, von seinen grauenvollen Erfahrungen während des Krieges; von der Front, die rasch zum zermürbenden Stellungskrieg erstarrt war; von den Schützengräben und Unterständen, die von Ratten und Ungeziefer wimmelten und bei Regen voller Wasser und Morast standen; von den verlustreichen Angriffen beider Seiten in dem letztlich vergeblichen Versuch, Geländegewinne zu erzielen; von der Todeszone zwischen den deutschen und den französischen Stellungen, die von unzähligen Geschossen umgepflügt und mit Kratern übersät war; von dem Gestank der Pferdekadaver und Leichen, die überall in diesem völlig zerstörten Terrain herumlagen; von dem entnervenden Lärm der Geschützfeuer und der explodierenden Granaten; von den verzweifelten Schreien der Verwundeten und dem entsetzlichen Anblick der Verstümmelten und Entstellten. Anschließend sprach er von seiner fassungslosen Erschütterung, wenn Kameraden von Gewehrkugeln oder Granaten tödlich getroffen neben ihm zusammensackten und schilderte dann ein Ereignis, das ihm offenkundig besonders nahegegangen war:

»Ich erinnere mich noch genau, wie ich eines Nachts mit vier Kameraden auf Patrouille gehen musste. Das war im Juni 1916. Wir lagen damals mit unserem Regiment vor Verdun. Es war stockfinster, aber am Horizont konnten wir die Mündungsfeuer französischer Kanonen sehen. Wir hatten große Angst, entdeckt zu werden, weil die Franzosen, deren Stellungen ganz in der Nähe waren, immer wieder Leuchtraketen abschossen. Und genau das passierte dann auch. Plötzlich feuerten sie mit Maschinengewehren auf uns. Ich habe noch geschrien ›Runter!‹ und mich sofort auf den Boden geworfen, aber zwei meiner Kameraden haben es nicht schnell genug geschafft. Robert Geyer, mein bester Freund damals, wurde von mehreren Schüssen in die Brust getroffen und war sofort tot, der andere, wie der hieß, weiß ich nicht mehr, bekam eine MG-Salve in den Bauch. Er lag am Boden und brüllte vor Schmerzen, sein ganzer Unterleib war aufgerissen und das Blut quoll heraus, es war ein furchtbarer Anblick. Wir sind dann auf dem Bauch liegend aus dem Schussfeld der Franzosen gekrochen und haben noch versucht, den schwerverwundeten Kameraden mitzuziehen, aber es ging nicht. Wir konnten ihm nicht mehr helfen. Er ist verblutet. Diese Nacht werde ich mein Leben lang nicht mehr vergessen.«

Schließlich beschrieb er seine allgegenwärtige Angst, dieses Inferno nicht lebend zu überstehen oder, wie unzählige andere, verwundet, verstümmelt oder durch einen Gasangriff vergiftet zu werden. Und er erwähnte seine wachsende Furcht, in diesem barbarischen Gemetzel, in diesem massenhaften Töten, in dieser endlosen Orgie von Gewalt und Zerstörung abzustumpfen, zu verrohen, seine Seele zu verlieren.

Nachdem er seine Erzählung beendet hatte, saßen wir noch eine Weile stumm und ergriffen am Esstisch. Es war einer der ganz wenigen Augenblicke, in denen wir uns dem Vater sehr nahe fühlten.

Waren es die furchtbaren Erlebnisse und Bilder des Krieges, die so traumatischen Erfahrungen während des erbarmungslosen, menschenverachtenden Blutvergießens, die er nicht mehr los wurde, die ihn belasteten und die ihn schließlich so sprachlos, so verschlossen, so abweisend werden ließen?

Als die deutsche Frühjahrsoffensive an der Westfront 1918 endgültig gescheitert war, nahm die Kriegsmüdigkeit unter den völlig erschöpften und demoralisierten Soldaten rapide zu, ihre Kampfbereitschaft sank auf den Nullpunkt. Im deutschen Heer zeigten sich die ersten Auflösungserscheinungen, ganze Truppenteile weigerten sich, den Angriffsbefehlen ihrer Offiziere zu gehorchen, immer häufiger leisteten Soldaten offenen Widerstand, tausende setzten sich ab, viele unter ihnen mit gefälschten Urlaubsscheinen oder Ausweispapieren. Die Zahl der Männer, die sich in den letzten Kriegsmonaten durch Fahnenflucht oder auf andere Weise der Armee entzogen, ging in die Abertausende.

Als Willy Hesselmann am 11. Oktober 1918 in der rheinischen Stadt Rheydt heiratete, waren die Kampfhandlungen an der Westfront noch nicht zu Ende. Der Waffenstillstand wurde erst einen Monat später, am 11. November, im französischen Compiègne unterzeichnet. Dass mein Vater trotz der katastrophalen Lage des deutschen Heeres an diesem Kriegsschauplatz, an dem jeder Mann dringend gebraucht wurde, von seinen militärischen Vorgesetzten Urlaub erhalten hatte, um eine Ehe einzugehen, erscheint mir nur schwer vorstellbar.

War demnach auch er, wie unzählige andere Soldaten, desertiert, weil er den nun schon vier Jahre währenden Wahnsinn des Krieges nicht mehr mitmachen wollte? Dazu sagte er leider nichts. Doch wenn dem so war, dann bedaure ich sehr, dass ich ihm meine Hochachtung für diese Entscheidung nicht mehr mitteilen kann.

Charlotte in Berlin

Samstag, 30. Januar 1926. Da steht sie nun mit ihrem vollgepackten Koffer in der imposanten und lichtdurchflute-
ten Bahnsteighalle des palastartig anmutenden Stettiner
Bahnhofs mit seinem mächtigen gewölbten Dach und
den hohen Seitenfenstern, inmitten eines fortwährenden
Kommens und Gehens, hastender und wartender, rufen-
der und winkender Menschen, inmitten eines lärmenden
Stimmengewirrs, das nur zeitweise von den dröhnenden
Lautsprecherdurchsagen übertönt wird. Sie ist angekommen, angekommen in Berlin, dort, wo sie fortan leben
und arbeiten wird. Sie hat ihr ersehntes Ziel erreicht. Und
doch durchlebt sie wieder ein Wechselbad der Gefühle.
Mit ihren neunzehn Jahren ist sie zum ersten Mal in ihrem Leben in einer so großen Stadt, alleine in einer Mil-
lionenmetropole. Was wird sie hier erwarten? Wird sie
sich zurechtfinden? Wie wird ihre Vermieter-Familie,
wie ihr Zimmer sein? Wird sie sich dort wohlfühlen?
Werden sich die Hoffnungen und Wünsche, die sie mit
ihrem Weggang aus dem Elternhaus verbindet, erfüllen?
Sie ist aufgeregt, ängstlich, unsicher, auch darum, weil sie
an ihre Eltern denken muss, die sie vor gut zwei Stunden
am Stettiner Bahnhof nur sehr widerstrebend und voller
Sorge in das »Sündenbabel«, wie sie Berlin nannten, fahren ließen, und die ihr deshalb noch einmal eindringlich
allerlei Verhaltensregeln mit auf den Weg gegeben hatten. Doch dann gewinnen Selbstvertrauen, Zuversicht
und Lebensfreude wieder die Oberhand und sie gerät

geradezu in euphorische Stimmung, als ihr bewusst wird, dass die demütigenden und bislang erfolglosen Auseinandersetzungen mit den Eltern über ihren Wunsch nach mehr Unabhängigkeit und Eigenverantwortlichkeit nun unwiderruflich ein Ende haben, dass sie endlich frei ist und ihr Leben in Zukunft selbst gestalten kann.

Voller Hoffnung und Neugier fährt sie sodann mit der Ringbahn zum Bahnhof Charlottenburg, läuft von dort in die Mommsenstraße zur Hausnummer drei und steht schließlich vor der herrschaftlich wirkenden Fassade des großen Mietshauses, in dem sie künftig logieren wird. Sie ist nun doch wieder ziemlich aufgeregt, als sie den Hauseingang betritt, die Treppe hochgeht in den dritten Stock, das Türschild *Anton Menzel, Oberpostsekretär* liest und mit pochendem Herzen klingelt. Als sich die Wohnungstür öffnet, steht eine große, sehr schlanke, etwa fünfzig Jahre alte Frau in weißer, hochgeschlossener Bluse und langem schwarzen Rock vor ihr, die rotbraunen, gekräuselten Haare zurückgekämmt und locker zu einem kleinen Knoten gebunden. Freundlich lächelnd fragt sie rasch:

»Fräulein Charlotte Bressem?«

»Ja.«

»Wie schön! Ich habe Sie schon erwartet. Kommen Sie doch bitte herein. Ich zeige Ihnen erst einmal Ihr Zimmer, und dann können wir bei einer Tasse Tee in Ruhe alles Weitere besprechen.«

Das Zimmer war klein und spartanisch eingerichtet, für Charlotte aber sehr teuer. Sie verdiente beim Rudolf-Lorentz-Verlag nur 150 Mark im Monat und musste davon schon 50 Mark für die Miete ausgeben. Doch sie wusste, dass sie großes Glück gehabt hatte, denn es galt damals als sehr schwierig, in Berlin ein Zimmer zu bekommen.

Durch den Ersten Weltkrieg und die horrende Inflation Anfang der zwanziger Jahre war dort kaum noch gebaut worden, obwohl die Einwohnerzahl ständig stieg. Deshalb herrschte in der Stadt damals eine katastrophale Wohnungsnot. Viele tausend Menschen mussten in trostlosen Hinterhöfen, in alten und heruntergekommenen Häusern, in dunklen und feuchten Kellerräumen oder notdürftig errichteten Baracken hausen, unzählige Wohnungen waren mit mehreren Familien völlig überbelegt und befanden sich meist in einem verwahrlosten und sehr schlechten hygienischen Zustand. Die Zeitungen berichteten damals, dass in Berlin rund zweihunderttausend Wohnungen fehlten. Deshalb gab es natürlich auch viele Obdachlose in der Stadt. Das konnte Charlotte mit eigenen Augen sehen, wenn sie sich frühmorgens auf den Weg zu ihrem neuen Arbeitsplatz am Kaiserdamm machte, wo der Rudolf-Lorentz-Verlag seine Geschäftsräume hatte. Oft lagen oder saßen da bleiche, abgezehrte und ärmlich gekleidete Männer und Frauen auf dem Bürgersteig oder auf Bänken, da und dort in schmutzige und zerschlissene Decken gehüllt, und schliefen oder bettelten. Das war ein erschütternder Anblick, der ihr jedes Mal sehr zu Herzen ging, sie aber auch immer wieder daran erinnerte, wie gut sie es bei ihren Vermietern hatte. Beide waren sehr nette Menschen und erwiesen sich als echter Glücksfall. Als Charlotte ihnen erzählte, warum sie von Zuhause weggegangen war, zeigten die beiden großes Verständnis dafür, dass die junge Frau endlich selbst über ihr Leben entscheiden wollte. Ganz im Gegensatz zu ihren Eltern, die schon nach zwei Wochen völlig unvermutet in der Mommsenstraße auftauchten und von dem Ehepaar Menzel wissen wollten, wie sich ihre Mieterin denn benehme. Auch wenn sich Charlotte über diesen offenkundigen Kontrollbesuch ärgerte, so war sie doch erleichtert, dass sich ihr Vater bei den beiden Menzels sichtlich um ein zuvorkommendes Auftreten bemühte und den schroffen Befehlston vermied, den er Zuhause so häufig an den Tag legte. Frau Menzel antwortete freundlich lächelnd:

»Herr Bressem, Sie können sehr stolz auf Ihre Tochter sein, sie ist ordentlich, fleißig und zuverlässig. Wenn sie abends von ihrer Arbeit im Lorentz-Verlag nach Hause kommt, hilft sie mir oft erst einmal im Haushalt, bevor sie sich ausruht, das ist wirklich sehr liebenswürdig. Später lernt sie dann in ihrem Zimmer Englisch, Charlotte möchte nämlich beruflich weiterkommen, wie sie uns gesagt hat. Diesen Ehrgeiz finden mein Mann und ich sehr lobenswert. Deshalb geht sie abends auch nicht aus. Ich kann Ihnen also besten Gewissens versichern, dass Sie sich um Ihre Charlotte keine Sorgen machen müssen.«

Da waren ihre Eltern beruhigt und fuhren am nächsten Tag mit dem Zug wieder zurück nach Stettin.

Doch Charlotte war mit hochgespannten Erwartungen nach Berlin gekommen und viel zu temperamentvoll und neugierig, um sich allabendlich und an den Wochenenden in ihr kleines Zimmer an der Mommsenstraße zurückzuziehen und englische Vokabeln zu pauken. Das fiel ihr auch deshalb immer schwerer, da ihr Frau Menzel von unvergesslichen Opern- und Operettenabenden vorschwärmte, und an ihrem Arbeitsplatz im Lorentz-Verlag die Kolleginnen und Kollegen von der faszinierenden Fülle an kulturellen Veranstaltungen in dieser Weltstadt erzählten. In den Zeitungen las sie über denkwürdige, Entrüstung ebenso wie Begeisterung auslösende Theaterinszenierungen, über gefeierte Konzertereignisse und bewegende Filmpremieren, sie erfuhr von prachtvollen Revuetheatern, Kinopalästen und Ballhäusern, von Varietés und

Kabaretts, von populären Cafés und russischen Teestuben, von Jazzmusik und neuen Tänzen wie Charleston, Shimmy und Black Bottom aus Amerika, von unzähligen Kleinkunstbühnen und Lichtspielhäusern, von weltbekannten Museen und Kunstsammlungen. Die junge Frau hörte begierig von berühmten Schriftstellern, Schauspielern und Regisseuren, von Stars der Musik- und der Kunstszene, die mit ihrem herausragenden schöpferischen Wirken dem geistigen und künstlerischen Aufschwung Berlins in den »goldenen zwanziger Jahren« Glanz verliehen.

Die kulturelle Vielfalt und das schier unerschöpfliche Unterhaltungsangebot der Vier-Millionen-Stadt übten eine unwiderstehliche Anziehungskraft auf Charlotte Bressem aus. Die errungene Freiheit beflügelte ihren Wunsch, das pulsierende Leben in dieser kosmopolitischen Metropole mit den vielfältigen Erfahrungen und Zerstreuungen, die es bot, zu entdecken und zu genießen, ein Wunsch, den sie, wie sie bald erfreut feststellen konnte, mit zwei Arbeitskolleginnen teilte, die ebenfalls mit dem Lorentz-Verlag von Stettin nach Berlin umgezogen waren. Und die jungen Frauen schritten rasch zur Tat, voller Lebenslust und Unternehmungsgeist. An Sonntagnachmittagen flanierten sie herausgeputzt den Kurfürstendamm entlang und saßen anschließend plaudernd und tratschend im Café, oder sie bummelten auf dem Boulevard Unter den Linden und in der Leipzigerstraße an den Schaufenstern der Modehäuser vorbei, die Blicke sehnsüchtig auf die neuesten Kreationen der Haute Couture gerichtet. Samstagabends gingen sie, wie unzählige andere Berliner auch, gern und oft ins Kino, denn das Medium Film war inzwischen gesellschaftsfähig geworden und hatte sich durch seine große Popularität einen herausgehobenen Platz in dem facettenreichen Kultur- und

Unterhaltungsangebot der Stadt erobert. Kein Wunder, schließlich war Berlin in den 1920er Jahren zu einer weltbekannten Filmmetropole geworden, hier konzentrierten sich zwei Drittel aller deutschen Unternehmen dieser Branche, und Filmtheater schossen in der Reichshauptstadt wie Pilze aus dem Boden. Charlotte und ihre Freundinnen gingen jedoch vornehmlich in die »Kintöppe«, die kleinen und billigen Kinos, wie sie zahlreich in der Gegend des Alexanderplatzes zu finden waren. Sie amüsierten sich dort meistens prächtig, ganz besonders über die Reaktionen des Publikums, denn manche Zuschauer mokierten sich lautstark über die Handlung des Films oder über die Schauspieler, andere pfiffen frenetisch oder schrien und klatschten begeistert. Die Stummfilme wurden in den kleinen Kinos sehr häufig von einem Mann am Klavier musikalisch begleitet. Wenn der Pianist dann zur Unterhaltung des Publikums vor der Filmvorführung einige populäre Schlager spielte, sangen die Besucher meist aus vollem Halse mit. Das waren für Charlotte und ihre Freundinnen oft sehr vergnügliche Abende, an denen sie manchmal Tränen lachten, auch wenn die Qualität vieler Filme durchaus zu wünschen übrig ließ. In die großen Lichtspieltheater mit ihrer prunkvollen Innenausstattung, wie etwa den UFA-Palast am Zoo, das Marmorhaus oder den Gloria-Palast am Kurfürstendamm, gingen sie dagegen nicht sehr häufig, denn die Eintrittspreise konnten sie sich nicht mehrmals im Monat leisten. Das galt auch für die großen Bühnen in Berlin wie das Deutsche Theater oder das Schauspielhaus.

»Das habe ich sehr bedauert, denn ich hatte schon als Schülerin begeistert Theater gespielt und wäre so gern Schauspielerin geworden, aber das kam ja für meine Eltern nicht in Frage. An die Stücke, die ich damals gesehen habe, kann ich mich leider nicht mehr erinnern, nur noch an die ›Dreigroschenoper‹ von Bertolt Brecht. Die wurde 1928 im Theater am Schiffbauerdamm uraufgeführt. Das weiß ich deshalb noch so genau, weil ich mir das Stück ein paar Wochen später mit meinen Freundinnen angesehen habe. Ich erinnere mich noch sehr gut daran, wie beeindruckt wir waren. Es wurde ja auch zu einem der größten Theatererfolge der zwanziger Jahre. Einmal hatte ich sogar das große Glück, Tilla Durieux auf der Bühne zu erleben. Sie war damals schon eine der bekanntesten und beliebtesten Schauspielerinnen. Das muss im Theater am Nollendorfplatz gewesen sein, aber ich bin mir nicht mehr ganz sicher, es ist schon so lange her. Die habe ich sehr bewundert. Ja, das waren sehr schöne und aufregende Jahre für mich, damals in Berlin.«

Dass sich die drei attraktiven und unternehmungslustigen jungen Damen nicht nur für das opulente Kultur- und Unterhaltungsprogramm in der Reichshauptstadt begeisterten, dürfte kaum überraschen. Schon bald begannen sie auch das Angebot an Männlichkeit, das ihnen bei ihren Exkursionen in das brodelnde großstädtische Leben unter die Augen kam, zu taxieren. Manchmal kichernd und scherzend wie alberne Gören, doch meist sehr aufmerksam und interessiert, das eine »Opfer« als gutaussehend, das andere als unansehnlich bewertend und dabei insgeheim sehnsüchtig auf die große Liebe hoffend – das war nicht weiter verwunderlich und auch nur allzu verständlich. Für Charlotte Bressem schien dieser Wunsch rascher Wirklichkeit zu werden, als sie es sich erträumt hatte. Es war der 30. September des Jahres 1928, ein Sonntag im Spätsommer, als die drei Frauen nach einem längeren Spaziergang durch den Grunewald den restlichen Nachmittag bei angenehm milder und sonniger Witterung in einem Gartenlokal verbrachten und in ihrer angeregten Stimmung schließlich beschlossen, diesen Tag, der nach einer strapaziösen Arbeitswoche so wohltuend war, mit einem gemeinsamen Abendessen im »Mommsen-Eck« nahe Charlottes Bleibe ausklingen zu lassen, einer urigen Berliner Kneipe, die sie wegen ihrer preisgünstigen Hausmannskost gelegentlich aufsuchten. Nachdem sie in der Gaststube Platz genommen hatten, blieb ihnen nicht lange verborgen, dass ihre Anwesenheit am Nachbartisch auf großes Interesse stieß. Die fünf jungen Männer, die dort saßen, beobachteten sie sichtlich mit Wohlgefallen und unterhielten sich deutlich vernehmbar mit anerkennenden Worten über ihr anmutiges Aussehen, Worte, die ihre Wirkung nicht verfehlten: Charlotte und ihre beiden Freundinnen steckten die Köpfe zusammen, tuschelten und lachten, um dann den stattlichen Herren der Schöpfung rasch aufmunternde Blicke zuzuwerfen. Dass sich das Interesse jener geballten Männlichkeit nicht in Kommentaren über das reizvolle Erscheinungsbild der nachbarlichen Weiblichkeit erschöpfte, sollte sich ebenso rasch erweisen: Die Herren waren hocherfreut über das, was sie sahen, und schritten entschlossen zur Tat. Alle fünf standen auf, kamen an den Tisch der drei jungen Damen und fragten, ob sie sich dazusetzen dürften, ein Wunsch, der ihnen ohne Zögern gewährt wurde.

»Es ist ein ganz entzückender Abend gewesen«, erinnerte sich meine Mutter lächelnd und mit leiser Wehmut in ihrer Stimme. »Die Jungs, allesamt Studenten, waren sehr nett und humorvoll, wir haben viel gelacht und stundenlang erzählt. Einer von ihnen studierte in München und war nur zu Besuch nach Berlin gekommen. Er hat sich gleich zu mir gesetzt, stellte sich als Alexander vor, und wir haben uns den ganzen Abend wunderbar unterhalten. Er sah gut aus, war charmant und sehr sympathisch. Als wir uns schließlich verabschieden mussten, denn es war inzwischen schon recht spät geworden, luden uns die Studenten für den nächsten Sonntag in das *Haus Vaterland* ein, einen beliebten Vergnügungspalast am Potsdamer Platz, den wir zwar vom Hörensagen kannten, aber noch nicht besucht hatten. Schon aus diesem Grund freuten wir uns sehr über die Einladung, noch mehr aber darüber, dass sich die Jungs offenbar ernsthaft für uns interessierten und wir sie bald wiedersehen würden. Als ich dann schließlich zu Hause in der Mommsenstraße 3 angekommen war, wusste ich, dass ich mich an diesem Abend restlos verliebt hatte, zum ersten Mal in meinem Leben. Das war ein ganz wunderbares Gefühl, und ich war sehr glücklich.«

An den folgenden Tagen geriet Charlottes Seelenleben jedoch merklich aus den Fugen. Ihre Stimmung glich einer Fieberkurve und wechselte in steter Folge zwischen Glücksgefühlen und ängstlichen Zweifeln, zwischen Hoffen und Bangen, denn sie konnte die alles entscheidende Frage, ob der junge Mann ihre Gefühle erwidern würde, nicht beantworten. Diese Ungewissheit zehrte an ihren Nerven. Sie hatte Angst, enttäuscht zu werden. Als Charlotte und ihre beiden Freundinnen am Sonntagvormittag zum Potsdamer Platz fuhren, um sich zur verabredeten Zeit mit ihren neuen Bekanntschaften zu treffen, war sie aufgeregt und nervös. Doch Alexander machte ihr von Anfang an so ernsthaft Avancen, dass sich die Ängste der vergangenen Tage rasch als unbegründet erwiesen und sie nicht mehr daran zweifelte, dass er die Gefühle teilte, die sie für ihn empfand. Auch sie zeigte ihm deshalb offen ihre Zuneigung.

Dass sich der junge Mann Hals über Kopf in Charlotte verliebt hatte, konnte man nur allzu gut verstehen. War die inzwischen 22-jährige junge Frau doch mit ihrem üppigen blonden Lockenkopf und der als *en vogue* geltenden

Frisur, mit ihren fröhlich strahlenden Augen, dem makellos geformten Gesicht mit seinem meist etwas schelmisch lächelnden Mund und der schlanken, wohlproportionierten Figur nicht nur eine ausgesprochene Schönheit, sondern mit ihrem herzlichen, offenen und humorvollen Wesen auch ein sehr liebenswerter Mensch.

»Wir hatten damals einen wunderschönen und sehr unterhaltsamen Tag im *Haus Vaterland* verbracht«, erzählte meine Mutter. »Diesen Tag habe ich bis heute nicht vergessen. Die Jungs führten uns durch das ganze mehrstöckige Gebäude mit der mächtigen Kuppel und zeigten uns die vielen Restaurants und Cafés, in denen man Spezialitäten aus den verschiedensten Ländern haben konnte. Das war zur damaligen Zeit noch nicht so selbstverständlich wie heute. Ich erinnere mich noch recht gut an ein türkisches Café und an ein japanisches Teehaus, sogar eine amerikanische Wild-West-Bar gab es dort, und ein typisches bayerisches Gasthaus, das Löwenbräu. Dort sind wir auf Alexanders Wunsch auch gleich eingekehrt, denn er stammte ja aus München. Zum Schluss konnten wir noch einen Blick in das große Kino und den prachtvollen Ballsaal werfen, in dem gerade ein Tanzorchester spielte und viele Paare im Sonntagsstaat das Tanzbein schwangen. Am liebsten hätte ich mit Alexander auch gleich eine kesse Sohle aufs Parkett gelegt, ich habe doch schon immer für mein Leben gerne getanzt, aber dafür waren wir damals leider nicht vornehm genug angezogen. Den Rest des Tages haben wir dann in ausgelassener Stimmung im ›Kaffee Vaterland‹ verbracht. Über dessen Größe konnte man nur staunen, denn es hatte mehr als zweitausend Sitzplätze. Das Haus war sehr beeindruckend, aber ich erinnere mich noch daran, dass ich manches, was uns die Jungs gezeigt haben, damals gar nicht richtig wahrgenommen habe, weil ich natürlich die meiste Zeit nur Augen für Alexander hatte. Es war ein ereignisreicher Tag gewesen, an dem ich allerdings noch nicht ahnte, wie sehr er letztlich mein Leben verändern würde.«

Nach jenem unvergesslichen, ihr Gefühlsleben in Hochstimmung versetzenden Tag mit Alexander im *Haus Vaterland* verbrachte Charlotte jede freie Stunde mit ihm. Wenn sie zusammen waren, fühlte sie sich glücklich und geborgen, denn Alexander war nicht nur sehr liebevoll und zärtlich, er war auch ein Mann, der Ruhe, Gelassenheit und Zuversicht ausstrahlte, ein Mann zum Anlehnen, der auch dann für sie da war, wenn es ihr nicht gut ging. Doch das Liebesglück der beiden blieb nicht lange ungetrübt, denn schon zwei Wochen später musste der angehende Jurist wieder nach München zurückkehren, um sein Studium an der Universität fortzusetzen. Es war ein tränenreicher Abschied für Charlotte, als Alexander am Anhalter Bahnhof in Berlin-Kreuzberg in den Fernzug nach München einstieg. Der Gedanke, dass sie den Mann, den sie liebte, nun längere Zeit nicht mehr sehen konnte, hätte schmerzlicher kaum sein können. Er hatte ihr zwar versprochen, so bald wie möglich wieder nach Berlin zu kommen, aber wann das sein würde, wusste er auch nicht zu sagen. Charlotte blieb nur die Hoffnung, an die sie sich klammern konnte.

Anfangs schrieben sie sich nahezu täglich, je länger indes ihre Trennung dauerte, umso zögerlicher kamen seine Briefe. Das sei sehr irritierend gewesen, aber als er ihr dann erklärt habe, das Studium würde ihn so stark in Anspruch nehmen, dass er kaum noch Zeit fände, ihr rasch zu antworten, sei sie wieder etwas beruhigter gewesen, erzählte meine Mutter, doch damals sei ihr bewusst geworden, dass sie die Trennung beenden musste, wenn sie Alexander nicht verlieren wollte. Von diesem Augenblick an habe sie nur noch einen Wunsch gehabt, sie wollte unbedingt nach München. Aber ein Umzug in die bayerische Landeshauptstadt setzte voraus, dass Charlotte dort einen adäquaten Arbeitsplatz fand, eine Aufgabe, die sich, wie sie bald leidvoll erfahren musste, als sehr schwierig erwies. Nach der schweren Wirtschaftskrise als Folge des Ersten Weltkriegs und der verheerenden Inflation erlebten Industrie, Handel und Gewerbe in Deutschland seit Mitte der zwanziger Jahre eine Periode des konjunkturellen Aufschwungs, der dann jedoch durch den Ausbruch der Weltwirtschaftskrise Ende Oktober 1929 mit ihrer noch nie erlebten Massenarbeitslosigkeit abrupt endete. Die Zahl der Erwerbslosen hatte hingegen schon seit 1927 wieder zugenommen und erreichte im Februar 1929 die Zwei-Millionen-Grenze. Allein in Berlin suchten damals rund 450.000 Menschen verzweifelt einen Arbeitsplatz. Charlotte konnte das Elend derer, die ihren Broterwerb verloren hatten, Tag für Tag überall in den Straßen der Reichshauptstadt mit eigenen Augen sehen: Männer und Frauen jeden Alters, die in den Grünanlagen kampierten oder die Parkbänke bevölkerten, weil sie ihre Wohnungsmieten nicht mehr bezahlen konnten, die auf den Gehsteigen saßen und bettelten oder am Straßenrand standen mit Schildern um den Hals, auf denen sie ihre Arbeitskraft wie billige Ware feilboten. Auch in München und in zahlreichen anderen deutschen Städten verschlechterte sich die Lage auf dem Stellenmarkt zusehends. Angesichts dieser desaströsen Situation war es nicht verwunderlich, dass Charlotte auf ihre Bewerbungsschreiben lange Zeit lediglich Absagen, oft auch überhaupt keine Antwort erhielt, trotz glänzender Zeugnisse und bester Empfehlungen. Dass ihre Bemühungen, eine Anstellung zu finden, viel Geduld erfordern würden, das hatte sie erwartet. Dass sie aber so langwierig und erfolglos sein könnten, diese bittere Erfahrung blieb nun auch ihr nicht erspart. Doch aufgeben war keine Option, ihre Liebe zu Alexander ließ dies nicht zu. Und schließlich wurde ihre Unnachgiebigkeit auch honoriert. Die Firma Heilmann & Littmann Bau- und Immobilien-AG, das damals größte Unternehmen dieser Branche in München, bot ihr eine Stelle als Korrespondentin und Sekretärin in der Auslandsabteilung an. Charlotte war überglücklich. Als sie am 12. Februar 1929 frühmorgens den Zug nach München bestieg, sah sie dem ersehnten Ziel ihrer Wünsche voller Hoffnung und Zuversicht entgegen, war sie doch fest davon überzeugt, in ein neues Leben zu fahren.

Beklemmender Anblick

Rosenheim, Samstag, 8. Oktober 1994. Als meine Mutter von jenem unvergesslichen Tag im Berliner *Haus Vaterland* erzählte, war ich hellhörig geworden, denn ich hatte nicht die geringste Ahnung gehabt, dass es damals in der Reichshauptstadt einen so außergewöhnlichen Vergnügungspalast gab und wollte wissen, was aus ihm geworden war. Meine Mutter sagte, sie habe erst viele Jahre später, als sie schon lange in München wohnte, erfahren, dass es mit dem weltoffenen Flair und den beliebten Unterhaltungsveranstaltungen im *Haus Vaterland* vorbei war, als die Nazis 1933 an die Macht kamen. Und dass die hoch angesehene jüdische Firma Kempinski, die den beliebten Vergnügungspalast betrieben hatte, enteignet und das Haus von einem »arischen« Unternehmer übernommen worden war.

Auf meine Frage, ob sie damals öffentliche Auftritte der Nazis in Berlin persönlich miterlebt habe, antwortete sie, an Politik sei sie nicht besonders interessiert gewesen, aber von Arbeitskollegen im Lorentz-Verlag habe sie immer wieder gehört, Mitglieder der NSDAP und vor allem der SA würden Parteibüros, Veranstaltungen und Lokale der Sozialdemokraten und Kommunisten überfallen, die Räume verwüsten und die anwesenden Männer und Frauen misshandeln, sie würden politische Gegner auf offener Straße brutal zusammenschlagen und Menschen, die sie für Juden hielten, laut beschimpfen und beleidigen. Das habe sie dann auch oft in den Zeitungen nachgelesen, die im Verlag auslagen. Dieses gewalttätige Vorgehen der Nazis gegen Andersdenkende und ihr aggressives Auftreten in der Öffentlichkeit, das habe sie schon sehr erschreckend und abstoßend gefunden. Persönlich habe sie allerdings nur einmal einen Marsch der SA erlebt, am Kurfürstendamm, weil sie zufällig dort zu tun hatte. Das müsse wohl 1928 gewesen sein, aber da sei sie sich nicht ganz sicher. Doch sie wisse noch sehr genau, dass sie damals ein beklemmendes Gefühl gehabt habe, als eine endlos lange Kolonne von Männern in braunen Uniformen, schwarzen Schaftstiefeln und Armbinden mit dem Hakenkreuz an ihr und den anderen Passanten vorbeimarschierte. Deshalb sei sie auch schnell weitergegangen.

Dass sich unter der sehr rasch wachsenden Zahl von Berlinern, die die provokativen Aufmärsche der SA-Verbände und die öffentlichen Kundgebungen der NSDAP mit ihrer Hetzpropaganda gegen das »korrupte und verjudete System von Weimar« mit unverhohlener Sympathie beobachteten, auch ein Mann befand, mit dem Charlotte Jahre später auf unangenehme Weise zu tun haben würde, das konnte sie damals noch nicht wissen.

Sorgenvolle Zweifel

Nach der Scheidung ihres Sohnes Willy hatte Sophie Hesselmann die Hoffnung geäußert, das Scheitern seiner Ehe mit Helene Wittenhaus und die finanzielle Belastung, die er nun durch die Unterhaltsverpflichtung zu tragen hatte, würden ihm eine Lehre sein, sollte er in Zukunft noch einmal heiraten wollen. Zugleich hatte sie jedoch kein Hehl aus ihrer Skepsis gemacht, ob er sich einen solchen Schritt in Zukunft gründlicher überlegen würde.

Am 13. Mai 1924, nur gut ein Jahr nach seiner Scheidung, ehelichte der inzwischen 29-jährige Bankangestellte Willy Hesselmann in München die sechs Jahre jüngere, in Kiel geborene Nathalie Witschel, Tochter eines Konteradmirals der Kaiserlichen Marine, der allerdings schon 1916 bei Libau in Lettland gefallen war. Doch auch dieser Verbindung war nur ein flüchtiges Glück beschieden. Die Skepsis der Mutter war offenkundig nicht ganz unberechtigt gewesen, denn ihr Sohn schien abermals recht unüberlegt und überstürzt gehandelt zu haben, als er diese zweite Ehe einging. Sie endete bereits nach zwei Jahren und somit noch rascher als die erste. Dieses Mal war es jedoch Willy Hesselmann, der die Scheidung beantragte und auch mit Erfolg durchsetzte. Die Ehe wurde am 14. Juni 1926 aus Verschulden seiner Frau rechtskräftig geschieden. Welche Verfehlung ihr zur Last gelegt worden war, weiß ich nicht. Es ließ sich nicht mehr feststellen.

Als im August 1914 der Erste Weltkrieg begann, änderte sich auch das Leben des in der Garnison Dieuze im damaligen Reichsland Elsass-Lothringen stationierten Militärarztes Karl Salzmann grundlegend. Der 42-jährige promovierte Mediziner hatte dort seit vielen Jahren ein geruhsames und privilegiertes Dasein geführt, dessen Annehmlichkeiten er in vollen Zügen zu genießen wusste. Vor allem die täglichen, nicht selten stundenlangen Ausritte mit Offizierskollegen sowie die häufigen feuchtfröhlichen Herrenabende schätzte er als geselliger Mensch ganz besonders. Dass der Kriegsbeginn diesem angenehmen Dasein nun ein jähes Ende setzte, das fand er sehr bedauerlich. Da er jedoch, wie auch viele seiner Landsleute, fest an einen schnellen deutschen Sieg glaubte, zweifelte er nicht daran, sein bisheriges Leben bald wieder fortsetzen zu können. Er sollte sich gründlich täuschen. Nachdem die Offensive der deutschen Truppen in Frankreich, an der er mit einer Sanitätskompanie teilgenommen hatte, bereits im September 1914 an der Marne gescheitert und schließlich zum Stellungskrieg erstarrt war, wurde Karl Salzmann bis zum Waffenstillstand am 11. November 1918 als Stabsarzt und später Generaloberarzt an verschiedenen Abschnitten der Westfront eingesetzt. Und dort bekam er nun vier Jahre lang Tag für Tag die furchtbaren Folgen des bestialischen Gemetzels schonungslos vor Augen geführt. Das, was er in den Feldlazaretten und Schützengräben sehen und hören musste, sei ein nie endender Alptraum gewesen, wie er meinen Eltern einmal erzählte: entsetzlich verstümmelte Körper, zerfetzte Gliedmaßen, durch Gewehrkugeln und Granatsplitter grauenhaft entstellte Gesichter, Tag und Nacht die markerschütternden Schmerzensschreie Schwerverletzter, die qualvoll mit dem Tode ringenden Opfer von Giftgas-Angriffen, die ergreifenden Hilferufe blutjunger Verwundeter nach den Eltern, das verzweifelte Flehen und Beten Sterbender, tagtäglich die vielen Toten.

Ich erinnere mich an Karl Salzmann als einen warmherzigen, einfühlsamen und stets hilfsbereiten Menschen, dessen ausgeprägter Sinn für Humor geradezu sprichwörtlich war. Wir Kinder freuten uns immer sehr, wenn er zu Besuch kam, sorgte er doch für die seltenen Momente heiterer Stimmung in unserer Familie, die wir sonst so sehr vermissten. Wenn ich heute an ihn denke, finde ich sein liebenswürdiges, leutseliges und humorvolles Wesen im Nachhinein allerdings erstaunlich, nachdem ich inzwischen weiß, welch schreckliche Erfahrungen er im Ersten Weltkrieg hatte machen müssen. Zigtausende Kriegsteilnehmer waren nach dem Ende des barbarischen Massenmordens schwer traumatisiert nach Hause zurückgekehrt, hatten mit ihren Nervenleiden und Neurosen, ihren Panikanfällen und Depressionen die Wartezimmer der Krankenhäuser bevölkert und für den Rest ihres Lebens nicht nur unter den grauenhaften Bildern im Kopf, sondern oft genug auch unter Schuldgefühlen gelitten, weil *sie* überlebt hatten, während so viele Kameraden sterben mussten. Auch Karl Salzmann war mit traumatischen Erlebnissen aus dem jahrelangen Inferno heimgekehrt. Auch er hatte die Bilder des Grauens, die sich in sein Gedächtnis eingebrannt hatten, nie mehr vergessen können. Trotz alledem war er offenkundig in der Lage gewesen, im Laufe der Zeit seine kriegsverwundete Seele zu heilen und sein inneres Gleichgewicht ebenso wiederzugewinnen wie seine Menschenliebe.

Als Elsass-Lothringen durch den Friedensvertrag von Versailles im Jahre 1919 wieder an Frankreich fiel, verließ Dr. Karl Salzmann sein Heimatstädtchen Dieuze und übersiedelte mit seiner Familie nach München, wo er dann später als Regierungsmedizinalrat tätig war.

Renate Salzmann hatte ihre Eltern stets als umgängliche, aufgeschlossene und verständnisvolle Menschen erlebt, an die sie sich jederzeit wenden konnte, wenn sie etwas auf dem Herzen hatte. Als sie ihnen dann Anfang des Jahres 1927 mitteilte, dass sie heiraten wolle, zeigten sich die beiden hocherfreut, dies umso mehr, als sie erfuhren, dass der Auserwählte ihrer Tochter als kaufmännischer Direktor eines großen Düsseldorfer Handelsunternehmens eine leitende und somit gut dotierte Position innehatte, sahen sie darin doch eine Gewähr dafür, dass er seiner künftigen Ehefrau ein standesgemäßes Leben bieten könne. Auch waren Karl und Josefine Salzmann schon seit längerem der festen Überzeugung, dass es für ihre inzwischen 25-jährige Tochter an der Zeit wäre, unter die Haube zu kommen. Auf ihre Freude folgte jedoch rasch Ernüchterung, als Renate ihnen gestehen musste, dass der junge Mann, den sie liebe, bereits zweimal geschieden war. Das aber klang in den Ohren ihrer Eltern nicht nach einer Vertrauen erweckenden Partnerwahl. Für diese Entscheidung ihrer Tochter Verständnis aufzubringen, fiel ihnen ausgesprochen schwer. Was trieb einen Menschen um, innerhalb weniger Jahre und sehr kurz aufeinanderfolgend zwei Ehen einzugehen, die beide scheiterten, und nun bereits die dritte anzustreben? Und aus welchen Gründen waren jene Ehen gescheitert? Auch als Willy Hesselmann in einem Gespräch mit Karl und Josefine Salzmann diese Fragen, die sie so sehr in Sorge versetzten, freimütig und freundlich zu beantworten suchte, und die beiden Eltern anschließend durchaus einen günstigeren Eindruck von dem Manne hatten, der um die Hand ihrer Tochter warb, so konnte er ihre

Zweifel dennoch nicht gänzlich ausräumen. Ihre Sorge blieb, dass Renate mit ihm nicht glücklich werden könnte und auch *ihre* Ehe nach kurzer Zeit in die Brüche gehen würde. Gleichwohl, die junge Frau setzte ihren Willen durch, ungeachtet aller Bedenken ihrer Eltern.

Willy Hesselmann und Renate Salzmann heirateten am 19. Juli 1927 in München, lebten anschließend jedoch in Düsseldorf, wo der ehemalige Bankangestellte seit Anfang des Jahres seiner neuen Tätigkeit als kaufmännischer Direktor nachging. Doch bereits im März 1928 verlegten die beiden ihren Wohnsitz nach Berlin, denn Willy Hesselmann hatte sich dort erfolgreich bei der Deutschen Hollerith-Maschinen Gesellschaft (DEHOMAG) beworben und war auch hier als Abteilungsdirektor in einer leitenden Position angestellt worden. Diese Firma, ein Tochterunternehmen des IBM-Konzerns aus New York, vermietete in Deutschland Maschinen, die auf Lochkarten gespeicherte Daten verarbeiten konnten, eine Erfindung, die auf den amerikanischen Ingenieur und Unternehmer Herman Hollerith zurückgeht. Dass diese technische Innovation mit der Zeit auf eine wachsende Nachfrage namentlich bei Industrie und Handel, aber auch bei öffentlichen Ämtern stieß und die Firma folglich zu florieren begann, war nicht weiter verwunderlich, boten die Hollerith-Maschinen doch eine deutlich schnellere, differenziertere und kostengünstigere Auswertung von Informationen als je zuvor. Auf der Kundenliste der Firma fand sich deshalb schon bald die Crème de la Crème der deutschen Wirtschaft, denn der kommerzielle Nutzen der mit Lochkarten gesteuerten Rechenmaschinen, Vorläufer der Computer, lag auf der Hand. Dieses Verfahren der elektromechanischen Datenverarbeitung gründlich kennenzulernen, mochte für den gelernten Kaufmann und Banker

Willy Hesselmann ein entscheidendes Motiv gewesen sein, seine leitende Stellung in dem Düsseldorfer Handelsunternehmen bereits nach einem Jahr wieder aufzugeben und zur DEHOMAG in Berlin zu wechseln.

Als dann die Nazis 1933 an die Macht kamen, brachen glänzende Zeiten für die deutsche IBM-Tochter an. Die bereitwillige Kooperation ihrer Führungsspitze mit der nationalsozialistischen Gewaltherrschaft zahlte sich rasch aus, und das im wahrsten Sinne des Wortes, konnte die DEHOMAG doch lukrative Geschäfte mit dem Regime machen, denn die Wehrmacht, die SS und andere Organisationen zählten schon bald zu den besten Kunden der Firma. Ihre Lochkarten-Maschinen wurden zur detaillierten Erfassung der Bevölkerung und vor allem der jüdischen Bürgerinnen und Bürger, in der Wirtschafts- und Arbeitskräftekoordination, zur Verwaltung der Zwangsarbeiter, in Konzentrationslagern und später in der Kriegsführung eingesetzt.

Doch bevor die DEHOMAG mit den Nazis zu kooperieren begann, hatte Willy Hesselmann die Firma bereits wieder verlassen, eine Entscheidung, über die er im Nachhinein sehr erleichtert war, wie ich später von meinen älteren Brüdern erfuhr, denn er lehnte das nationalsozialistische Regime entschieden ab. Schon während seiner Berliner Jahre hatten ihn die Hasstiraden der NSDAP gegen die jüdische Bevölkerung und die Gewaltexzesse der SA-Horden in der Stadt mit Abscheu erfüllt.

Nach vierjähriger Tätigkeit bei der Deutschen Hollerith-Maschinen Gesellschaft kehrte Willy Hesselmann 1932 mit seiner Frau und seinem zweiten Sohn Karl-Heinz Ilja, der am 9. April 1928 in Berlin-Charlottenburg geboren worden war, nach München zurück.

Charlotte in München

Dienstag, 12. Februar 1929. Als der Zug am späten Nachmittag in den Münchner Hauptbahnhof einfährt, fühlt sie sich müde und erschöpft, doch die Freude, den Mann, den sie liebt, nach monatelanger Trennung nun endlich wiederzusehen, lässt sie die Anstrengung der zehnstündigen Fahrt von Berlin in die bayerische Hauptstadt rasch vergessen. Als sie den Bahnsteig betritt, ist sie aufgeregt, sieht die vielen Reisenden, die zur Bahnhofshalle oder zu den Anschlusszügen eilen, sieht die Frauen und Männer, die freudig ihre Ehepartner, ihre Verwandten oder Bekannten begrüßen, die Kinder, die in ihrer drolligen Maskerade, es ist Faschingsdienstag, aufgekratzt herumtoben, die Fahrkartenkontrolleure und die sich mit schwerem Gepäck abplagenden Kofferträger, doch ihn sieht sie nicht. Oder hat sie ihn übersehen? Sie schaut sich erneut um, drängt sich durch die Menschenmenge, läuft die Plattform entlang, aber er ist nicht da. Sie ist irritiert. Sie hat ihm doch rechtzeitig vor ihrer Abreise die Ankunftszeit mitgeteilt. Vielleicht hat er sich etwas verspätet und sucht sie in der großen Halle des Kopfbahnhofs? Nein, auch dort ist er nicht. Stattdessen wird sie von einer Gruppe feuchtfröhlicher junger Männer umringt, die sie mit Konfetti bewerfen und in die Bahnhofsgaststätte mitnehmen wollen. Doch dazu ist sie nun wahrlich nicht in der Stimmung, sie schüttelt energisch den Kopf, geht ein paar Schritte weiter und wartet, wartet lange, aber ihr Alexander kommt nicht. Deprimiert und ratlos steht

Charlotte inmitten des lärmenden Menschengewühls und muss unwillkürlich wieder daran denken, dass er ihr in letzter Zeit immer seltener geschrieben hatte, dass seine Briefe immer kürzer und zurückhaltender geworden waren. Und sie spürt, wie ihre Angst wiederkommt, die Angst, Alexander würde die Liebe, die sie für ihn empfindet, nicht wirklich erwidern, die Angst, enttäuscht und verletzt zu werden. Auf dem Weg in die Landwehrstraße, wo ihr die Eltern ein Zimmer besorgt haben, versucht sie, sich zu beruhigen, sich Mut zu machen. Gewiss gibt es einen überzeugenden Grund, warum er sie nicht abgeholt hatte. Er wird sich sicher bald melden und ihr alles erklären. Er hat sich nicht mehr gemeldet. Sie hat nie erfahren, warum. Und sie hat ihn nie wieder gesehen.

Viele Jahre später, an Weihnachten 1941, erhielt Charlotte Bressem einen Feldpostbrief, dessen Inhalt sie sehr überrascht haben muss, denn der Verfasser, ein Arbeitskollege, der als Leutnant der Wehrmacht im okkupierten Polen eingesetzt war, stellte ihr darin freimütig und unumwunden die sehr persönliche Frage, warum sie trotz ihrer äußeren Vorzüge, ihres liebevollen Wesens und ihres sonnigen Gemüts noch immer nicht verheiratet sei. Am 5. Januar 1942 antwortete sie ihm ebenso freimütig. Und mit spürbarer Wehmut:

Warum ich bis heute dieses zweite ›Ich‹ nicht fand? Ich sah neulich ein Theaterstück, in dem die Hauptdarstellerin von zwei Männern verlassen wird und zum Schluß die Worte spricht: ›Es gibt eben Menschen, die sind nicht für das Glück geboren!‹ Wenn ich auch nicht von zwei Männern verlassen wurde, so möchte ich beinahe diesen Ausspruch auch auf mich anwenden. Ohne mein Zutun, ohne meinen Willen fiel meine Zuneigung immer dorthin, wo sie keinen Boden zum Gedeihen fand, oder ich war (und bin es noch heute) zu zurückhaltend, zu verschlossen, so unglaublich das klingt bei meiner wohl sonst nicht gerade Temperamentlosigkeit! Und noch dazu, wenn man einmal jemand sehr gern gehabt hat, der einem durch eine Tücke des Schicksals sozusagen ›geraubt‹ wird (nicht durch den Tod), dann wird man verschlossener, vorsichtiger ...

Es war jedoch nicht nur ihre Sehnsucht nach einer glücklichen Liebesbeziehung, die offenkundig unerfüllt blieb, auch beruflich schien Charlottes Wechsel nach München anfangs unter keinem guten Stern zu stehen. Als sie am 15. Februar 1929 ihre neue Stelle als Korrespondentin und Sekretärin in der Auslandsabteilung der Baufirma Heilmann & Littmann AG antrat, erfuhr sie zu ihrem blanken Entsetzen, dass sie in Zukunft vornehmlich mit dem französischsprachigen Schriftverkehr über juristische und technische Fragen befasst sein würde. Eine Anforderung, der sie nur mit dem Mut der Verzweiflung, eisernem Willen und allabendlichem Privatunterricht gerecht werden konnte, da sie damals lediglich über rudimentäre Kenntnisse der französischen Sprache aus ihren Schuljahren verfügte. Diese Zeit des kräftezehrenden Leidens und Entbehrens fand erst ein Ende, als sie Anfang April 1930 dem Syndikus der Auslandsabteilung, Hofrat Dr. Carl Pflüg, als persönliche Mitarbeiterin zugewiesen wurde, eine Entscheidung, die sich als Glücksfall für die 23-jährige junge Frau herausstellen sollte. Die beiden verstanden sich auf Anhieb so gut und arbeiteten so einvernehmlich zusammen, dass Charlotte rasch bereit war, ihrem neuen Vorgesetzten auch nach Geschäftsschluss als Sekretärin zur Verfügung zu stehen, wenn er für seine umfangreiche private Korrespondenz und seine wissenschaftlichen Arbeiten ihre Unterstützung benötigte oder sie bat, ihr die Erinnerungen an seine Tätigkeit bei der deutschen Waffenstillstandskommission und Friedensdelegation am Ende des Ersten Weltkriegs diktieren zu dürfen.

Die liebenswürdige und verständnisvolle Wesensart des Herrn Hofrat und Doktor der Jurisprudenz wärmte ihr Herz und ließ ihre aufgewühlte Seele zur Ruhe kommen. Charlotte schöpfte neuen Mut, sie sah ihre berufliche Zukunft in der Firma nunmehr in freundlicheren Farben, sie war zuversichtlich, dort heimisch zu werden. Ein trügerisches Gefühl, wie sich erweisen sollte, denn auch das renommierte Unternehmen Heilmann & Littmann AG, ein Schwergewicht in der Baubranche, blieb von den katastrophalen Folgen der Weltwirtschaftskrise auf die ökonomische Situation im Deutschen Reich Anfang der dreißiger Jahre nicht verschont. Die Firma litt unter einem gravierenden Auftragsmangel und sah sich deshalb gezwungen, ihr Büropersonal drastisch zu verringern. Am 31. August 1931 wurde Charlotte Bressem mit zwei glänzenden Zeugnissen und bedauernden Worten in die Arbeitslosigkeit entlassen. Der Schock hätte kaum größer sein können. Nun also würde auch sie dem Millionenheer verzweifelter Menschen in Deutschland angehören, die händeringend nach einer Arbeit suchten. Sie war völlig aufgelöst, ihre Nerven lagen blank, ihr Selbstwertgefühl befand sich auf einem Tiefpunkt. Doch die hohe Wertschätzung, die sie sich inzwischen bei ihrem Vorgesetzten erworben hatte, sollte sie nun vor den fatalen Folgen einer längeren Erwerbslosigkeit bewahren.

Dr. Pflüg war sich der immer prekärer werdenden wirtschaftlichen Lage des Unternehmens seit längerem bewusst. Auch er machte sich daher Sorgen um seine Zukunft in der Firma. Als dem erfahrenen Juristen Ende

September 1931 unverhofft angetragen wurde, die hochverschuldete Grafschaft Erbach im Odenwald zu sanieren, zögerte er folglich nicht, dieses Angebot anzunehmen, obgleich ihm die Protagonisten der gräflichen Familie und die Aufgabe selbst als offenkundig sehr schwierig beschrieben wurden. Umso mehr war ihm deshalb an einer Mitarbeit seiner ehemaligen Sekretärin gelegen, auf deren berufliche und menschliche Tugenden er dabei keinesfalls verzichten wollte. Charlotte Bressem war überglücklich, als sie schließlich am 2. November 1931 mit dem inzwischen zum stellvertretenden Generalbevollmächtigten der Grafen zu Erbach-Erbach berufenen Herrn Hofrat an ihre künftige Wirkungsstätte im Odenwald reisen konnte. Ein damals bei der Abfahrt in München aufgenommenes Foto zeigt eine attraktive junge Frau in weißer Bluse mit dunkler Krawatte, mit modisch in die Stirn gekämmten Locken und einem bunten Blumenstrauß in den Händen, die glückstrahlend neben ihrem Chef im Zugabteil sitzt.

Die finanzielle Lage der Grafschaft war damals tatsächlich desaströs, wie Dr. Pflüg als neuer Leiter der gräflichen Verwaltung feststellen musste, denn das Erbacher Adelsgeschlecht stand bei rund fünfhundert Gläubigern mit insgesamt fünf Millionen Reichsmark in der Kreide. Die Sanierung des umfangreichen Familienbesitzes wurde deshalb buchstäblich zu einer Herkulesaufgabe, die den Herrn Hofrat und seine engste Mitarbeiterin nahezu zwei Jahre lang vollauf in Anspruch nahm. Am 31. August 1933 hatten sie ihre schwierige Mission jedoch erfolgreich beendet und kehrten schließlich nach München zurück.

Wenn meine Mutter später von ihrer Tätigkeit in Erbach erzählte, geriet sie jedes Mal ins Schwärmen:

»Das war eine sehr schöne Zeit, an die ich oft zurückdenke. Die gräfliche Familie hatte viele große Güter in der ganzen Umgebung, die wir alle aufsuchen und begutachten mussten. Aber besonders gern habe ich Dr. Pflüg zu den Gläubigerversammlungen begleitet, denn die waren immer in einer anderen Stadt, mal in Frankfurt, mal in Darmstadt, mal in Heidelberg. Auf diese Reisen habe ich mich immer sehr gefreut, weil ich in viele Städte kam, in denen ich vorher noch nie gewesen war. Wir hatten zwar sehr viel zu tun, aber es war auch eine besonders interessante und abwechslungsreiche Aufgabe, und ich habe es sehr bedauert, als sie zu Ende ging.«

Ein Bedauern, das aber noch einen anderen und sehr plausiblen Grund hatte: Charlotte wünschte sich damals sehnlichst, ihr Arbeitsverhältnis mit Dr. Pflüg fortsetzen zu können, ein Wunsch, den, wie sich rasch herausstellen sollte, auch ihr Chef uneingeschränkt teilte. Als er sie deshalb bat, ihm für zunächst ein Jahr als Privatsekretärin zur Verfügung zu stehen, um ihn bei seinen vielfältigen juristischen und wissenschaftlichen Verpflichtungen zu unterstützen, sagte sie sofort hocherfreut zu. Ihr Glücksgefühl wurde jedoch schon bald von Sorge um ihn überschattet, denn die schwierige und aufreibende Tätigkeit im Dienste des gräflichen Hauses zu Erbach hatte seinem schwachen Herzen sichtlich zugesetzt. Am 11. September 1933 begab sich Dr. Carl Pflüg deshalb mit seiner Sekretärin in ein Kurheim in dem kleinen oberbayerischen Dorf Törwang, um sich dort ärztlich behandeln zu lassen.

Dass meine Mutter den Herrn Hofrat als Vorgesetzten sehr geschätzt hatte, das war in ihren Erzählungen oft genug zum Ausdruck gekommen. Als ich mich aber wieder an die zahlreichen Fotoalben aus ihrem Nachlass erinnerte, war ich dann doch sehr überrascht über das, was ich in diesen Sammelbänden mit ihrer nahezu unüberschaubaren Fülle an Aufnahmen und den dazugehörigen Fußnoten zu sehen und zu lesen bekam: Carl Pflüg und Charlotte Bressem waren offenkundig unzertrennlich, ein Herz und eine Seele. Sie feierten nicht nur ihre Geburts- und Namenstage, sondern auch die Weihnachts-, Oster- und Pfingstfeste gemeinsam. Sie dekorierten ihre opulent gedeckten Gabentische liebevoll mit großen roten Papierherzen und Vergissmeinnicht-Gestecken. Charlotte schenkte ihm gerahmte Porträtfotos mit goldener Krone in ihrem blondgelockten Haar, er nannte sie scherzhaft *Hoheit* oder zärtlich *Prinzessin*. Seinen mehr als einjährigen Kuraufenthalt in Törwang verlebten die beiden trotz seines angegriffenen Gesundheitszustandes wie einen lang ersehnten gemeinsamen Urlaub. Da der gefragte Jurist auf strikte ärztliche Anweisung seine beruflichen Verpflichtungen auf das Notwendigste beschränken musste, stand den beiden viel Zeit zur Verfügung, um die schönen Seiten eines Lebens in Zweisamkeit zu genießen, was sie auch in vollen Zügen taten. Sie machten ausgedehnte Spaziergänge in die malerische Umgebung des Dorfes, wanderten zu den idyllisch in der hügeligen Landschaft ruhenden bäuerlichen Anwesen, wagten sich in den Wintermonaten auf kleine Skitouren in die nahe gelegenen Berge, unternahmen Tagesausflüge zu den Sehenswürdigkeiten im bayerischen Alpenvorland, fuhren mit dem Schaufelraddampfer zu den Inseln im Chiemsee, wo sie vor dem Schloss Ludwigs II. und der Benediktinerinnen-Abtei Frauenwörth für die Kamera posierten. Soweit es sein Gesundheitszustand erlaubte, tanzten die beiden auf Dorffesten in Törwang, sie im Dirndl, er in der Lederhose, feierten Fasching in humorvoller Kostümierung und ausgelassener Stimmung im örtlichen Café, zu dessen stets gern gesehenen Stammgästen sie zählten, und verbrachten viele unterhaltsame und vergnügliche Abende mit Freunden und Bekannten in einem Gasthof des Dorfes.

Als ich die Alben schließlich wieder beiseitelegte, war in meinem Kopf das Mosaik einer Beziehung zwischen dem damals fünfzigjährigen und unverheirateten Hofrat Dr. Carl Pflüg und seiner 27 Jahre alten Sekretärin Charlotte Bressem entstanden, die herzlicher kaum hätte sein können und weit über ein harmonisches Arbeitsverhältnis hinausging. Doch wie innig war sie tatsächlich? Welche Gefühle mochten sie für einander empfunden haben? Wohin mochten ihre Gefühle sie wohl führen?

Am 30. November 1934 beendete Dr. Pflüg seinen Kuraufenthalt in Törwang und wurde kurz darauf in eine Führungsposition beim Arbeitsamt in Augsburg berufen. Dass er durch diese neue Tätigkeit seine langjährige Sekretärin verlor, bedauerte er zutiefst, was er in ihrem Arbeitszeugnis mit Worten der höchsten Wertschätzung auch sehr deutlich zum Ausdruck brachte. Charlotte Bressem musste sich nun in München eine neue Anstellung suchen. Und ihre persönliche Beziehung? Im November 1937 bezogen die beiden gemeinsam eine Wohnung in der Königinstraße am Englischen Garten, ein Entschluss, der offenbar aus einem in drei Jahren der Trennung gewachsenen Wunsch resultierte, ihr Leben in Zukunft miteinander zu teilen. War aus einer innigen Verbundenheit also doch eine Liebesbeziehung geworden? Oder hatten sich die beiden in einer Art Vater-Tochter-Verhältnis zueinander hingezogen gefühlt? Darüber aber wollte meine Mutter nie sprechen, da ließ sie nicht in sich hineinblicken. Wie dem auch gewesen sein mag: Was für eine mutige junge Frau, die es wagte, zur damaligen Zeit ohne Trauschein mit einem Mann zusammenzuleben! Eine Frau, die ihrer Zeit zweifellos voraus war!

In einem ihrer Alben befinden sich auch Aufnahmen aus der Königinstraße. Es sind Bilder, die auf sehr berührende Weise vor Augen führen, wie glücklich Carl Pflüg und Charlotte Bressem über ihr Zusammenleben gewesen sein müssen, ein Glück, das sie jedoch nur dreieinhalb Monate genießen konnten, denn seine Herzkrankheit hatte sich wieder so verschlechtert, dass er sich von März bis September 1938 in München erneut in ein Sanatorium begeben musste. Charlotte nutzte jede Gelegenheit, ihn an seinem Krankenbett zu besuchen. Wie sehr ihm ihre tröstliche, seine Seele aufrichtende Nähe gefehlt haben muss, wenn sie nicht bei ihm sein konnte, dokumentieren die bewegenden Briefe, die er damals tagtäglich an seine *geliebte Prinzessin* schrieb, Briefe, die aber auch seine zunehmende Besorgnis erkennen lassen, dass der Kampf gegen seine Krankheit schließlich doch vergeblich sein könnte. Eine Angst, aus der bald Gewissheit werden sollte: Dr. Carl Pflüg starb am 23. März 1939. Sein Tod schien Charlotte das Herz zu zerreißen. In seinem Nachlass entdeckte sie schließlich die Briefe, die er Tag für Tag an sie geschrieben hatte. Sie waren nie abgeschickt worden.

Ich erinnere mich noch gut daran, dass meine Mutter in späteren Jahren häufig nach Törwang fuhr, wenn sie unglücklich war. Ich glaube, dieser Ort war eine Art Fluchtpunkt für sie gewesen, an dem sie ihre Verzweiflung für ein paar Stunden vergessen konnte, ein Ort, an dem sie sich an Tage des Glücks – und vielleicht der Liebe? – erinnern wollte.

Als sich Charlotte Bressem im November 1934 auf die Suche nach einer neuen Anstellung begab, machte sie sich keine Illusionen, noch einmal ein Arbeitsverhältnis wie bei ihrem Hofrat Dr. Pflüg zu finden. Das wusste sie, damit hatte sie sich auch abgefunden. Dass sie jedoch eine jahrelange Odyssee durch mehrere Münchner Firmen vor sich haben würde, überstieg ihre Vorstellungskraft. In düsteren Kellerräumen und unwirtlichen Büros arbeiten, stupide Tätigkeiten ausführen, übellaunige und intrigante Kolleginnen und Kollegen ertragen, sich zudringlicher Vorgesetzter erwehren und dafür auch noch miserable Entlohnungen hinnehmen zu müssen, das hatte sie dann doch nicht erwartet. Drei ernüchternde und freudlose Jahre musste Charlotte Bressem all das erdulden, bis sie endlich wieder hoffen durfte. Die Bayerische Gemeindebank, die ihr als honoriger Arbeitgeber mit einem freundlichen Betriebsklima empfohlen worden war, interessierte sich für ihre Bewerbung und stellte die inzwischen 31-jährige junge Frau schließlich auch zum 1. September 1937 ein.

»Ich war so glücklich und dankbar, dass mich die Bank genommen hatte«, erzählte meine Mutter. »Ich kam auch gleich in die Direktion, und von da an ging's mir wieder richtig gut, denn ich hatte einen wunderbaren Chef, den Herrn Generaldirektor Ferdinand Hürlimann.«

In dieses überschwängliche Lob auf ihren einstigen Vorgesetzten hätten gewiss viele Angestellte des Geldinstituts eingestimmt, hatte er das Unternehmen doch seit 1925 erfolgreich durch alle Krisen geführt und wesentlich zu seiner Prosperität beigetragen, die er in Form von verbesserten betrieblichen Sozialleistungen auch der Belegschaft zugutekommen ließ. In seinem Spruchkammerverfahren nach dem Krieg setzte sich der Betriebsrat der Bayerischen Gemeindebank aus diesen Gründen auch bereitwillig für ihn ein und gab in einer eidesstattlichen Versicherung zu Protokoll, dass der Direktor 1933 nur deshalb in die NSDAP eingetreten sei, »weil er als Nichtparteigenosse unmöglich in seiner Stellung verblieben wäre« und infolgedessen zu befürchten war, dass die

Charlotte Bressem in der Bayerischen Gemeindebank, 1937

Leitung der Bank in unfähige Hände übergegangen wäre. Auch seine vormalige Sekretärin Charlotte Bressem zögerte nicht, sich in diesem Verfahren für ihren früheren Chef zu verwenden und erklärte im November 1947 an Eides statt:

»In vielen Gesprächen sowohl in der Bank als auch im Hause seiner Familie, wo ich wiederholt zu Gast war, übte er oft scharfe Kritik an dem nationalsozialistischen Regime, das er innerlich überhaupt ablehnte. Mit der gleichen Offenheit sprach er aber auch, wie mir bekannt ist, seine Meinung Vertretern der Partei gegenüber aus.«

Er sei deshalb in seiner inneren Einstellung niemals ein Nationalsozialist gewesen und nur aufgrund seiner Zugehörigkeit zur Bayerischen Gemeindebank zwangsläufig Parteimitglied geworden.

Dass Ferdinand Hürlimann als Direktor des Geldinstituts aber auch noch andere Beweggründe gehabt haben muss, als er der NSDAP beitrat, das ahnte Charlotte Bressem offenkundig nicht.

Schon bald nach der nationalsozialistischen Machtübernahme in Bayern am 9. März 1933 musste Ferdinand Hürlimann nämlich erkennen, dass nichts so bleiben würde, wie es war. Die Gemeindebank unterstand von nun an der Aufsicht des mächtigen bayerischen Innenministers und Gauleiters der NSDAP für München und Oberbayern, Adolf Wagner. Darüber hinaus war bereits abzusehen, dass auch der Aufsichtsrat des Geldinstituts in Kürze von hochrangigen Vertretern der Partei dominiert werden würde. Was also tun? Eine Frage, auf die Direktor Hürlimann rasch eine Antwort fand. Er passte sich den veränderten politischen Verhältnissen an und wusste sie auch bald für sich zu nutzen. Am 1. Mai 1933 trat er deshalb in die NSDAP ein, aber nicht nur, um seine berufliche Position als Direktor der Bayerischen

Gemeindebank zu sichern, das war ihm nicht genug, er wollte vielmehr auch die Gunst der neuen Machthaber gewinnen, um seinen Einfluss innerhalb und außerhalb des Geldinstituts zu stärken. Die erhofften Gelegenheiten dazu ließen nicht auf sich warten. Als Adolf Wagner ihn im Frühjahr 1933 bat, Spenden für den Bau eines »Hauses der Deutschen Kunst« in der bayerischen Landeshauptstadt zu sammeln, erfüllte ihm der Bankdirektor bereitwillig diesen Wunsch und trug schließlich gemeinsam mit dem Münchner Bankier und Großunternehmer Baron August von Finck entscheidend dazu bei, dass dieses Vorhaben, ein Lieblingsprojekt Hitlers, in die Tat umgesetzt werden konnte. Adolf Wagners Wohlwollen war ihm dadurch gewiss, doch Hürlimann wusste auch, wie flüchtig die Gunst des als despotisch gefürchteten Gauleiters sein konnte. Er zögerte deshalb nicht, auch fortan willfährig politisch gewünschte Aufgaben zu übernehmen und Gefälligkeitsdienste zu leisten, um sich möglichst einflussreiche Beziehungen zu Adolf Wagner und anderen nationalsozialistischen Machthabern in München aufzubauen. Seine Sekretärin Charlotte Bressem sollte dies nur wenige Monate nach ihrem Eintritt in die Bayerische Gemeindebank zu spüren bekommen.

Der »Tag der Deutschen Kunst« des Jahres 1938 war von der NSDAP-Führung für den 10. Juli und wie stets in München vorgesehen und sollte wieder als pompös inszenierte Propagandaveranstaltung mit Ausstellungseröffnung im »Haus der Deutschen Kunst« und Festzug unter dem Motto »Zweitausend Jahre Deutsche Kultur« einer breiten Öffentlichkeit nicht nur das Verständnis der Partei von »wahrer deutscher Kunst« vor Augen führen, sondern darüber hinaus auch das nationalsozialistische Deutschland als überlegene Kulturnation präsentieren und die Akzeptanz der NS-Ideologie in der Bevölkerung stärken. Da zu diesem Großereignis viel Prominenz aus dem In- und Ausland eingeladen und während ihres Aufenthalts in München betreut werden sollte, wurde unter der Ägide des Bayerischen Staatsministeriums des Innern ein eigenes Amt für Ehrengäste eingerichtet und mit dem erforderlichen Personal ausgestattet. Als es schließlich um die Frage ging, eine qualifizierte Stellvertreterin für den Leiter des neuen Amtes, einen Adjutanten des Innenministers und Gauleiters Adolf Wagner, zu finden, nutzte Ferdinand Hürlimann diese Gelegenheit, um den braunen Machthabern in der bayerischen Landeshauptstadt wieder einmal gefällig zu sein. Er stellte bereitwillig seine Sekretärin zur Verfügung.

Charlotte Bressem war schockiert. Sie sollte für die Nazis arbeiten? Damit hatte sie nun wahrlich nicht gerechnet. Unwillkürlich spürte sie wieder dieses beklemmende Gefühl, das sie zum ersten Mal empfunden hatte, als sie die SA-Kolonnen in Berlin marschieren sah. Und warum ausgerechnet sie? Sie sei doch gar nicht in der Partei, und sie wisse auch nicht, ob sie eine solche Aufgabe überhaupt erfüllen könne, schließlich habe sie darin keinerlei Erfahrung. Da gäbe es gewiss geeignetere Personen in der Bank. Doch sie konnte argumentieren so viel sie wollte, Direktor Hürlimann blieb unnachgiebig. Sie sei seine beste Kraft, er habe vollstes Vertrauen in ihre Fähigkeiten, deshalb müsse sie da mitmachen. Der Innenminister wünsche dies auch so, und als Direktor der Gemeindebank, die der Aufsicht des Ministers unterstehe, könne er es sich nicht leisten, dessen Wunsch abzulehnen.

»Was blieb mir da anderes übrig als ja zu sagen«, erzählte meine Mutter. »Ich hatte Angst, meine Stellung zu verlieren, wenn ich mich geweigert hätte. Und so musste ich dann etwa zwei Monate lang, von Mai bis Juli 1938, in diesem Amt arbeiten. Wir waren ungefähr dreißig Leute und hatten ein großes Büro in der Prinzregentenstraße. Als wir dann mit der Arbeit anfangen wollten, hat unser neuer Vorgesetzter plötzlich zu mir gesagt, er sei als Adjutant des Ministers und Gauleiters sehr beschäftigt, ich solle mich deshalb in Zukunft darum kümmern, dass im Büro alles gut läuft und die Arbeit ordentlich gemacht wird, er würde sich da ganz auf mich verlassen. Da war ich natürlich sehr aufgeregt und nervös, eine so verantwortungsvolle Aufgabe hatte ich vorher ja noch nie gehabt! Ich musste vor allem den laufenden Betrieb des Amtes organisieren und kontrollieren, die Arbeit verteilen und die notwendigen Entscheidungen treffen, wenn er nicht da war. Und das kam oft vor, weil er sich in Wahrheit irgendwo amüsierte, anstatt ins Büro zu gehen. Ich musste mich auch darum kümmern, dass alle Einladungen zum Tag der Deutschen Kunst verschickt waren und das gewünschte Rahmenprogramm für die Gäste rechtzeitig fertiggestellt wurde. Den Herrschaften sollte ja möglichst viel geboten werden, wenn sie nach München kamen! Ich habe das alles nur widerwillig mitgemacht, weil mir ja nichts anderes übrig blieb. Trotzdem muss ich zugeben, dass es manchmal auch ganz interessant war, vor allem dann, wenn ich die bekannten Nazi-Größen aus der Nähe beobachten konnte, Göring, Goebbels, Ribbentrop, Wagner und wie sie alle hießen, natürlich auch Hitler. Aber es war eine sehr anstrengende Zeit, wir mussten viele Überstunden machen, oft bis spät in die Nacht hinein. Und da klingelte dann immer wieder mal das Telefon, weil die Frauen der hohen Herren von uns wissen wollten, wo denn ihre Männer abgeblieben waren. Das wussten wir natürlich nicht, aber wir konnten uns sehr gut vorstellen, wo sie sich vergnügten. Über diese Anrufe haben wir uns damals köstlich amüsiert.«

Am 24. Juli 1938 konnte Charlotte Bressem endlich erleichtert aufatmen, denn nun waren auch alle abschließenden Arbeiten zum Tag der Deutschen Kunst beendet, sie hatte die vergangenen elf Wochen gut überstanden, und ihrer Rückkehr in die Bayerische Gemeindebank stand nichts mehr im Wege. Freudestrahlend saß sie deshalb am folgenden Morgen zur gewohnten Zeit wieder an ihrem Schreibtisch im Vorzimmer von Generaldirektor Ferdinand Hürlimann.

Ingolstadt, 21. III. 38

Meine liebe, liebe Lotte!
Du wirst mich vielleicht für verrückt erklären, aber ich muss Dir heute einfach schreiben und Dir mein Herz ausschütten. Wir kennen uns nun schon so lange und Du weißt, dass ich Dich schon immer sehr gut leiden mag; was Du aber wahrscheinlich nicht wusstest, wenigstens früher nicht, ist die unumstößliche Tatsache, dass ich Dich aufrichtig und von ganzem Herzen liebe! Und das nicht nur jetzt, sondern schon eine lange, lange Zeit ... Man sagt, ein Mann kann nicht zwei Frauen zugleich wahrhaft lieben; entweder ist diese These falsch oder aber ich bin in diesem Punkt außerhalb der Naturgesetze ... Als ich Dich am Sonntagabend nach Hause fuhr ... war der Wunsch, Dich zu küssen, eben einfach die zwangsläufige Offenbarung meiner Gefühlseinstellung zu Dir. Ich weiß nicht, wie ich Dir das alles erklären soll, aber ich habe irgendwie das bestimmte Gefühl, dass Du mich verstehst und dass auch Du mir nicht gleichgültig gegenüber stehst; denn so kann sich die Natur doch nicht irren, dass ich mich so zu Dir hingezogen fühle, ohne dass auch Du diese Neigung empfindest ...

84

Charlotte war irritiert, als sie den Brief wieder aus den Händen legte. Dass ihr Tennislehrer sie ins Herz geschlossen hatte und sie immer wieder hofierte, das war ihr natürlich nicht verborgen geblieben. Und sie musste sich erneut eingestehen, dass auch sie Gefallen an ihm gefunden hatte und die Avancen dieses attraktiven, sportlichen und sympathischen jungen Herrn als durchaus angenehm und schmeichelhaft empfand. Dennoch war sie über diese offene Liebeserklärung sehr überrascht. Aber mehr noch über das, was der verheiratete Mann unausgesprochen von ihr erhoffte, sollte sie sich doch ganz offenkundig auf ein Verhältnis mit ihm einlassen, obgleich er nicht nur sie, sondern auch seine Frau liebte und deshalb diese Ehe nicht aufgeben wollte. Glaubte er allen Ernstes, sie würde sich mit der Rolle einer Geliebten begnügen, die er aufsuchen könnte, wenn er Verlangen nach ihr hätte? War er sich überhaupt im Klaren darüber, was er ihr da zumutete? Wie demütigend eine solche Beziehung für sie wäre? Wofür hielt er sie eigentlich? Und warum hatte er diesen Brief gerade jetzt geschrieben, wohl wissend, dass Dr. Pflüg, der Mann, dem sie sich so innig verbunden fühlte, wegen seines schlechten Gesundheitszustandes erneut in einem Sanatorium ärztlich behandelt werden musste und sie sich große Sorgen um ihn machte? War das Zufall? Oder Absicht, weil er in dieser Situation eine Chance für sich sah? Charlotte spürte, wie ihr die Zornesröte ins Gesicht wuchs. Nein, ein Verhältnis mit Fritz Uhl kam für sie keinesfalls in Frage. Das würde sie auch seiner Frau nicht antun, mit der sie sich so gut verstand. Trotz ihrer Empörung über dieses unmoralische Angebot konnte sie ein leises Gefühl der Wehmut nicht leugnen, denn unter anderen Umständen hätte sie eine Liebesbeziehung mit ihm gewiss als Glück empfunden. Doch wie sollte sie sich nun verhalten? Diesen Brief schweigend übergehen? Mit Fritz Uhl reden? Oder ihm schreiben? Was also tun? Eine Frage, die ihr Kopfzerbrechen bereitete, schließlich gehörte er zu ihrem engsten Freundeskreis, und sie wollte weder das herzliche Einvernehmen noch den festen Zusammenhalt in der »Clique«, in die sie so liebevoll aufgenommen worden war, belasten. Charlotte entschied sich für das Schreiben. Mit Erfolg, denn die Freundschaft der beiden hielt, bis sich gegen Kriegsende die Spur des Obergefreiten Fritz Uhl verlor.

Es war nicht die letzte Liebeserklärung, die Charlotte erhielt. Wie hätte es auch anders sein können bei einer unverheirateten jungen Frau, die so blendend aussah und sich wegen ihrer warmherzigen und humorvollen Wesensart, ihrer Hilfsbereitschaft und Zuverlässigkeit im Freundeskreis und in der Bayerischen Gemeindebank größter Beliebtheit und Wertschätzung erfreute?

Wie oft denke ich an alle Stunden mit Dir ... Ich hatte mich vom ersten Tag in Dich verliebt und – erlaube es mir, bin es heute noch.

Dieses Geständnis, das die melancholische Stimmung erahnen lässt, in der es zu Papier gebracht wurde, erhielt Charlotte allerdings erst viele Jahre nach dem Krieg, als der Verfasser jener Zeilen schon lange in einer Ehepartnerschaft lebte. Und es blieb kein Einzelfall. War sie als junge Frau also doch so zurückhaltend, so verschlossen, so vorsichtig gewesen, dass sie deshalb keinen Partner finden konnte, wie sie im Januar 1942 selbstkritisch einem Leutnant der Wehrmacht schrieb? Hatten die vielen Freunde und Kollegen, die Charlotte damals verehrten und ernsthaft um sie warben, aus diesem Grunde resigniert? Oder war ihre Zuneigung tatsächlich immer dorthin gefallen, wo sie keinen fruchtbaren Boden fand, wie sie diesem Offizier klagte? War sie vielleicht auch zu wählerisch, zu anspruchsvoll gewesen? Oder hatte ihre Liebe doch Carl Pflüg gehört, dessen tragischen Tod im März 1939 sie offenkundig nie ganz verschmerzen konnte? Fragen über Fragen, auf die es keine Antwort gibt.

Für die Belegschaft der Bayerischen Gemeindebank war Charlotte Bressem mit ihrer verständnisvollen und entgegenkommenden Herzlichkeit rasch zur Seele des Hauses geworden. Generaldirektor Hürlimann sah dies mit Wohlgefallen, denn auch er schätzte seine engste Mitarbeiterin sehr, kein Wunder also, dass er gerade ihr den Auftrag erteilte, Kontakt mit all den Kollegen zu halten, die nach Hitlers Überfall auf Polen am 1. September 1939 und dem Beginn des Zweiten Weltkriegs zur Wehrmacht einberufen wurden. Es war ein Auftrag, den Charlotte gerne übernahm und den sie mit der ihr eigenen Hingabe und Fürsorglichkeit erfüllte, auch dann, als er zunehmend zur Belastung wurde, da sich schon in den folgenden beiden Jahren mehr als hundertfünfzig Mitarbeiter der Bank im Kriegseinsatz befanden, damit aber auch die Zahl der Feldpostbriefe, die an das Fräulein Charlotte Bressem adressiert waren, deutlich zunahm.

Es sind Briefe, in denen die Kollegen vom Alltag in ihren militärischen Verbänden erzählen, von ihrer wechselnden persönlichen Befindlichkeit, von gewissenlosen Vorgesetzten und ihrem menschenverachtenden Verhalten, von kräftezehrenden Strapazen während des raschen Vormarsches in Polen oder Frankreich, von langen Tagen des zermürbenden Wartens an unwirtlichen Orten und von ihren zwiespältigen Empfindungen beim Anblick des furchtbaren Elends, das die militärischen Erfolge der Wehrmacht nach sich ziehen.

Die fabelhafte Leistung unserer Flieger gleich zu Anfang des Krieges hat den Polen derart zugesetzt, dass ich

*noch keinen einzigen polnischen Flieger zu Gesicht be-
kam – was doch eigentlich als selbstverständlich zu erwarten gewesen wäre – und jetzt bestimmt keiner mehr
auftauchen wird …*

Diese offenkundig von Hochachtung und Stolz erfüllten Worte schreibt der Soldat Gerhard Huth am 19. September 1939 an Charlotte Bressem. Doch schon die nach-
folgenden Zeilen lassen die Widersprüchlichkeit seiner
Gefühle erkennen:

*Schon seit Tagen ziehen, wenn wir weiter vorrücken,
lange Ketten von Gefangenen, Überläufern und heim-
kehrenden Flüchtlingen beiderseits der wenigen Straßen
nach hinten, natürlich unbewaffnet, aber ohne deutsche
Begleitmannschaft, die polnischen Soldaten meist nicht
mehr in Uniform, sondern in schlechtem gestohlenen oder
beim Einrücken mitgebrachten Zivil. Infolge des raschen
Vormarsches ist es den Deutschen nicht möglich, für deren
Bewachung und Ernährung zu sorgen. So sind diese mehr
oder weniger sich selbst überlassen … Ich möchte nicht
wissen, was die Leute … auf der unheimlich langen Strecke bei schlechtesten Wegverhältnissen, überwiegend bar-
fuß und ohne Nahrung, alles aushalten müssen, bis sie in
die ersehnte Heimat kommen. Dabei ist nicht zu vergessen, dass zuerst die Polen, dann wir requiriert haben wo
es ging und deshalb unterwegs nicht viel zu wollen ist und
übrigens das Land an sich arm ist …*

Je länger der Krieg dauert, umso häufiger sind die Briefe
der Kollegen von Angst geprägt, Angst um das Wohler-
gehen und die Sicherheit ihrer Familie zu Hause, Angst
vor einer Entfremdung in ihrer Ehepartnerschaft durch
die immer länger anhaltende Trennung, Angst vor dem
Verlust ihrer Freundschaften und Liebesbeziehungen,
Angst, den Krieg nicht lebend zu überstehen oder als

Krüppel heimkehren zu müssen, Angst, durch das nicht enden wollende mörderische Gemetzel ihre Anteil nehmende Menschlichkeit zu verlieren:

In diesen Tagen fühle ich, wie sehr ich mich verändert habe, wie hart und rau die Schale geworden ist, die meine Seele umschließt.

Es sind Zeilen aus einem der letzten Feldpostbriefe, die Charlotte Bressem erhält. Es ist ein ergreifendes Dokument der Hoffnungslosigkeit, des resignierten sich Fügens in das scheinbar Unabänderliche, ein Brief, der Charlottes Herz tief berührt, denn der Verfasser sieht ganz offenkundig seinen Tod auf dem Schlachtfeld voraus:

An dem Brennpunkt zwischen Nord- und Mittelfront eingesetzt, stellen die Kämpfer das Soldatenglück solange auf die Probe, bis es einmal zwangsläufig versagen muss, darunter auch ich.

Charlotte beantwortet jeden Brief der im Felde stehenden Kollegen, oft viele Seiten lang und spät abends, wenn es ihre Tätigkeit in der Gemeindebank nicht anders zulässt. Es sind sehr einfühlsame und verständnisvolle Briefe, die sie schreibt, Briefe, die trösten, aufmuntern und ermutigen sollen, die gerne Rat geben, Fragen beantworten und Wünsche erfüllen. Dass Charlotte deshalb auch sehr rasch zur ersten Adresse für die Sorgen und Ängste der Kollegen an der Front avanciert, überrascht sie nicht, kann sie doch sehr gut verstehen, dass die Soldaten ihre Familien nicht noch mehr in Unruhe versetzen wollen, als sie dies durch den Krieg ohnehin schon sind. Gelegentlich sprüht Charlottes Post aber auch geradezu von Witz und Humor wie etwa bei Gerhard Huth, der inzwischen als Unteroffizier in Frankreich eingesetzt ist und sich jedes Mal köstlich amüsiert, wenn sie ihn liebevollspöttisch als »Monsieur le chapeau« tituliert. In ihren

Briefen erzählt Charlotte den Kollegen zudem häufig von den Geschehnissen in der Bank und erheitert sie mit dem neuesten Klatsch und Tratsch, sie schickt ihnen regelmäßig Weihnachtspäckchen, kümmert sich bereitwillig um ihre Familien, wenn sie darum gebeten wird und besucht die schwer verwundeten Mitarbeiter, die in München medizinisch versorgt werden.

Sehr liebe gnädige Frau!

Vor allem haben Sie meinen Dank für Ihren Gruß, ich bin glücklich, Ihre Freundschaft zu besitzen, Ihre Briefe zu empfangen, die mich hoch stimmen … Bewahren Sie mir bitte Ihre Freundschaft wie Ihre Briefe, die Brücken zum Leben schlechthin sind, über das der Gott des Krieges entscheidet.

Es sind diese und ähnliche Zeilen der Kollegen aus den Kampfgebieten, die Charlotte alle Belastungen, die der Auftrag des Generaldirektors neben ihren beruflichen Verpflichtungen mit sich bringt, vergessen lassen und ihr die Gewissheit geben, dass dieser Auftrag wichtiger ist als ihre oftmals doch recht eintönige Bürotätigkeit. Und es sind Zeilen, die Charlotte erkennen lassen, dass all das, was sie den Kollegen an Vertraulichkeit und Zuneigung entgegenbringt, auch an sie zurückgegeben wird. Es sind Zeilen, die Charlottes Herz erwärmen, die sie glücklich machen.

Doch es sind nur kurze Augenblicke des Glücks. Die furchtbaren Folgen des Krieges verschonen auch die Bayerische Gemeindebank nicht mehr. Immer häufiger muss Charlotte Bressem ihren Briefpartnern an der Front mitteilen, dass Arbeitskollegen gefallen sind oder vermisst werden. Immer häufiger muss sie die Verlustliste des Hauses um weitere Namen ergänzen.

Die Reihen haben sich bedenklich gelichtet, die harten Kämpfe zerschlagen wahllos, nehmen das Leben unbarmherzig und oft auf grausame Art, diese unzähligen jungen

Leben, die mit großer Liebe gegeben und Aufopferung umsorgt wurden. Verstehen Sie dieses Gesetz, das wir uns gefallen lassen müssen?

Es sind Worte aus einem Feldpostbrief, den Charlotte Ende März 1942 erhält. Es sind Worte, die sie erschüttern, die sie mit tränenden Augen liest. Aber es sind auch Worte, die sie nachdenklich stimmen, die sie nicht mehr loslassen wollen, die ihre interne Welt zusehends in Unruhe versetzen, Worte, die sich schleichend in ein Gefühl der Angst verwandeln. Sie liest den Brief ihrer engsten Freundin vor, die mit ihr im Vorzimmer des Generaldirektors sitzt. Sie sagt, sollte dieser schreckliche Krieg, dem nun immer mehr junge Soldatenleben zum Opfer fallen, noch länger dauern, und damit sei leider zu rechnen, dann würde es auch immer schwieriger für sie werden, einen Mann im heiratsfähigen Alter zu finden. Sie habe deshalb Angst, alleine bleiben zu müssen. Schließlich sei sie nun schon 35 Jahre alt, und folglich bliebe ihr nicht mehr viel Zeit, um eine eigene Familie zu gründen. Rita Stempnagel teilt Charlottes Angst. Auch sie ist noch nicht verheiratet, und auch sie sucht nach einer festen Beziehung. Was aber tun, um den gemeinsamen Wunsch in die Tat umzusetzen?

»Anfangs waren wir ziemlich ratlos, weil wir nicht recht wussten, wie wir in dieser schwierigen Zeit mitten im Krieg Herrenbekanntschaften machen sollten, bis dann meine Kollegin, Fräulein Stempnagel, auf die Idee kam, wir könnten es doch über Heiratsanzeigen versuchen. Ich war erst strikt dagegen, allein schon der Gedanke daran war mir richtig peinlich, bisher nämlich hatten wir es noch nie nötig gehabt, Männer über Annoncen kennenzulernen, aber schließlich habe ich doch ja gesagt, denn unter den damaligen Umständen blieb uns tatsächlich kaum eine andere Wahl. Ich habe mich dann mit den

Herren, die auf meine Anzeige geantwortet hatten, in Cafés in der Nähe der Brienner Straße getroffen, wo ich damals wohnte, aber nach jeder dieser Verabredungen bin ich enttäuscht nach Hause gegangen. Auch Rita Stempnagel ist es nicht anders ergangen.«

Doch resignieren, das kam für Charlotte nicht in Frage. Das wollte sie nicht, und das konnte sie auch nicht. Ihre Angst, zu vereinsamen, und ihre Sehnsucht, endlich wieder ein Leben in Zweisamkeit führen zu können, zu lieben und geliebt zu werden, waren zu machtvoll geworden. Die Inserate heiratswilliger Männer wurden nun ihre tägliche Lektüre. Und sie wurde fündig. Es war eine Annonce, die ihr sofort ins Auge fiel, deren Worte ihr sehr nahe gingen, Worte, die an ihr Mitgefühl und ihre Fürsorglichkeit appellierten, als wären sie direkt an Charlotte Bressem gerichtet, Worte, die sie ins Herz trafen. Es war eine Annonce, auf die sie antworten musste.

Die Firma wird gegründet

München, Dienstag, 2. Mai 1939. Es war sieben Uhr morgens, als er das Reihenhaus verließ und sich auf den Weg zur Fabrik machte. Er hatte alleine frühstücken müssen. Renate war im Bett geblieben. Sie hatte gesagt, sie fühle sich nicht wohl. Das war in den vergangenen Wochen häufiger vorgekommen. Ihre dritte Schwangerschaft machte ihr sichtlich mehr zu schaffen als die beiden vorherigen. Das sei nicht weiter überraschend, hatte ihr Vater gesagt, sie sei nun doch schon 37 Jahre alt und in letzter Zeit noch dazu in einem etwas labilen Gesundheitszustand. Sie solle sich aber keine Sorgen machen, schließlich seien bisher noch keine ernst zu nehmenden Komplikationen aufgetreten, es werde gewiss alles gut gehen. Das hatte ihn beruhigt, denn sein Schwiegervater Karl Salzmann war ein sehr erfahrener Arzt. Bei ihm wusste er Renate in den besten Händen. Doch der unangenehme Gedanke, ihr heutiges Unwohlsein könnte auch mit der Auseinandersetzung vom Vorabend zu tun haben, ließ sich auf dem Weg zur Fabrik nicht verdrängen. Sie waren wieder einmal erregt aneinander geraten. Und nicht zum ersten Mal in letzter Zeit über das gleiche leidige Thema. Renate hatte nämlich wieder einmal bitter darüber geklagt, dass es ihnen finanziell nach wie vor so schlecht ginge. Ihr monatliches Haushaltsgeld reiche schon lange kaum noch aus, um eine vierköpfige Familie über die Runden zu bringen. In Kürze würden sie aber auch noch Zuwachs bekommen. Was dann? Er habe ihr doch immer wieder versprochen, dass es mit der Fabrik bald aufwärts gehen und damit auch ihre wirtschaftliche Lage deutlich besser werden würde, aber darauf warte sie nun schon seit vielen Jahren vergeblich. Wie lange solle das noch so weitergehen? Von ihrer Hoffnung, sie würden in München hin und wieder auch die schönen Seiten des Lebens genießen können, wolle sie erst gar nicht reden, die habe sie längst begraben. Er sollte sich endlich einmal fragen, was er denn mit seinen Bemühungen bisher erreicht habe, ob seine schonungslose Plackerei in all den Jahren nicht doch vergebens gewesen sei. Ihr jedenfalls fiele es immer schwerer, daran zu glauben, dass er mit seiner Fabrik noch Erfolg haben werde. Und dann hatte sie ihn eindringlich aufgefordert, darüber nachzudenken, ob es für ihn und die Familie nicht besser wäre, wenn er die Firma aufgeben und sich, wie in Berlin, eine gut bezahlte Stellung in einem Münchner Unternehmen suchen würde.

Auf Renates neuerliche Klage über die chronische finanzielle Misere der Familie hatte er am gestrigen Abend ganz bewusst nicht reagiert. Was hätte er denn auch sagen sollen? Dass sich die Firma noch immer in einer schwierigen wirtschaftlichen Lage befand, war schließlich eine Tatsache, die er nicht leugnen konnte. Und seine hoffnungsvollen Prognosen zur Zukunft des Betriebes hatte sie schon seit längerer Zeit stets angezweifelt. Was hätte er also Besseres tun können als schweigen? Nachdem Renate jedoch die weitere Existenz der Firma in Frage gestellt hatte, war es mit seiner Zurückhaltung vorbei gewesen und sein Ton war aggressiver geworden. Er erinnerte sich noch sehr genau an seine Erwiderungen. Er sei sehr enttäuscht und verärgert, dass offenbar auch sie, wie schon sein Vater, kein Vertrauen in seine Fähigkeiten habe, denn wie solle er ihre ausdrückliche

Aufforderung, über eine Schließung der Fabrik nachzudenken, anders verstehen. Er jedenfalls glaube nach wie vor fest daran, dass er sich, trotz aller Schwierigkeiten, mit seinen Erfindungen durchsetzen werde, da es sich, wie er ihr bereits erklärt habe, um bahnbrechende Neuerungen in der Papierverarbeitung handle. Sie wolle anscheinend auch nicht zur Kenntnis nehmen, dass er inzwischen sehr wohl Erfolge erzielt habe. Die Zahl seiner Kunden sei in letzter Zeit laufend gestiegen, und die Anerkennung, die er aus Unternehmer- und Fachkreisen für seine Erzeugnisse bekomme, zeige doch, dass er sich auf dem richtigen Weg befinde. Inzwischen sei aber auch der Wettbewerb in der Branche deutlich härter geworden. Die Firma müsse deshalb noch leistungsfähiger werden, damit sie die großen Chancen, die sie habe, auch tatsächlich nutzen könne. Das sei aber nur möglich, wenn die Arbeitsbedingungen in der Fabrik verbessert würden, vor allem müsste dazu die veraltete technische Ausstattung erneuert werden. Deshalb brauche er jetzt noch jede Mark, um die dafür notwendigen Bankkredite finanzieren zu können. Das alles habe er ihr aber schon mehrmals ausführlich erklärt, wie oft solle er das eigentlich noch tun?

Da er jedoch unbedingt vermeiden wollte, dass die Kontroverse zwischen ihm und Renate in einem ernsthaften Zerwürfnis endete, was er in Anbetracht ihrer schwierigen Schwangerschaft nicht riskieren mochte, hatte er am Schluss seiner Replik dann doch noch einen versöhnlichen Ton angeschlagen und eingeräumt, dass die finanzielle Lage der Familie nach wie vor nicht einfach sei, deshalb könne er ihre Enttäuschung durchaus verstehen. Er sei aber fest davon überzeugt, dass es ihnen schon bald sehr viel besser gehen werde und die Entbehrungen der vergangenen Jahre dann rasch vergessen sein würden. Als er schließlich wenige Minuten vor halb acht Uhr die Fabrik erreichte, war er mit seinem Plädoyer für die Firma, das er am gestrigen Abend notgedrungen hatte halten müssen, zufrieden.

Renate scheute eine Eskalation des Konflikts noch mehr als er, denn die inzwischen immer häufiger auftretenden Schwangerschaftsbeschwerden zehrten so stark an ihren körperlichen und seelischen Kräften, dass sie glaubte, eine weitere nervliche Belastung nicht mehr ertragen zu können. Deshalb hatte sie ihm schweigend zugehört, obwohl es ihr zuweilen sehr schwer gefallen war, ihn nicht erregt zu unterbrechen. Nur ein einziges Mal war sie zur Zurückhaltung nicht mehr willens gewesen und hatte auf seine optimistische Prognose zur Zukunft der Fabrik mit der spitzen Bemerkung reagiert, sie könne nur hoffen, dass er sich da nicht irre.

Willy Hesselmann hatte seine Firma Ende des Jahres 1932 in München gegründet und ihre künftigen Aufgaben in der offiziellen Eintragung des Geschäftszweckes mit den Worten beschrieben:

Herstellung von Kunstharz-Klebstoffen und Emulsionen auf Kunstharzbasis für die Papierbeschichtung und in einer Maschinenbau-Abteilung die Entwicklung von Klebegeräten und Klebemaschinen für die zweckmäßigste Verarbeitung der Erzeugnisse der chemischen Abteilung.

Das aber war eine sehr zurückhaltende Darstellung seiner Intentionen, denn im Klartext besagt dieser etwas sperrig und prosaisch formulierte Satz, dass es ihm um nichts Geringeres als um wegweisende Innovationen in der traditionellen Klebetechnik ging. Er wollte neuartige Klebstoffe entwickeln und parallel dazu Apparaturen konstruieren, die geeignet waren, seine chemischen Produkte in großem Stil für Industrie, Handel und Gewerbe nutzbar zu machen.

Schon während seiner Tätigkeit als Abteilungsdirektor bei der Deutschen Hollerith-Maschinen Gesellschaft (DEHOMAG) seit Ende der zwanziger Jahre in Berlin hatte er sich neben seinen beruflichen Verpflichtungen immer intensiver mit den Fortschritten der modernen Chemie bei der Herstellung synthetischer Rohstoffe und ihren praktischen Anwendungsmöglichkeiten befasst. Warum sich aber der gelernte Kaufmann und Banker überhaupt für die chemische Forschung interessierte und mit dem Gedanken trug, neuartige Erzeugnisse für die Klebetechnik zu entwickeln, lässt sich wohl nur mit seinen beruflichen Erfahrungen erklären: Dass es nämlich an geeigneten Materialien und technischen Geräten mangelte, um die Büroorganisation zu rationalisieren und effektiver als bisher zu gestalten. Und diese Erfahrungen waren es offenkundig auch, die seinen später viel bewunderten kreativen Erfindergeist aktivierten. In unserer Familie hat er allerdings kein Wort über seine Gründe für dieses geradezu leidenschaftliche Interesse geäußert.

Mit der amtlichen Gewerbeanmeldung am 30. Dezember des Jahres 1932 hatte er den offenbar schon über längere Zeit herangereiften Wunsch von der eigenen Fabrik schließlich in die Tat umgesetzt. Ob die neugeborene Firma aber auch reüssieren würde, das stand auf einem ganz anderen Blatt. Ihr Erfolg war keineswegs vorprogrammiert. Im Gegenteil, ihre Gründung hätte kaum zu einem ungünstigeren Zeitpunkt erfolgen können, denn auch Deutschland war nach dem Zusammenbruch der New Yorker Börse im Oktober 1929 rasch in den Sog der beginnenden Weltwirtschaftskrise geraten. Der Boom der »goldenen zwanziger Jahre« hatte dadurch ein jähes Ende gefunden, die Republik wurde in ihre tiefste wirtschaftliche Depression gestürzt. Damit hatte niemand gerechnet, auch Willy Hesselmann nicht. Als angehender Fabrikant muss er diese schwere Krise der deutschen Wirtschaft vor allem als Katastrophe für seine eigenen Pläne empfunden haben, denn er wusste sehr wohl, dass sie seine Firmengründung ernsthaft gefährden konnte. Und die Hiobsbotschaften, die er nahezu täglich in der Presse zu lesen und auch häufig im Rundfunk zu hören bekam, waren alles andere als geeignet, Hoffnung zu stiften: Dass die Industrieproduktion drastisch zurückgehe, ungezählte Unternehmen Konkurs anmelden müssten, das gesamte Bankensystem zu kollabieren drohe, Arbeitnehmer in Massen entlassen würden, die Zahl der Erwerbslosen schon die Sechs-Millionen-Grenze überschritten habe, in den Zeitungen täglich spaltenweise Termine von Zwangsversteigerungen annonciert würden, dass Armut, Hunger und Elend sprunghaft zunähmen.

Dass die Bevölkerung zusehends verarmte und die Not immer schreiender wurde, konnte er allmorgendlich auf seinem Weg ins Büro mit eigenen Augen sehen. Da standen sie auf dem Trottoir oder saßen zusammengesunken auf den Bänken an der Straße, die unzähligen ausgezehrten Elendsgestalten mit ihren stumpfen und hohlwangigen Gesichtern, Opfer des Personalabbaus oder des Bankrotts ihrer Firmen, und baten um Arbeit oder wenigstens ein paar Groschen. Oder sie standen vor den Schaufenstern der Lebensmittelläden, manchmal auch in größeren Gruppen, starrten minutenlang wortlos und mit ausgemergeltem Blick auf die Auslagen und gingen dann wieder bettelnd von Haus zu Haus. Er erlebte täglich, dass der Anteil derer, die dieses Schicksal teilen mussten, unaufhaltsam wuchs.

Doch es war nicht nur die verheerende Wirtschaftskrise, die ihm viele schlaflose Nächte bereitete, wenn er an seine geplante Firmengründung dachte, es waren auch die immer instabiler werdenden innenpolitischen Verhältnisse der Republik, die ihn deshalb mit wachsender Sorge erfüllten: Der erdrutschartige Erfolg der NSDAP bei der Reichstagswahl 1930, ihr rascher Aufstieg zur Massenpartei und stärksten politischen Kraft in Deutschland in den beiden folgenden Jahren, der kompromisslose Kampf der Nationalsozialisten, der Kommunisten und anderer Parteien von rechts und links gegen die demokratische Ordnung, der brutale Terror der SA-Horden gegen jüdische Bürger und politische Gegner, die blutigen Saal- und Straßenschlachten zwischen der SA und dem Roten Frontkämpferbund der KPD, die systematische Demontage der parlamentarischen Demokratie und die rasch zunehmende diktatorische Machtfülle des greisen Reichspräsidenten.

Ich kann mich nicht daran erinnern, dass sich unser Vater jemals in der Familie zu aktuellen politischen Fragen oder Ereignissen geäußert hat. Ich glaube auch, ohne dies allerdings begründen zu können, dass er sich für Politik nicht sonderlich interessierte, es sei denn, und davon bin ich überzeugt, sie tangierte ganz offenkundig seine Intentionen als Unternehmer. Und das war Anfang der dreißiger Jahre zweifellos der Fall, auch wenn er damals noch kein etablierter Fabrikant war, sondern nur einer *in spe*.

Doch welche Gründe mochten ihn dazu bewogen haben, ausgerechnet 1932, als die wirtschaftliche und politische Krise in Deutschland ihrem Höhepunkt zusteuerte, seine sichere und hoch dotierte Führungsposition bei der DEHOMAG aufzugeben, um unter den katastrophalen Bedingungen, die damals herrschten, eine neue Firma zu errichten? Hatte er die Vorbereitungen bereits so weit vorangetrieben, dass er nicht mehr zurück wollte oder konnte? Oder war er von den Erfolgsaussichten seiner Idee so überzeugt, dass er sich ein Scheitern gar nicht mehr vorstellen konnte, auch nicht unter den damaligen Umständen? Oder hatten ihn schließlich doch die sich häufenden Prognosen überzeugt, die einen konjunkturellen Aufschwung für 1933 vorhersagten, nachdem bereits erste leise Anzeichen einer bevorstehenden wirtschaftlichen Erholung erkennbar geworden waren? Wie dem auch gewesen sein mag, mit einer Firmengründung unter derart schwierigen und unkalkulierbaren Verhältnissen hat er einen Mut zum Risiko bewiesen, der auch heute noch Hochachtung und Bewunderung weckt. Dass der Anfang hart werden würde, das wusste er. Dass er diesen Mut aber noch viele Jahre brauchen würde, um nicht zu resignieren, das ahnte er damals vermutlich nicht.

Als Willy Hesselmann 1932 in München Räumlichkeiten für seine neugegründete Firma suchte und sich schließlich für ein Angebot in der Hirschgartenallee 38 in Nymphenburg entschied, mochte wohl neben dem günstigen Pachtzins auch der Gedanke eine Rolle gespielt haben, dass der noble Charakter des Stadtteils mit seiner Schlossanlage und den zahlreichen repräsentativen Villen dazu beitragen könnte, die Seriosität des Unternehmens zu unterstreichen. Das war gewiss auch notwendig, denn der äußere Eindruck, den die Fabrik damals bot, war wohl eher dazu angetan, bei künftigen Kunden und Geschäftspartnern Zweifel zu nähren statt Vertrauen zu fördern, bestand sie doch lediglich aus einer großen ehemaligen Werkstatt in einem ziemlich trist anmutenden, barackenähnlichen Gebäude. Dennoch, trotz aller Mängel, es war *sein* Werk! Er hatte sein lange ersehntes Ziel erreicht! Wie stolz und selbstbewusst er damals gewesen sein muss, lässt sich erahnen, wenn man den Namen liest, den er seiner Schöpfung gab: Planatolwerk W. Hesselmann, Chemische und Maschinenfabrik für Klebetechnik.

Das desolate äußere Erscheinungsbild der Fabrik stand jedoch in scharfem Kontrast zu den Leistungen ihres Eigentümers, der nun entschlossen in die Tat umzusetzen begann, was er sich mit der Gründung seiner Firma vorgenommen hatte. Sein Potenzial an kreativer Energie schien dabei unerschöpflich zu sein. Der ehemalige Bankangestellte und Kaufmann Willy Hesselmann avancierte zu einem visionären Erfinder und innovativen Unternehmer, der durch seine bahnbrechenden Ideen in den Bereichen Chemie und Maschinenbau zu einem der bedeutendsten Wegbereiter der modernen industriellen Klebetechnik wurde.

Doch bis dahin lag noch ein langer und vor allem entbehrungsreicher Weg vor ihm und seiner Familie, denn auch der Kontrast zu ihrem Lebensstandard in Berlin hätte schärfer und schmerzlicher kaum sein können. In der Reichshauptstadt hatte ihnen das lukrative Salär eines Abteilungsdirektors bei der DEHOMAG ein komfortables Dasein mit vielen Annehmlichkeiten ermöglicht, in München dagegen lebten sie nun von der Hand in den Mund. Zwar arbeitete Willy Hesselmann rastloser denn je. Und die chemischen Experimente, die er in seinem beengten, aber gut ausgestatteten Labor in der Fabrik durchführte, verliefen so erfolgreich, wie er sich das erhofft hatte. Es gelang ihm, neuartige Klebstoffe auf Kunstharz-Basis zu entwickeln, die sich durch hohe Elastizität, Bindekraft und Haltbarkeit auszeichneten, Eigenschaften, die das Klebebinden von Büchern, Broschüren, Katalogen und Zeitschriften ermöglichen oder die Verarbeitung von Holz, Leder und anderen Materialien spürbar erleichtern würden. Dass er sich damals in Hochstimmung befand, lässt sich sehr gut nachempfinden, schließlich waren diese Erfolge die erhoffte Bestätigung seiner Ideen, die er so lange und so unbeirrt verfolgt hatte.

Umso größer war dann später die Enttäuschung, als er erkennen musste, dass seine Erfindungen oft weniger auf Anerkennung und Akzeptanz als vielmehr auf Skepsis oder Ablehnung stießen, eine Erfahrung, die ihm vor allem bei zahlreichen traditionsverbundenen Handwerksbetrieben nicht erspart blieb. Dem Althergebrachten vertrauten sie, dem Neuen nicht. Wahrlich eine bittere Lektion für einen ehrgeizigen Unternehmer, der damals mit innovativen Ideen zum technologischen Fortschritt beitragen wollte.

Neben den chemischen Experimenten widmete sich Willy Hesselmann vor allem seiner eigentlichen Passion, der Konstruktion von Geräten und Maschinen, die der Anwendung seiner Klebstoffe in der Papierverarbeitung dienen sollten. Deshalb gehörten technische Apparaturen schon sehr frühzeitig zum Portfolio der Firma, darunter eine als »Rotaplana« bekannt gewordene Maschine, die im Rotationsverfahren Selbstklebe-Postkarten herstellte.

Trotz der überzeugenden Produkte, die das Planatolwerk schon bald nach der Gründung anbieten konnte, blieb die wirtschaftliche Lage der kleinen Firma prekär. Um Kosten zu sparen, lieferte Willy Hesselmann seine Klebstoffe oft höchstpersönlich mit dem Fahrrad an die Kunden, vor allem an Buchbindereien, Druckereien, Möbelfabriken und Lederwerkstätten in München und der näheren Umgebung. Es muss ein geradezu bedauernswerter Anblick gewesen sein, der Firmeninhaber auf einem alten Fahrrad, in Knickerbocker und Trachtenjanker gekleidet, beides schon etwas abgetragen, bei schlechter Witterung mit Hut und Regenumhang, die Klebstoffdosen in einem großen Karton auf dem Gepäckträger befestigt, durch das lange und anstrengende Treten sichtlich erschöpft. Welch ein Kontrast zu den komfortablen Arbeitsbedingungen des ehemaligen Abteilungsdirektors Willy Hesselmann in seinem üppigen Büro mit persönlicher Sekretärin bei der DEHOMAG in Berlin! Was für harte Zeiten dagegen für den Fabrikanten Willy Hesselmann! Der Firma und der Familie ging es nun schon seit Jahren schlecht, und ein Ende dieses Zustands war noch immer nicht abzusehen. Doch er hat nicht resigniert, trotz alledem! Und lieferte damit erneut ein Beispiel für seinen bewundernswerten Mut zum Risiko. Oder war es doch die Angst, sich eines Tages eingestehen zu müssen, dass er mit seinem Vorhaben gescheitert sei? Oder war es der Ehrgeiz, (seinen Eltern?) beweisen zu wollen, dass er es schaffen würde?

Gegen Ende der dreißiger Jahre begann sich die wirtschaftliche Lage des Planatolwerks allmählich zu bessern, was offenkundig vor allem mit der Leipziger Messe zu tun hatte, denn die Teilnahme an dieser renommierten internationalen Ausstellung förderte nicht nur das Ansehen der Fabrik in Unternehmer- und Fachkreisen, sondern auch das Interesse an ihren Erzeugnissen, so dass die Zahl der Planatol-Kunden langsam, aber kontinuierlich stieg. Nach den langen Jahren der Entbehrungen war dieser ermutigende Fortschritt Balsam für die Seele des Firmeninhabers Willy Hesselmann: Er konnte nun mit größerer Zuversicht nach vorne blicken. Bis zum 1. September 1939, als Nazi-Deutschland Polen überfiel und der Zweite Weltkrieg begann.

Eine folgenschwere Annonce

München, Sonntag, 6. September 1942. Sie hatten sich für halb drei Uhr nachmittags im Palmengarten des Palast-cafés Luitpold an der Brienner Straße verabredet. Als er ihr diesen Vorschlag machte, war sie angenehm überrascht, denn sie wusste, dass das Luitpold mit seinen prunkvoll ausgestalteten Räumlichkeiten zu den luxuriösesten Kaffeehäusern in ganz Europa zählte. Bisher hatte sie allerdings noch keine Gelegenheit gehabt, diese viel gerühmte Pracht mit eigenen Augen zu sehen. Dass sich das nun dank seiner liebenswürdigen Einladung ändern würde, freute sie inzwischen zwar sehr, doch wichtig war ihr dabei etwas ganz anderes: Er lud sie in das edelste und teuerste Café in München ein, obwohl es ihm finanziell offenbar nicht besonders gut ging, wie sie bei aufmerksamer Lektüre seines Briefes zwischen den Zeilen glaubte herauslesen zu können. Demnach hätte er allen Grund gehabt, einen bescheideneren Treffpunkt vorzuschlagen. Nach all den enttäuschenden Erfahrungen, die sie in den zurückliegenden Monaten mit Herrenbekanntschaften gemacht hatte, empfand sie sein großzügiges Verhalten jedenfalls als wohltuendes Zeichen der Wertschätzung und interpretierte es als gutes Omen. Deshalb sah sie ihrer ersten Begegnung auch sehr zuversichtlich entgegen. Aber je näher ihre Verabredung rückte, umso nervöser und unsicherer wurde sie dann doch. Ihre Gefühle wechselten zwischen Hoffen und Bangen. Sie fürchtete, ein weiteres Mal enttäuscht zu werden – und sehnte sich doch so sehr nach dem Glück, das sie schon einmal besessen, aber so rasch wieder verloren hatte.

Kurz vor halb drei Uhr war es dann soweit, sie musste sich auf den Weg machen, wenn sie noch pünktlich zu ihrem Rendezvous kommen wollte. Aber die Wohnungstür hinter sich zu schließen, ohne noch einen letzten prüfenden Blick auf ihre mühevoll mit dem Brenneisen gelegte Lockenpracht und vor allem ihre Bekleidung zu werfen, das kam nicht in Frage, schon deshalb nicht, weil es ihr dieses Mal besonders schwer gefallen war, zu entscheiden, was sie anziehen wollte. Und das aus verständlichen Gründen, denn auch an den besten Stücken ihrer Garderobe hatte die Zeit inzwischen sichtbare Spuren hinterlassen, und nach drei Jahren Krieg war es sehr schwierig geworden, sich gute und ansehnliche Stoffe zu beschaffen, um die gewünschte Kleidung selbst anzufertigen. Sie hatte sich schließlich für das schwarze Kostüm aus den dreißiger Jahren mit der taillierten Jacke und dem schmal geschnittenen, kaum über die Knie reichenden Rock entschieden, ebenso für die hochgeschlossene weiße Bluse und die hellbraunen Sommerschuhe mit den halbhohen Absätzen, eine Aufmachung, die trotz allem noch immer elegant wirkte und die Attraktivität der mittlerweile gereiften Frau noch deutlicher zur Geltung brachte. Als sie ihre Wohnung verließ, war sie mit dem Bildnis, das ihr der Spiegel im Schlafzimmer entgegengehalten hatte, zufrieden.

Wäre Charlotte Bressem aus einem ihr weniger wichtigen Anlass in das Palastcafé Luitpold gekommen, sie hätte gewiss nicht darauf verzichtet, den sie umgebenden Glanz mit offenen Augen zu betrachten. Dazu war ihr Interesse an Kunst viel zu groß. Doch an diesem frühen Sonntagnachmittag hatte sie dafür keinen Blick, da die bevorstehende Verabredung ihre ganze Aufmerksamkeit in Anspruch nahm. Sie hätte auch keinen Augenblick

Zeit dafür gehabt, denn kaum hatte sie das Vestibül des Kaffeehauses betreten, wurde sie von einem Diener in Livree um ihren Namen gebeten und anschließend in den Palmengarten geleitet, im Auftrag des Herrn Fabrikanten, wie er sagte. Als Charlotte Bressem und Willy Hesselmann nach der Begrüßung, bei der beide etwas schüchtern gewirkt hatten, an dem stilvoll in Weiß gedeckten Tisch Platz nahmen und er der Kellnerin die Bestellungen in den Notizblock diktierte, nutzte sie die Gelegenheit, diskret einen Blick auf ihr Gegenüber zu werfen. Er war schlank und kaum größer als sie, hatte ein schmales, ebenmäßiges Gesicht mit einer hohen Stirn und lebhaften Augen, seine spärlich gewordenen schwarzen Haare waren streng nach hinten gekämmt und an den Schläfen schon grau meliert. Auch ihm schien die Verabredung so wichtig zu sein, dass er sich offenkundig, wie sie, für seine stattlichste Garderobe entschieden hatte, denn er trug einen grauen Anzug, der zwar schon bessere Zeiten gesehen hatte, ihn aber immer noch sehr ansehnlich kleidete, dazu ein weißes Hemd und eine dunkelblaue Krawatte. Ihr erstes Resümee fiel deshalb, alles in allem, recht positiv aus: Er war zwar keine Schönheit, gewiss, sah aber doch ganz passabel aus.

»Anfangs waren wir beide etwas gehemmt, denn wir kannten uns ja noch gar nicht«, antwortete meine Mutter, als ich sie fragte, wie denn die Begegnung verlaufen sei. »Aber als wir unsere Unsicherheit überwunden hatten, wurde es ein schöner und anregender Nachmittag, obwohl unser Gespräch zunächst nicht sehr aufmunternd war. Dein Vater zeigte mir nämlich Fotos von seinen drei Kindern und erzählte mir dann, wie sehr ihnen die Mutter fehlte. Sie war Ende März 1941 an Krebs gestorben. Sie hatte fast zwei Jahre lang furchtbar gelitten. Damit die Kinder das nicht miterleben mussten, hat seine Frau die letzten eineinhalb Jahre ihres Lebens bei den Eltern gewohnt und wurde dort von ihrem Vater, einem praktischen Arzt, gepflegt. Dann hat er noch von seiner Firma erzählt, von ihren mühsamen Anfängen und den ersten wirtschaftlichen Erfolgen Ende der dreißiger Jahre, von den schweren Rückschlägen durch den Krieg und von der schwierigen Zeit seit dem Tod seiner Frau, weil er sich nicht nur um die Fabrik, sondern auch noch um die Kinder und den Haushalt kümmern muss. Das alles hat mich sehr berührt. Wir haben aber auch über erfreulichere Dinge gesprochen und uns sehr angenehm unterhalten. Dein Vater war damals ganz reizend, und ich muss sagen, er hat einen sehr guten Eindruck auf mich gemacht.«

Als Willy Hesselmann und Charlotte Bressem am späten Nachmittag kurz nach fünf Uhr das Café verließen, verabredeten sie sich für den kommenden Sonntag wieder im »Luitpold«, ein Luxus, den er sich noch einmal leisten wollte, allen finanziellen Bedenken zum Trotz, da sie sich in der stilvollen Atmosphäre des Palmengartens sehr wohl gefühlt hatten. An den folgenden Wochenenden trafen sie sich dann öfters in Schwabinger Cafés oder unternahmen ausgedehnte Spaziergänge im Englischen Garten, sofern es die immer zahlreicher werdenden Bombenalarme zuließen. Und schon bald lud er Charlotte Bressem auch in sein Reihenhaus in der Mechthildenstraße 22 in Nymphenburg ein, damit sie sowohl die Kinder als auch die in unmittelbarer Nähe gelegene Fabrik kennenlernen konnte. Im Laufe der Zeit waren sich die beiden schließlich so nahe gekommen, dass er mit ihrem Jawort rechnen durfte, als er um ihre Hand anhielt.

Als ich meiner Mutter erklärte, dass mir aus ihren Worten noch nicht ganz klar geworden sei, warum sie meinen Vater geheiratet habe, zögerte sie zunächst einen Augenblick, bevor sie mir antwortete:

»Ich habe dir doch schon gesagt, dass mir dieser Mann sehr gut gefallen hat. Das war allerdings nicht der einzige Grund für meine Entscheidung. Es gab noch einen anderen, den habe ich noch nicht erwähnt, das gebe ich zu, nämlich seine drei Kinder, allesamt Buben, die mussten ja versorgt werden. Bei seinem Ältesten war das nicht mehr notwendig, der war schon fünfzehn und wohnte bei seinen Großeltern, aber die beiden anderen waren noch sehr klein, Theo vier und Peter sieben Jahre alt. Das war eine sehr schwierige Situation für deinen Vater. Er musste sich ja den ganzen Tag um die Firma kümmern und brauchte deshalb für die beiden Kleinen unbedingt ein Kindermädchen oder eine Haushälterin. Die waren damals aber nur sehr schwer zu kriegen, und oft genug bekam man eine, die entweder unzuverlässig oder diebisch war oder Knall auf Fall kündigte, wenn sie anderswo eine bessere Bezahlung geboten bekam. Theo und Peter haben so traurig und auch etwas vernachlässigt ausgesehen, die haben mir so leidgetan, da musste ich einfach ja sagen.«

Willy Hesselmann und Charlotte Bressem heirateten am 14. April 1943 in München. Nach den Worten meiner Mutter zu urteilen, muss das eine ziemlich traurige Angelegenheit gewesen sein, denn eine große Hochzeitsfeier, von der sie schon als junges Mädchen immer geträumt habe, hatten sie sich natürlich nicht leisten können. Darüber hinaus schien ihnen so eine festliche Veranstaltung in Anbetracht des immer zerstörerischer und verlustreicher werdenden Krieges, der damals auch schon mehr und mehr auf das Deutsche Reich zurückschlug, nicht angebracht zu sein. Und da sie noch bis vor kurzem als Direktionssekretärin bei der Bayerischen Gemeindebank die nahezu Tag für Tag länger werdende Liste der gefallenen Kollegen habe führen müssen, sei ihr zum Feiern auch nicht so richtig zumute gewesen. Deshalb hätten sie einvernehmlich beschlossen, nach der standesamtlichen Eheschließung mit den beiden Trauzeugen zum Mittagessen in das Palastcafé Luitpold zu gehen, weil sie sich dort das erste Mal begegnet waren, für den Rest des Tages aber nichts weiter zu planen, eine Entscheidung, die ihr allerdings schon kurze Zeit später leidgetan habe. Sollten sie nicht wenigstens am Abend mit ein paar Freunden feiern gehen? Auf dem Weg zum Standesamt sei jedoch aus diesem Gefühl des Bedauerns völlig überraschend ein Gefühl des Argwohns geworden:

»Kurz vor der Trauung hat er mir nämlich gebeichtet, dass er vor der Ehe mit seiner verstorbenen Frau Renate schon einmal verheiratet gewesen sei und aus dieser Verbindung ein Sohn namens Harald stamme. Die Ehe sei aber bereits nach viereinhalb Jahren wieder geschieden worden. Dass er mir das erst kurz vor unserer Heirat gesagt hat, hat mich sehr enttäuscht. Wie sollte ich ihm in Zukunft noch glauben können? Und woher sollte ich wissen, ob er mir nicht irgendwann wieder etwas Wichtiges verschweigt? Trotz seiner Beteuerungen habe ich damals einige Zeit gebraucht, bis ich wieder Vertrauen zu ihm hatte.«

Kaum verwunderlich, dass Charlotte Bressem ihre ersehnte Heirat nach all den deprimierenden Erfahrungen nun nicht mehr mit den erwarteten Gefühlen des Glücks und der Freude, sondern den unerwarteten der Trauer und Enttäuschung erlebte. Der vollständige Verzicht auf eine Hochzeitsfeier war ihr zunächst schwer gefallen, aber nach dem Geständnis ihres zukünftigen Ehemannes hatte sie darauf keinerlei Wert mehr gelegt.

Nachdem meine Mutter die Geschichte ihrer Hochzeit erzählt hatte, habe ich mich gefragt, was wohl geschehen wäre, wenn mein Vater ihr damals die ganze Wahrheit gesagt hätte?

Die NSDAP-Karriere des Heinrich H.

Berlin, Montag, 30. Januar 1933. Er hatte die Nachricht an seinem Arbeitsplatz in der Bank erfahren, als er gerade an der Kasse einen Kunden bediente. Ein Kollege, der während der Mittagszeit außer Haus gewesen war, hatte sie von jubelnden NSDAP-Anhängern auf der Straße gehört und nach seiner überstürzten Rückkehr aufgeregt und lauthals im Schalterraum der Filiale verkündet: Reichspräsident Paul von Hindenburg habe vor etwa zwei Stunden Adolf Hitler zum Reichskanzler ernannt.

Heinrich Hesselmann war sprachlos. Er konnte es kaum glauben. Damit hatte er nicht gerechnet, schon gar nicht jetzt, schließlich hatte die Partei bei der letzten Reichstagswahl im November vergangenen Jahres eine schwere Schlappe erlitten. Die Stimmenverluste waren erheblich gewesen. Die NSDAP stellte zwar immer noch die weitaus stärkste Fraktion im Reichstag, aber auf eine baldige Machtübernahme konnte sie nun wohl nicht mehr hoffen. Daran hatte er seit dem enttäuschenden Wählervotum auch nicht mehr wirklich glauben können. Und nun diese völlig unerwartete Nachricht! Was für ein denkwürdiger Tag, der 30. Januar 1933! Jetzt würde er sich durch nichts und niemanden mehr davon abhalten lassen, der NSDAP beizutreten. Auch von Else nicht, die jedes Mal, wenn er zum Parteibüro gehen wollte, um sich anzumelden, so lange mit ihm gestritten hatte, bis er schließlich entnervt aufgab.

Am 31. Januar 1933, einen Tag nach der Ernennung Adolf Hitlers zum Reichskanzler, füllte Heinrich Hesselmann bei der Geschäftsstelle der Gauleitung Groß-Berlin in der Voßstraße das Antragsformular aus und wurde vier Wochen später, am 1. März 1933, als Mitglied in die NSDAP aufgenommen. Damit zählte er zu den Hunderttausenden von Deutschen im Reich, die unmittelbar nach der Machtübergabe an die Nationalsozialisten in die Partei strebten. Als der Ansturm von Bewerbern rasch Dimensionen annahm, die organisatorisch kaum noch zu bewältigen waren, sah sich die NSDAP-Führung gezwungen, zum 1. Mai 1933 eine Aufnahmesperre zu verhängen, eine radikale Maßnahme, die jedoch noch einen anderen Grund hatte: Die braunen Machthaber befürchteten nämlich, und dies durchaus zu Recht, dass sich unter den Heerscharen an neuen Mitgliedern viele Opportunisten befinden könnten, deren Intention in Wahrheit vor allem darin bestünde, die der Partei übertragene Regierungsgewalt zu nutzen, um ihre persönlichen Interessen zu fördern.

Und Heinrich Hesselmann? Gehörte auch er zu den Opportunisten, die mit ihrem Beitritt zur NSDAP nur den eigenen Vorteil suchten? Anscheinend nicht, wohl eher das Gegenteil, er muss ein Überzeugungstäter gewesen sein, denn er hatte die martialischen Aufmärsche der uniformierten SA-Kolonnen in den Straßen Berlins und die hasserfüllte Agitation der Nationalsozialisten gegen die Republik von Weimar bereits Ende der zwanziger Jahre, als die NSDAP noch Splitterpartei war, mit wachsender Sympathie beobachtet und ihren politischen Aufstieg zur Massenorganisation in den dreißiger Jahren mit großer Genugtuung begrüßt. Und mehr noch, er wäre schon lange vor dem 30. Januar 1933 Mitglied der Partei geworden, hätte ihm seine Frau Else nicht jedes Mal die Hölle heiß gemacht, wenn er sich auf den Weg zur Geschäftsstelle der Gauleitung machen wollte. Als er dann in die NSDAP aufgenommen wurde, war er fest entschlossen, sich als Mitglied nicht darauf zu beschränken, bei Auftritten der NS-Prominenz in Reih und Glied mit anderen Parteigenossen die applaudierende Kulisse abzugeben. Nein, er wollte tatkräftig am »Wiederaufstieg Deutschlands« und am Aufbau der neuen »Volksgemeinschaft« mitwirken, so wie es »der Führer« in seiner Rede am 10. Februar im Berliner Sportpalast vom deutschen Volk gefordert hatte. Eine unverzichtbare Voraussetzung dafür war jedoch *sein eigener* Aufstieg in der NSDAP, das wusste er, und deshalb verstand er es schon bald ganz vortrefflich, sich in der Partei hochzudienen, bis er schließlich zum Organisationsleiter der Ortsgruppe Berlin-Südende avancierte. Das klingt zunächst bescheidener, als es tatsächlich war, denn in diesem Amt gehörte er auch zum Korps der Politischen Leiter, die im Verständnis der braunen Machthaber das »Rückgrat der Partei« darstellten. Und die Ortsgruppen selbst galten der NSDAP-Führung als Grundpfeiler der gesamten Organisation, denn sie waren besonders nahe an den »Volksgenossen« und damit zu ihrer Überwachung und Bespitzelung bis hin zur Einschüchterung und gezielten Terrorisierung auch besonders gut geeignet.

Heinrich Hesselmann war ein Überzeugungstäter. Aus welchen anderen Gründen hätte in unserer Familie seit Kriegsende so eisern über ihn geschwiegen werden sollen? Als ich Anfang des Jahres 2012 mit den Recherchen zu diesem Buch begann, erfuhr ich von meinem älteren Bruder Peter zum ersten Mal, dass wir väterlicherseits einen Onkel gehabt hatten, der ein Nazi gewesen war, und zwar ein *ganz fanatischer Nazi*, wie er damals ausdrücklich hinzufügte. Und dann holte er aus einer

Schublade seines Wohnzimmerschranks eine schon reichlich ramponierte Schuhschachtel hervor, die randvoll mit alten Fotografien gefüllt war, kramte eine davon heraus, legte sie vor mir auf den Couchtisch und sagte: unser Nazi-Onkel. Das Bild zeigt einen mittelgroßen und schlanken Mann im Alter von etwa fünfzig Jahren, der sich ganz offensichtlich darum bemüht hat, sein Äußeres dem »seines Führers« anzupassen: Er trägt die schwarzhaarige Frisur und das Oberlippenbärtchen wie Adolf Hitler, ist in die braune Parteiuniform und schwarze Schaftstiefel gekleidet und posiert vor dem Fotoapparat in der arroganten Attitüde eines Herrenmenschen.

Anschaulicher hätte sein äußeres Erscheinungsbild die Gesinnung kaum widerspiegeln können.

Die Zerstörung der Firma

München, Mittwoch, 10. März 1943. Es war kurz vor sechs Uhr, als die Morgendämmerung einsetzte und allmählich das erschreckende Ausmaß der nächtlichen Zerstörung sichtbar werden ließ. Obgleich die Bombe in respektabler Entfernung von der Fabrik eingeschlagen war, hatte sie doch ganze Arbeit geleistet: Die enorme Druckwelle, ausgelöst durch die Wucht der Detonation, hatte die Rückwand des Gebäudes vollständig eingedrückt und einen Teil des Daches zusammenbrechen lassen, Türen und Fenster waren aus Scharnieren und Rahmen herausgerissen, herabgestürzte Balken und Ziegel hatten Maschinen und Geräte beschädigt oder zerstört, die Arbeitsräume waren verwüstet, überall lagen Glas- und Bombensplitter.

Willy Hesselmann war fassungslos. Mit ungläubiger Miene starrte er auf die Trümmer seiner Existenz. Wie die meisten Münchner hatte auch er sich in der Stadt sicher gefühlt und das mit gutem Grund, denn sie war lange Zeit von Bombenangriffen verschont geblieben und galt daher in der Bevölkerung als »Luftschutzkeller des Reiches«. Doch spätestens seit dem ersten Großangriff der Royal Air Force im September des Vorjahres wusste er, dass Hitlers »Hauptstadt der Bewegung« mit ihren kriegswichtigen Rüstungsbetrieben, Militärflugplätzen und Eisenbahnverbindungen weitere verheerende Flächenbombardements nicht erspart bleiben würden. Deshalb hatte er während der massiven Luftangriffe im

115

vergangenen Dezember und in der gestrigen Nacht auch sehnlichst gehofft, die feindlichen Bomberverbände mögen seine kleine Fabrik verschonen. Vergeblich.

Doch jetzt war nicht der Zeitpunkt, um über diesen Schicksalsschlag zu lamentieren. Er musste entscheiden, was nun geschehen sollte. Kapitulieren und die Firma aufgeben, das kam keinesfalls in Frage, deshalb blieben ihm im Grunde nur zwei Optionen: Die Fabrik an Ort und Stelle wieder aufzubauen, auch auf die Gefahr hin, dass sie erneut zerstört werden würde, oder sie in eine relativ sichere ländliche Gegend zu verlagern, dadurch jedoch sehr wahrscheinlich geschäftliche Nachteile in Kauf nehmen zu müssen. Als er dann im Laufe des Tages erfuhr, dass der nächtliche Großangriff mehr als zweihundert Menschenleben gefordert und nicht nur in der Innenstadt, sondern auch im BMW-Werk Milbertshofen schwere Verwüstungen angerichtet hatte, wusste er, was er tun musste.

Am 15. April 1943, einen Tag nach ihrer standesamtlichen Trauung, zogen Willy und Charlotte Hesselmann mit ihrem ganzen Besitztum, verstaut in einem Güterwaggon, von München in den kleinen Marktort Dietmannsried im Allgäu, wo ihnen nach längerer erfolgloser Suche am Ende doch noch ein leerstehendes Betriebsgebäude mit angrenzendem Wohnhaus angeboten worden war. Die drei Kinder hatten sie vorübergehend bei den Großeltern Salzmann untergebracht. Sie würden sie holen, sobald das Haus einigermaßen bewohnbar eingerichtet wäre.

Charlotte starrte gedankenverloren aus dem Fenster des Abteils, als der Zug langsam den Münchner Hauptbahnhof verließ. Sie konnte nicht loslassen, sie musste immer wieder an den gestrigen Tag denken, der so ganz anders verlaufen war, als sie sich das stets gewünscht

Karl-Heinz Hesselmann vor der zerstörten Fabrik, 1943

hatte – ein Tag, an den sie sich nicht gern erinnern wird. Und dafür gab es einen ganz bestimmten Grund. Gewiss, ihr gemeinsamer Entschluss, in Anbetracht der schrecklichen Folgen des Krieges auf eine Hochzeitsfeier zu verzichten, war richtig gewesen, schließlich hatte vor gut einem Monat ein schwerer Bombenangriff der Engländer auch die Fabrik ihres Mannes nahezu vollständig zerstört und dadurch seine schwierige finanzielle Lage noch weiter verschlechtert. Und an der Entscheidung, die beiden Trauzeugen zu einem Mittagsmenü ins *Café Luitpold* einzuladen, gab es ebenfalls nichts auszusetzen. Auch das ursprünglich gar nicht vorgesehene Abendessen bei den Großeltern Salzmann hatte sie dann doch noch als recht angenehm und unterhaltsam empfunden, obwohl sie anfangs überhaupt nicht in der Stimmung gewesen war, um sich leutselig an Gesprächen zu beteiligen. Doch um den unromantischen Verlauf des gestrigen Tages ging es ihr gar nicht, sie empfand aus einem ganz anderen Grund Enttäuschung. Willy hatte sein Geständnis buchstäblich bis zur allerletzten Minute vor der standesamtlichen Trauung hinausgezögert. Sie musste sich zwar eingestehen, dass ihr Mann aus *eigenem* Antrieb mit diesem Kapitel seiner Vergangenheit, das er offenkundig als sehr unangenehm empfand, herausgerückt war, trotzdem fühlte sie sich irgendwie belogen und wusste nicht mehr so recht, was sie von ihm denken sollte, ob sie ihm überhaupt noch vertrauen konnte.

Doch damit nicht genug. Dass sie München tatsächlich verlassen musste, auch das lag ihr auf der Seele. Vierzehn Jahre lang hatte sie nun schon hier gelebt. Sie liebte diese Großstadt und vor allem das entspannte Lebensgefühl ihrer Bewohner, hier hatte sie viele Freundschaften geknüpft, hier war sie an den Wochenenden ausgegangen, ins Kino, ins Theater oder in Konzerte, in Cafés, Restaurants und Biergärten, zu Tanzvergnügungen und Faschingsbällen. Wie würde es ihr nun in der kleinen und engen Welt dieser bäuerlich geprägten Allgäuer Dorfgemeinde ergehen? Dennoch, sie hatte in München auch gelernt zu verstehen, dass es im Leben für alles eine Zeit gibt, so auch eine Zeit der Freude und eine Zeit der Trauer, eine Zeit der Liebe und eine Zeit des Abschieds. Die alliierten Luftangriffe auf die »Hauptstadt der Bewegung« ereigneten sich jüngst immer häufiger und heftiger. Charlotte wusste, dass es nun an der Zeit war, Abschied zu nehmen und die Stadt zu verlassen, allein schon der Kinder wegen. Es gab keine Alternative. Die lebensbedrohliche Situation, in die sie bereits wenige Monate später geriet, bestätigte ihre Einsicht wie ein sich selbst erfüllendes Menetekel.

Am Samstag, den 2. Oktober 1943, fuhr Charlotte im Laufe des Vormittags mit dem Zug nach München, da sie sich dort für den Abend mit Marieluise, einer ihrer langjährigen Freundinnen, verabredet hatte, eine Gelegenheit, die sie aber auch gleich nutzen wollte, um die Großeltern Karl und Josefine Salzmann zu besuchen. Nach fast zweistündiger Fahrt stieg sie sehr erleichtert im Münchner Hauptbahnhof aus dem Zug, denn auf der ganzen Strecke war alles ruhig und planmäßig verlaufen, ihre Angst vor einem Fliegerangriff hatte sich als unbegründet herausgestellt. Die Freude über das bevorstehende Wiedersehen mit Marieluise und den beiden Salzmanns, die sie nun schon nahezu ein halbes Jahr nicht mehr gesehen hatte, beflügelte Charlottes Schritte auf dem Weg vom Hauptbahnhof zur Straßenbahnhaltestelle am Karlsplatz mehr, als dies in ihrem hochschwangeren Zustand guttat, so dass sie immer wieder erschöpft stehen bleiben und den mit Lebensmitteln, Stoffen und Kleidungsstücken vollgepackten Koffer absetzen musste.

Als sie dann am Karlsplatz in die Tram Richtung Moosach einsteigen konnte, war sie glücklich, nicht nur, weil sie sofort einen Sitzplatz fand, sondern auch deshalb, weil sie nach der Straßenbahnfahrt nur noch einen kurzen Fußmarsch von der Haltestelle in der Dachauer Straße bis zur Wohnung der Salzmanns in der Borstei vor sich haben würde.

»Am Abend bin ich dann, wie verabredet, zur Marieluise gefahren«, erzählte meine Mutter. »Den Koffer habe ich mitgenommen, denn meine Freundin war Schneiderin und wollte mir aus den Stoffen, die ich zu Hause aufgehoben hatte, noch ein wärmeres Umstandskleid für den Winter nähen. Außerdem sollte ich bei ihr übernachten, damit ich nicht in der Dunkelheit zu den Großeltern Salzmann zurück müsste, noch dazu in meinem Zustand. Darüber war ich natürlich sehr froh, denn Marieluise hat damals in Schwabing gewohnt, und das war mir dann doch zu weit weg von der Borstei. An die Straße kann ich mich leider nicht mehr erinnern, aber an die Nacht noch sehr gut, die werde ich auch mein Lebtag lang nicht mehr vergessen. Zuerst haben wir in der Küche unser Abendbrot gegessen, und gleich danach wollte Marieluise meine Stoffe sehen, aber es gab natürlich so viel zu erzählen, dass wir dann doch noch lange am Tisch sitzen geblieben sind. Es war schon ziemlich spät, als wir endlich in ihr Arbeitszimmer gegangen sind, wo sie sich die Stoffe genauer anschauen wollte. Dort hat sie mir dann auch in allen Einzelheiten erklärt, wie sie sich mein neues Umstandskleid vorstellt. Bald danach waren wir aber so müde, dass wir nur noch in unsere Betten wollten. Und genau in diesem Augenblick fingen die Sirenen an zu heulen. Das muss so ungefähr kurz vor elf Uhr gewesen sein. Ich habe den grässlichen Ton natürlich schon gekannt, aber er hat mich trotzdem gleich wieder in Angst und Schrecken versetzt, denn ich wusste ja, was er zu bedeuten hatte: Fliegeralarm. Marieluise ging es nicht anders, sie war ganz aufgeregt und schrie, wir sollten so schnell wie möglich raus aus dem Haus, in der Nähe sei ein Luftschutzbunker. Also sind wir losgerannt, die Treppen runter, raus aus dem Haus und zu dem Bunker. Eigentlich wollten wir in einem der oberen Räume bleiben, aber die waren alle schon voll besetzt, und aus den Wohnhäusern in der Umgebung kamen immer noch viele Menschen, die auch in dem Bunker Schutz gesucht haben. In dem Gedränge sind wir dann in einen tiefer gelegenen Raum geschoben worden. Dass auf mich als hochschwangere Frau so wenig Rücksicht genommen wurde, hat mich damals schon sehr geärgert. Aber darüber konnte ich nicht lange nachdenken, ich war viel zu aufgeregt. Nach dem Alarm hat es noch ziemlich lange gedauert, mindestens eine halbe, vielleicht auch eine Dreiviertelstunde, bis wir die ersten Bombeneinschläge hören konnten. Kurze Zeit später waren sie schon so nahe, dass die Wände des Bunkers zitterten, wenn eine Bombe hochging. Ich sehe noch die älteren Frauen vor mir, wie sie nach jeder Explosion aus Angst gebetet haben, oder die Kinder, die weinten und schrien. Es war ergreifend. Und dann ist es passiert. Eine Bombe schlug in unseren Bunker ein. In meinem Raum stürzten Teile der Decke herunter und erschlugen einen fünfjährigen Jungen, der ganz in meiner Nähe saß. Das hat Marieluise und mich schon sehr erschüttert. Aber in unserer Panikstimmung sind wir gar nicht auf den Gedanken gekommen, uns um die arme Mutter und ihren toten Jungen zu kümmern, wir wollten nur noch möglichst schnell aus dem Bunker raus. Unser Raum sah auch aus wie ein Schlachtfeld, voller Staub, Dreck und Schutt. Und überall waren Menschen, die durcheinander schrien oder weinten und, wie wir, verzweifelt versuchten, ins Freie zu kommen. Aber als wir in die oberen Räume kamen, war das ein furchtbarer Schock, denn zwischen den Trümmern lagen viele Tote und Verletzte. Ein schrecklicher Anblick, den ich nie vergessen werde. Da wusste ich aber auch, was für ein großes Glück wir gehabt hatten, dass wir uns in einem der unteren Räume aufhalten mussten. Wir waren noch einmal davongekommen, Marieluise, ich und du in meinem Bauch. Als wir dann endlich wieder aus dem Bunker herauskamen, standen die Häuser um uns herum in Flammen, auch das, in dem Marieluise wohnte, war getroffen worden, überall brannte es, und der Himmel leuchtete blutrot.«

Nach einer kurzen Gesprächspause, um die sie gebeten hatte, weil das Erinnern ihre körperlichen und manchmal auch seelischen Kräfte doch stärker in Anspruch nahm, als sie wahrhaben wollte, setzte meine Mutter ihre Erzählung fort und sagte, Marieluise und sie seien damals furchtbar aufgeregt gewesen, weil sie nicht wussten, wohin sie nun in dieser nächtlichen Hölle gehen sollten.

»Und genau in diesem Moment hat mich plötzlich ein junger Mann mit Fräulein Bressem angesprochen und gefragt, ob er uns helfen kann. Ich war so überrascht, wie du dir vorstellen kannst, dass ich ihn nur wortlos angestarrt habe. Woher kannte der meinen früheren Namen? Er muss meine Frage schon geahnt haben, denn er hat sich dann gleich als Anton Haberlander vorgestellt und gesagt, wir hätten uns mal in der Bayerischen Gemeindebank kennengelernt. Ich konnte mich aber nicht mehr an ihn erinnern. Dann habe ich ihm erzählt, was Marieluise und mir passiert ist, und dass wir jetzt nicht wissen, wohin. Da hat er gesagt, kommen Sie doch mit zu meinen Eltern, das ist nicht weit weg von hier, die freuen sich, wenn sie Ihnen helfen können. Unsere Wohnung ist zwar klein, aber für Sie haben wir immer noch Platz. Dieses Angebot haben Marieluise und ich natürlich gerne angenommen. Als ich dann wieder zu Hause in Dietmannsried war und deinem Vater von dem hilfsbereiten jungen Mann erzählt habe, hat er gesagt, lassen wir den doch mal zu uns kommen, vielleicht will er ja in der Firma arbeiten. Das war dann auch der Fall, denn er hat sich gleich beworben.«

Anton Haberlander bekam die Stelle, was sich schon wenige Jahre später als eine Entscheidung von ungeahnter Tragweite herausstellen sollte.

Rehabilitiert

Berlin-Steglitz, Donnerstag, 19. Dezember 1946. Punkt vierzehn Uhr eröffnete der Vorsitzende der Steglitzer Entnazifizierungskommission, Rechtsanwalt Kraetke, die Sitzung, stellte die Anwesenheit der vorgeladenen Personen fest und erläuterte noch einmal in aller Kürze die zur Verhandlung stehende Angelegenheit. Nachdem er die Zeugen eindringlich auf die strafrechtlichen Konsequenzen einer unwahren eidesstattlichen Versicherung hingewiesen und anschließend den Sachverhalt mit der Antragstellerin an Hand der vorliegenden Unterlagen eingehend erörtert hatte, erteilte er ihr noch einmal das Wort, da sie ihre unter Eid zu Protokoll gegebene Aussage vom zweiten Dezember noch ergänzen wollte.

Nach kurzem Zögern, das auf ihre große Nervosität zurückzuführen war, sagte sie, mit dem Eintritt ihres Mannes in die NSDAP sei sie nicht einverstanden gewesen. In dieser Beziehung habe sie aber keinerlei Einfluss auf ihn gehabt. Ihre konträren politischen Einstellungen hätten jedoch häufig zu Misshelligkeiten in der Ehe geführt. Als dann im letzten Kriegsjahr der schon länger voraussehbare Zusammenbruch des Nationalsozialismus eingetreten und der stellvertretende Ortsgruppenleiter Link erschossen worden sei, habe ihr Mann den Entschluss gefasst, freiwillig aus dem Leben zu scheiden. Schließlich fügte sie noch hinzu, dass sie ihn bei seinen Arbeiten für die Ortsgruppe nie unterstützt habe, sie wollte da nicht hinein gezogen werden. Ihr Mann habe ihr auch nie etwas über seine Tätigkeit in der Ortsgruppe erzählt.

Da die Zeugen ihre bereits in den ersten Dezembertagen protokollierten eidesstattlichen Aussagen zugunsten der Antragstellerin noch einmal ohne jeden Vorbehalt bekräftigt hatten, traf die Kommission folgende Entscheidung, deren Begründung in Anbetracht der inzwischen unstrittigen Sachlage keiner langen Beratung mehr bedurfte:

Die Antragstellerin Else Hesselmann, geb. Stoever, war nicht Mitglied der NSDAP oder deren Gliederungen.

Sie gehörte nur der Nationalsozialistischen Volkswohlfahrt an. Hier hatte sie nach ihren und nach Aussagen der Zeugin Frau Staege nur für einige Monate im Jahre 1935 die Aufgabe, die Spenden einzusammeln und die Beiträge für die NSV in drei Häusern in der Borstellstraße zu kassieren.

Für die Tatsache, dass Frau Hesselmann nur einige Monate im Jahre 1935 diese Tätigkeit ausübte, lagen die Mitgliedskarte und die Quittungen der NSV aus den Jahren von 1935 bis 1938 für Frau Staege vor, aus denen sich ergibt, dass Frau Hesselmann jedenfalls von August 1935 ab nicht mehr die Funktion als Blockwart oder Blockhelferin der NSV ausgeübt hat, da die bis Dezember 1938 vorgelegten Quittungen ständig andere Unterschriften tragen; die Zeugenaussagen der Frau Staege bestätigen dies. Der Antragstellerin ist mit ihrer Angabe, dass sie 1934 bis 1938 Blockwalterin in der NSV war, ein Irrtum unterlaufen.

Mit ihrem Ehemann, der seit 1932 oder 1933 Mitglied der NSDAP war, hatte sie wiederholte Auseinandersetzungen, weil sie die Politik der NSDAP stark kritisierte. Sie hatte auch in Gegenwart ihres Ehemannes, wenn dieser mit dem Hitlergruß grüßte, den Bekannten nur den

Tagesgruß entboten. Von dem Zeugen Herrn Nagels wird die Haltung der Antragstellerin gegen den Nationalsozialismus bestätigt. Ebenso wird von der Zeugin Frau Dyck der Antragstellerin bescheinigt, dass sie diese Kontrastellung auch in ihrer Dienststelle stets zeigte.

Dem Ehemann, der sie aufforderte, mit ihm aus dem Leben zu scheiden, hat sie geäußert, daß sie diesen Schritt nicht zu gehen habe, da sie kein Pg. gewesen sei. Der Ehemann hat sich am 1. 5. 1945, nachdem er vorher seiner Frau gegenüber diesbezügliche Äusserungen machte, die sie jedoch nicht ernst nahm, erhängt.

Es konnte deshalb festgestellt werden, dass Frau Else Hesselmann keine Nationalsozialistin war.

Die Kommission gab daher ihrem Antrage einstimmig mit 6:0 statt und befürwortete ihre Wiedereinstellung.

Als sie gegen halb vier Uhr das Sitzungszimmer im ersten Obergeschoß des Steglitzer Rathauses verlassen konnte, begann die nervliche Anspannung, die in den letzten Tagen vor der Verhandlung immer unerträglicher geworden war, von ihr abzufallen. Tränen stiegen ihr in die Augen, und sie fühlte sich so unsicher auf den Beinen, dass sie sich am Treppengeländer festhalten musste, als sie die Stufen zum Erdgeschoß hinunterging. Es waren Tränen der Erleichterung und der Genugtuung, denn endlich wurde ihr Gerechtigkeit zuteil, sie war rehabilitiert. Nahezu anderthalb Jahre hatte sie nun schon ertragen müssen, als überzeugte Anhängerin des Nationalsozialismus denunziert zu werden. Doch damit nicht genug. Als Folge dieser Verleumdung hatte sie auch ihre Arbeit als Fernsprechangestellte im Bezirksamt Steglitz und damit ihre Existenzgrundlage verloren. Schon manches Mal war sie sich ziemlich sicher gewesen, dass es in diesem Verfahren eigentlich gar nicht um sie, sondern um *ihren*

Mann ging, dass *sie* für sein Verhalten bestraft werden sollte, da er nicht mehr zur Rechenschaft gezogen werden konnte. Wenn ihr Schwager Willy Hesselmann nicht so freundlich und hilfsbereit gewesen wäre, sie so lange in seiner Fabrik im Allgäu zu beschäftigen, bis das Verfahren vor der Entnazifizierungskommission abgeschlossen sein würde, sie hätte nicht gewusst, was aus ihr werden sollte.

Als Else Hesselmann das Steglitzer Rathaus verließ und sich auf den Weg zu ihrer nahegelegenen Wohnung machte, war die innere Anspannung bereits einem Gefühl der Befreiung und Zuversicht gewichen. Und das völlig zu Recht, wie sich rasch herausstellen sollte, denn am 29. Januar 1947 genehmigte schließlich auch das *Office of Military Government, Berlin District, Public Safety-Special Branch* der US-Armee ihren Antrag auf Wiedereinstellung mit der lapidaren Feststellung, sie sei nur ein nomineller Nazi gewesen, und erhob deshalb keinen Einwand gegen eine Beschäftigung. Für Else Hesselmann war nun der Weg frei, um zu ihrer früheren Tätigkeit beim Bezirksamt Steglitz zurückzukehren.

In den letzten Wochen vor dem Zusammenbruch des NS-Regimes im Frühjahr 1945 kam es nahezu überall in Deutschland zu einer Welle von Selbstmorden. In Berlin erreichte sie ihren Höhepunkt im April, als der erbitterte Kampf um die Reichshauptstadt in seine entscheidende Phase getreten war. Allein in diesem einen Monat nahmen sich dort rund 3900 Menschen das Leben. Unter ihnen auch Heinrich Hesselmann. Was mochte ihn dazu bewogen haben, sich für den letzten Ausweg zu entscheiden? Wollte auch er, wie zahlreiche andere NSDAP-Funktionäre, seinem »Führer« Adolf Hitler in den Tod folgen? Konnte auch er sich ein Leben nach dem Scheitern des »Dritten Reiches« nicht mehr vorstellen? Oder war es doch Angst? Angst vor der Roten Armee, die schon in den Straßen Berlins kämpfte? Angst vor Vergeltungsmaßnahmen, weil er Regimegegner denunziert hatte? Angst vor Strafverfolgung, weil er an nationalsozialistischen Verbrechen beteiligt gewesen war? Angst, es könnte ihm das gleiche Schicksal widerfahren wie dem stellvertretenden Leiter der NSDAP-Ortsgruppe Steglitz?

Ich weiß es nicht. Heinrich Hesselmann war in den Jahren 1940 bis 1944 wie vom Erdboden verschwunden. Trotz jahrelanger Recherchen ist es mir nicht gelungen, herauszufinden, wo er sich damals aufhielt und aus welchen Gründen. Der deutschen Wehrmacht hatte er jedenfalls nicht angehört. Im Sommer 1944 erschien er dann plötzlich wieder auf der Bildfläche: Völlig überraschend tauchte er auf dem Firmengelände in Dietmannsried auf, in seine braune Parteiuniform gekleidet und offenkundig mit dem eisernen Willen bewaffnet, unseren Vater zu einer Mitgliedschaft in der NSDAP zu bekehren. Ein Vorhaben, das von Anfang an zum Scheitern verurteilt war. Eine ehemalige Sekretärin unseres Vaters erzählte, meine Eltern hätten Heinrich Hesselmann als einen arroganten und herrischen Menschen erdulden müssen, als einen höchst unerfreulichen Gast, auf dessen baldige Abreise sie inständig hofften. Ihr Wunsch ging in Erfüllung. Dass sie ihn nie wieder sehen würden, ahnten sie damals nicht.

Ein brüskierender Brief

Dietmannsried, Montag, 8. Januar 1945. Charlotte Hesselmann hatte eine ruhelose und von Angst geprägte Nacht hinter sich, als sie, übermüdet und entnervt, schon gegen sechs Uhr morgens versuchte, die Großeltern Salzmann telefonisch zu erreichen. Ein vergebliches Unterfangen, wie sich rasch herausstellte, keine Resonanz, nichts, nur eine tote Leitung. Auch alle weiteren Versuche, die sie dann im Laufe des Vormittags mit wachsender Verzweiflung unternahm, waren erfolglos. Schließlich blieb ihr nichts anderes übrig, als abermals darauf zu hoffen, dass wenigstens die Post noch einigermaßen funktionierte. Charlotte setzte sich an den Wohnzimmertisch und schrieb:

Liebe Großeltern!
Gestern Abend hattet Ihr wieder einen schweren Angriff. Wir waren und sind noch in großer Sorge um Euch. Vier Stunden hatten wir Alarm, und die Flugzeuge brausten in Mengen und mit unheimlichem Lärm über uns hinweg. Das werden wieder schwere Stunden für Euch gewesen sein. Möget Ihr den Angriff nur gut überstanden haben. Über München war der Himmel ganz rot. Wann werden wir nur hören, wie Ihr durchgekommen seid? Dieses Warten ist schrecklich ...

Dienstag, 9. Januar 1945. Es war kurz vor sieben Uhr, als Willy Hesselmann die Küche verließ, in der sie gerade

131

gefrühstückt hatten, zum Garderobenständer im Treppenflur ging, sich den dicken grauen Wollschal um den Hals wickelte, seinen dunkelbraunen und schon etwas antiquiert anmutenden Wintermantel überzog, den schwarzen Homburg aufsetzte und noch einmal tief durchatmete, bevor er die Türe öffnete und sich in die klirrende Kälte hinaus begab. Nachdem er das Haus verlassen hatte, blieb Charlotte noch ein paar Minuten nachdenklich in der Küche sitzen. Willy war wieder sehr wortkarg gewesen, wie so häufig in letzter Zeit. Auf ihre Fragen hatte er ziemlich unwillig und einsilbig reagiert, auf ihre Erzählungen entweder gar nicht oder recht belanglos, so als hätte er ihr überhaupt nicht zugehört. Sie bemühte sich sehr, das Verhalten ihres Mannes nicht auf sich zu beziehen, sondern mit seinem kräftezehrenden Arbeitspensum unter den immer schwieriger werdenden Produktionsbedingungen der Firma in diesem furchtbaren Krieg zu erklären. Dennoch konnte sie nicht leugnen, dass sich diese nun schon seit einiger Zeit anhaltende Situation allmählich wie ein Unheil in ihre Seele einnistete. Willy war gewiss noch nie ein besonders mitteilsamer Mensch gewesen, jedenfalls nicht solange sie ihn kannte, aber derart schweigsam und unzugänglich hatte sie ihn bisher noch nicht erlebt.

Es war stockdunkel, die Morgendämmerung hatte noch nicht eingesetzt, als Willy Hesselmann die Haustüre hinter sich schloss, den schneebedeckten Hof überquerte und das Fabrikgebäude durch den rückwärtigen Eingang betrat. Nachdem er in seinem Büro Mantel, Hut und Schal abgelegt und einen kurzen Blick in den Terminkalender auf dem Schreibtisch geworfen hatte, begann er seinen regelmäßigen morgendlichen Rundgang durch die wenigen Arbeitsräume der Fabrik, begrüßte jedes »seiner« inzwischen fünfzehn Belegschaftsmitglieder per Handschlag, wechselte mit jedem von ihnen ein paar freundliche Worte, erkundigte sich nach ihren Familien und erinnerte sie wieder einmal daran, dass seine Bürotür jederzeit für sie offen stehe. Zurück am Schreibtisch, zündete er sich, wie stets um diese Zeit, eine Zigarette an und bat seine Sekretärin, Fräulein Hannelore Kleber, zum Diktat, ein Procedere, das in der Regel jeden Morgen stattfand, da er stets bemüht war, seine betriebliche Korrespondenz so rasch und sorgfältig wie möglich zu erledigen. Nachdem er Fräulein Kleber nicht mehr lang und breit erklären musste, warum an diesem Tag kein geschäftliches Schreiben wichtiger sein konnte als ein Brief an die beiden alten Salzmanns in München, begann er sofort zu diktieren:

Liebe Großeltern!
Wir sind in größter Sorge wegen des Angriffs vom vergangenen Sonntag. Wir hoffen, dass er wenigstens das eine Gute hatte, Euch endgültig von der völligen Zwecklosigkeit Eures weiteren Aufenthaltes in der »Hauptstadt der Bewegung« zu überzeugen. Auch für uns ist es eine sehr große seelische Belastung, die Bomber in nicht enden wollenden Gruppen über uns hinweg in Richtung auf Euch brausen zu hören und dann, wie Ihr es ja selbst erlebtet, am Horizont den Feuerschein zu sehen! ...

Da Fräulein Kleber wegen ihres absolut loyalen und diskreten Verhaltens sein uneingeschränktes Vertrauen besaß, diktierte er ihr nach kurzer Überlegung auch die folgenden Zeilen:

Ich bin fest davon überzeugt, dass mich seiner Zeit Renates guter Geist veranlasst hat, mich so intensiv mit dem Fortzug von dort zu befassen – und je weiter sich die Wut der Angriffe steigert, umso mehr glaube ich an ihre Mitwirkung! Dies sollte auch Euch eine Mahnung sein! ...

Zwei Briefe mit nahezu identischem Inhalt, beide an die Großeltern Salzmann in München adressiert, aber an zwei verschiedenen Tagen zur Post gegeben, ihrer im Namen der ganzen Familie verfasst, seiner nur im eigenen Namen. Warum brachten Willy und Charlotte Hesselmann nach jenem schweren Luftangriff auf München ihre *gemeinsame* Sorge um Karl und Josefine Salzmann in *getrennten* Briefen zum Ausdruck? War das ein erstes Zeichen von Entfremdung zwischen beiden? Und aus welchem Grund äußerte er in seinen Zeilen die Überzeugung, letztlich habe ihn *Renates* guter Geist veranlasst, aus München wegzuziehen, als die Bombenangriffe auf die Stadt immer heftiger wurden? Warum schrieb er diese Worte, wohlwissend, dass er damals bereits mit *Charlotte* liiert war und nach der Zerstörung der Fabrik durch einen alliierten Luftangriff *gemeinsam mit ihr* entschieden hatte, München zu verlassen? Wollte er damit seinen einstigen Schwiegereltern zu verstehen geben, dass ihre Tochter Renate die einzige Frau gewesen war, die er wirklich geliebt hatte, auch über ihren Tod hinaus?

Vier Tage später, als die Telefonleitung wieder hergestellt war, kam der erlösende Anruf aus der Lampadiusstraße in München: Die Großeltern Salzmann hatten den schweren Bombenangriff unbeschadet überstanden.

Panische Ängste

Willy und Charlotte Hesselmann waren seit ihrem fluchtartigen Umzug aus dem großstädtischen München in die ländliche Abgeschiedenheit des kleinen Allgäuer Marktortes Dietmannsried im April 1943 von den weiteren Kriegshandlungen und den zunehmenden Einschränkungen in der Lebensmittelversorgung nahezu vollständig verschont geblieben. Doch dieses Dasein, das geradezu idyllisch anmutete angesichts des immer verzweifelter werdenden Überlebenskampfes der Münchner Bevölkerung in der Hölle des Bombenkrieges, fand mit Beginn des Jahres 1945 sein vorhersehbares Ende: Auch auf dem Land verschlechterten sich die Existenzbedingungen dramatisch.

In ihren Briefen an die Großeltern Salzmann beklagt meine Mutter, dass die Versorgungslage immer schlechter und die Rationierungsmaßnahmen immer strenger wurden, dass Grundnahrungsmittel wie Kartoffeln, Brot und Milch, aber auch Brennmaterialien wie Kohle und Holz kaum noch zu bekommen waren, dass sie deshalb in ihrem Garten Kartoffeln anbaute und schließlich auch noch dazu übergehen musste, die Brotscheiben abzuzählen, damit alle in der Familie etwas davon abbekamen. Und die häufigen Stromsperrungen trugen das ihre dazu bei, dass der sowieso schon sehr mühsame Alltag noch weiter erschwert wurde. Sie erzählt von ihren nächtlichen Alpträumen, die Familie mit den inzwischen vier Kindern nicht mehr ernähren und das Haus in diesem eisigen Winter nicht mehr beheizen zu können. Und sie schildert Willys Verzweiflung, weil er seine Leute nicht mehr beschäftigen konnte, obwohl es der Firma keineswegs an Aufträgen mangelte. Er bekam einfach kein Material mehr geliefert, um sie auszuführen.

Trotz alledem, Willy und Charlotte Hesselmann wussten sehr genau, wie glücklich sie sich schätzen durften, dass sie München gerade noch rechtzeitig verlassen konnten, bevor die alliierten Bomberverbände Hitlers »Hauptstadt der Bewegung« in ein nicht enden wollendes Inferno aus Tod und Zerstörung verwandelten. Umso entsetzter waren die beiden, als sie feststellen mussten, dass der Krieg, dessen Ende sie von Tag zu Tag sehnlicher erhofften, nun auch noch das Allgäu heimsuchte. Hannelore Kleber, die langjährige Chefsekretärin meines Vaters, erzählte viele Jahre später, dass er deshalb jeden Abend um achtzehn Uhr das Rundfunkgerät im Büro einschaltete und die Nachrichten des britischen Senders BBC abhörte, weil er sich ein realistisches Bild von der Situation an den Fronten machen wollte, eines, das nicht durch die NS-Propaganda verfälscht war. Dabei habe er auch nie Einwände gehabt, wenn er von Belegschaftsmitgliedern gebeten wurde, zuhören zu dürfen. Er sei da sehr mutig gewesen, sagte Frau Kleber, denn das hätte durch Verrat jederzeit schief gehen können. Wer beim Abhören eines »Feindsenders« erwischt wurde, dem drohten als »Volksschädling« harte Jahre im Gefängnis und in schweren Fällen sogar die Todesstrafe. Vielleicht hatte er aber auch ein so unerschütterliches Vertrauen zu seinen Leuten, dass er gar nicht auf die Idee kam, einer von ihnen könnte zum Judas werden?

Als dann Ende Februar 1945 schließlich auch die Stadt Kempten, die nur wenige Kilometer von Dietmannsried entfernt liegt, von amerikanischen Fliegern bombardiert wurde, schrieb meine Mutter an die Großeltern Salzmann:

Die politische Lage beschäftigt uns Tag und Nacht. Wir beginnen zu packen, Kleider und Wäsche und Lebensmittel in den Betriebskeller zu bringen und den Luftschutzkeller entsprechend auszustatten. Man hat Kempten zur Festung erklärt (München ja auch) und hier bereits Panzersperren errichtet. Gestern wurde fest geschanzt! Fürchterlich! Wir haben allergrößte Sorge um Euch! Wären wir doch wenigstens beisammen, aber Sicherheit könnten wir Euch hier auch nicht mehr bieten! Man hörte es heute schon kräftig schießen, die Front rückt auch an uns mehr und mehr heran. Viele Flüchtlinge aus Stuttgart kamen hier an, besonders höhere Offiziere im Auto mit Kind und Kegel, die nach Tirol flüchteten oder sonstwohin! ...

Die Herren Kommandeure hatten offenbar allen Grund, überstürzt die Flucht zu ergreifen, für uns zu Hause stellten sie dadurch aber wenigstens keine Gefahr mehr dar, ganz im Gegensatz zu einer Handvoll Soldaten, mit denen es meine Eltern damals zu tun bekamen, wie mir meine Mutter später erzählte:

»In den letzten Apriltagen hat sich bei uns in Dietmannsried alles um die Frage gedreht, wer jetzt als Besatzer kommen wird, die Amerikaner oder die Franzosen? Wir hatten den Krieg ja schließlich verloren. Ich erinnere mich noch sehr genau an diese Zeit, vor allem an den Abend vor dem Einmarsch der Amerikaner. Da stand plötzlich ein Trupp deutscher Soldaten vor unserem Haus, ihr Anführer, ein Leutnant, hat mit ›Heil Hitler‹ gegrüßt und uns erklärt, dass sie den Ort verteidigen wollen und zwar von unserem Fabrikhof aus. Und dann hat er noch gesagt, dass sie auf einen Panzer warten, der aus Altusried kommt und hier auf dem Hof aufgestellt werden sollte. Das waren wirklich ganz fanatische Nazis. Dein Vater und ich sind furchtbar erschrocken, wir haben uns kurz angeschaut und hatten den gleichen Gedanken: Das darf nicht sein, auf keinen Fall, das wäre das Ende der Firma! Deshalb hat dein Vater den Leutnant und seine Soldaten, insgesamt elf Mann, gleich eingeladen, ins Wohnzimmer zu kommen und mit uns zu essen, sie seien doch bestimmt hungrig. Das ist bei den Männern natürlich auf dankbare Zustimmung gestoßen, bei mir allerdings überhaupt nicht, und ich war erst sehr wütend auf deinen Vater, weil wir damals für unsere große Familie selbst nicht mehr genug zu essen hatten, aber seine Entscheidung war richtig, wir mussten die Männer unbedingt in gute Stimmung versetzen, um das Schlimmste zu verhindern. Deshalb bin ich auch danach in den Keller runter gegangen und habe alles, was wir noch an Schnaps, Wein und Bier hatten, hochgeholt. Wenn dann die Gläser leer waren, habe ich gleich wieder nachgeschenkt und die Männer zur nächsten Runde animiert. Unter ihnen waren auch einige, die noch sehr jung aussahen, höchstens achtzehn oder neunzehn Jahre alt. Und diese Burschen sagten dann zu uns, dass sie den Ort bis zum letzten Mann gegen den Feind verteidigen würden, aufgeben käme für sie nicht in Frage, das sei Verrat an Führer und Vaterland. Schrecklich, was die Nazis aus der Jugend gemacht hatten! Die Burschen wussten doch gar nicht, was sie da sagten.

Dein Vater hat mir an diesem Abend richtig leidgetan, weil er jedes Mal mittrinken musste, wenn sie ihm zugeprostet haben. Das durfte er auch nicht ablehnen, denn wir wollten die Nazis auf keinen Fall verärgern, sondern ganz im Gegenteil unbedingt bei Laune halten und gleichzeitig außer Gefecht setzen, so dass sie das Dorf nicht mehr verteidigen konnten, wenn die Amerikaner eintreffen würden, die angeblich nur noch wenige Kilometer vor Dietmannsried standen. Der Alkohol hat dann auch peu à peu seine Wirkung getan, die Männer wurden erst einmal lauter und aggressiver, vor allem, wenn sie vom Endsieg redeten, obwohl doch jeder wusste, dass der Krieg längst verloren war. Das war wirklich schlimm, aber noch viel schlimmer war meine Angst, dass dein Vater in seinem angetrunkenen Zustand möglicherweise alle Hemmungen verlieren und aus seiner Ablehnung des Nationalsozialismus kein Hehl mehr machen würde. Weiß der Himmel, was das für Folgen gehabt hätte. Gott sei Dank ist es nicht passiert, denn die Männer waren dann bald so betrunken, dass sie im Sessel oder auf dem Fußboden einschliefen. Das muss noch vor zwölf Uhr gewesen sein. Deinen Vater habe ich dann ins Bett verfrachtet, eine ziemlich mühselige Angelegenheit, weil auch er so betrunken war, dass er kaum noch gehen oder stehen konnte. Ich musste ihm helfen, damit er überhaupt die Treppe zum ersten Stock hochkam, wo unser Schlafzimmer war. Keine Ahnung, wie ich das geschafft habe, aber ich weiß noch sehr gut, dass ich die ganze Nacht über kein Auge zugemacht habe, weil in unserem Wohnzimmer elf betrunkene Soldaten lagen, die wir nicht kannten, und weil ich große Angst vor den kommenden Tagen hatte. Als ich dann am nächsten Morgen ins Wohnzimmer ging, um zu sehen, ob die Männer immer noch schliefen, war keiner mehr da. Aber ich hatte mich zu früh gefreut, denn von der Küche aus konnte ich sehen, dass sie nicht verschwunden waren, sondern auf dem Fabrikhof herumlungerten und offenbar auf den Panzer warteten. Der kam aber nicht, weil sich herausstellte, dass er auf halbem Weg zwischen Altusried und Dietmannsried an einer Brücke in der Nähe der Iller eingebrochen war und nicht mehr weiterkonnte. Kurz darauf sprach sich auch noch wie ein Lauffeuer herum, dass amerikanische Panzer, die aus Memmingen kamen, schon unsere Ortsgrenze erreicht hatten. Da ergriffen der Leutnant und seine Männer plötzlich die Flucht und marschierten in Richtung Immenstadt davon. Als dein Vater hörte, dass die Amerikaner da seien, hat er gleich zu mir gesagt, er werde ihnen jetzt den Ort übergeben, hat dir dein Bettlaken unter dem Po weggezogen, ist auf sein klappriges Fahrrad gestiegen, ich musste ihm ganz schnell noch eine Kanne Wasser über den Kopf gießen, weil er vom Alkohol immer noch etwas benebelt war, und er ist dann mit dem Laken als weiße Fahne zur Memminger Straße geradelt. Dort hat er den Hauptlehrer und einige andere Männern getroffen, die auch weiße Tücher bei sich hatten, ist dann mit ihnen den Amerikanern entgegengegangen und hat sie zum Rathaus geleitet.«

Als an jenem 27. April 1945 die ersten Panzer der US-Armee kurz nach zwölf Uhr mittags das Ortszentrum von Dietmannsried erreichten, war für die Allgäuer Marktgemeinde der Zweite Weltkrieg beendet. Noch während dieser Stunde erfolgte im Rathaus die offizielle Übergabe der Ortschaft an den Kommandeur der amerikanischen Panzertruppe durch einen Gemeindeinspektor, der allerdings erst eiligst aus der Schankstube des gegenüber liegenden Gasthauses »Ochsen« herbeigeholt werden musste. Die Bewohner des Dorfes verhielten sich ruhig und abwartend, waren aber offensichtlich doch sehr verunsichert und misstrauisch, denn sie wagten sich nur zögerlich und vorsichtig aus ihren Häusern und Höfen, um »die Sieger und künftigen Besatzer« mit verstohlener Neugier zu beäugen. Nur wenige unter ihnen begrüßten damals den 27. April 1945 als »Tag der Befreiung« von einer menschenverachtenden Diktatur.

Ende einer Odyssee

Dietmannsried, Samstag, 10. November 1945. Charlotte war sich nicht sicher, ob es tatsächlich geklopft hatte. Doch als sie die Haustür öffnete, gab es keinen Zweifel mehr, und das, was sie zu sehen bekam, verschlug ihr buchstäblich die Sprache. Da standen sie auf dem oberen Treppenabsatz, Gustav und Hedwig Bressem, ihre Eltern, deren verzweifelte Flucht vor der Hölle des Krieges schon seit Monaten für ein entnervendes Auf und Ab zwischen Hoffen und Bangen in Charlottes Gefühlsleben gesorgt hatte. Doch damit nicht genug. Der Anblick, der sich ihr bot, hätte erbarmungswürdiger kaum sein können, zwei ausgezehrte, in alte abgewetzte Mäntel gehüllte menschliche Wesen mit hohlwangigen Gesichtern, in denen sich die Schrecken und Entbehrungen der vergangenen Monate spiegelten, zwei Menschen, die körperlich und seelisch sichtlich am Ende waren. Charlotte war zutiefst erschüttert und außerstande, auch nur ein einziges Wort zu sagen. Seit 19. März 1945, als ihre Eltern vor der heranrückenden Roten Armee aus Stettin geflohen waren, hatte sie nur zweimal eine Nachricht von ihnen erhalten, ein kurzes Lebenszeichen, mehr nicht. Und nun standen sie plötzlich vor der Tür, nach achtmonatiger Odyssee durch ein materiell und moralisch völlig zerstörtes Deutschland, mit den letzten Habseligkeiten, die ihnen noch geblieben waren, in zwei zerschlissene Säcke gestopft. Charlottes quälende Ungewissheit über das Schicksal ihrer Angehörigen hatte endlich ein Ende gefunden.

Als die seelische Belastung, mit der sie nun schon so lange hatte leben müssen, von ihr abzufallen begann, konnte sie die Tränen der Freude und Erleichterung nicht mehr zurückhalten.

Es habe mehrere Tage gedauert, bis ihr Vater in der Lage gewesen sei, darüber zu sprechen, antwortete meine Mutter, als ich sie bat, von der Flucht ihrer Eltern zu erzählen. Sie könne sich nach so langer Zeit natürlich nicht mehr an alle Einzelheiten erinnern, die er damals erwähnt habe, aber einige seien ihr doch im Gedächtnis geblieben. Es muss jedenfalls schrecklich für sie gewesen sein, denn er habe seine Schilderung mehrmals unterbrochen, da ihm die Tränen in den Augen standen und seine Stimme versagte. Seit Anfang März 1945 sei die Lage in Stettin völlig verzweifelt gewesen. Ständig habe es Fliegeralarm gegeben, und die Stadt sei immer heftiger bombardiert und von Artillerie beschossen worden. Hedwig und er hätten den Luftschutzkeller kaum noch verlassen können, oft Tag und Nacht nicht. Und die Rote Armee sei immer näher herangerückt. Als dann die Nachbarn am 18. März gesagt hätten, dass sie am nächsten Tag die Stadt verlassen würden, bevor es zu spät sei, da hätten sich auch Hedwig und er schweren Herzens entschlossen, zu gehen. Das sei der schlimmste Augenblick in ihrem Leben gewesen, als sie alles das zurücklassen mussten, was ihnen ans Herz gewachsen war, ihr neues Haus, das sie sich buchstäblich vom Munde abgespart hätten, und all die unersetzlichen Dinge, mit denen sie liebevolle Erinnerungen verbanden. Hedwig habe ununterbrochen geweint, als sie sich mit den Nachbarn auf den Weg zum Hauptbahnhof gemacht hätten, mit zwei Koffern, mehr hätten sie ja nicht mitnehmen können. Auf den Bahnsteigen hätten die Menschen dicht an dicht gestanden, und es habe jedes Mal ein fürchterliches Gedränge gegeben, wenn die Türen der schon voll besetzten Waggons geöffnet wurden, weil alle Leute gleichzeitig versuchten, einzusteigen. Ihre Eltern hätten dann doch noch Glück gehabt und in einem der Waggons zwei Plätze ergattert. Der Zug sei dann erst in nördlicher Richtung nach Greifswald gefahren und anschließend nach Westen bis Grevesmühlen, einem Ort in der Nähe von Wismar. Dort habe man die Flüchtlinge aus Stettin zum ersten Mal mit Essen und Getränken versorgt und notdürftig in einer Schule untergebracht. Das sei eine Erlösung gewesen nach der stundenlangen Fahrt in dem völlig überfüllten Zug, in dem sie den ganzen Tag ohne Verpflegung hätten durchhalten müssen. Ihrer Mutter mit ihrem Herz- und Venenleiden habe das alles schwer zu schaffen gemacht. Ihre Beine seien damals stark angeschwollen gewesen, sie habe kaum noch gehen können und große Schmerzen gehabt. Deshalb hätten sie ganze vier Wochen lang nicht weiterreisen können. Es sei eine furchtbare Zeit gewesen, die sie in dem Schulgebäude hätten verbringen müssen, täglich neue Scharen von Flüchtlingen, ein endloses Kommen und Gehen, der ständige Lärm, eine immer schlechter werdende Versorgung mit Lebensmitteln, die vielen weinenden Kinder und verzweifelten Erwachsenen, es sei kaum zu ertragen gewesen.

Sie erinnere sich, fuhr meine Mutter fort, dass ihr Vater dann von einer schier endlosen Irrfahrt gesprochen habe, die noch viel schlimmer gewesen sei als das, was sie bis dahin erlebt hätten. Sie seien wochenlang auf Pferdewagen und Ochsenkarren, in Vieh- und Güterwaggons und zu Fuß unterwegs gewesen, sie hätten immer wieder die Orientierung verloren, in Bauernhöfen um Brot gebettelt und wie Landstreicher in Scheunen oder zerstörten Häusern übernachtet. Und er habe ständig Angst gehabt, dass Hedwig diese Strapazen nicht überleben würde.

Schließlich seien sie auf dem Bahnhof im thüringischen Nordhausen gestrandet, wo bereits Hunderte von Flüchtlingen in Güterwagen und primitivsten Notunterkünften gehaust hätten. Die hygienischen Zustände seien katastrophal gewesen, und es habe schon die ersten Typhusfälle gegeben, aber weit und breit keinen Arzt. Ihr Vater habe dann erzählt, er hätte Nordhausen am liebsten sofort wieder verlassen, aber Hedwig sei dazu nicht mehr in der Lage gewesen. Sie habe wieder stark geschwollene Beine gehabt und hätte dringend einen Arzt gebraucht. Den habe ihr Vater trotz aller Bemühungen nicht finden können, dafür aber eine Krankenschwester des Roten Kreuzes.

»Und die war ein Glücksfall, denn sie kümmerte sich darum, dass meine Eltern bei Privatleuten untergebracht wurden und meine Mutter ärztliche Hilfe bekam. Als es ihr nach ein paar Wochen wieder deutlich besser ging, sorgte die Schwester auch dafür, dass meine Eltern mit der Eisenbahn über München und Kempten zu uns nach Dietmannsried weiterreisen konnten.«

Nach kurzem Schweigen fügte meine Mutter hinzu, ihre Eltern hätten diesen Schicksalsschlag offensichtlich nie wirklich überwunden. Der Verlust ihrer angestammten Heimat, ihres gewohnten Lebens und all der Dinge, die ihnen etwas bedeuteten, habe sie spürbar verändert. Sie hätten sich merklich zurückgezogen und seien sehr wortkarg geworden.

Bürgermeister Willy Hesselmann

Die Erleichterung, die Charlotte empfunden hatte, als sie ihre schon verloren geglaubten Eltern plötzlich vor sich sah, war nur eine Episode in ihrem damals von Ängsten und Depressionen geprägten Seelenleben. Am späten Abend des 13. November 1945, drei Tage nach der unerwarteten Ankunft ihrer Angehörigen aus Stettin, schrieb sie an die Großeltern Salzmann in München:

Das Wohnhaus unserer Familie ist ein Tollhaus geworden. Meine Eltern, meine Schwester Erna und Willys Schwägerin Else aus Berlin, lauter entwurzelte und verzweifelte Menschen, müssen alle bei uns untergebracht werden! Und das, obwohl es schon schwierig genug ist, für unsere inzwischen sechsköpfige Familie den notwendigen Platz zu finden! Wenn es wenigstens das einzige Problem wäre, das gelöst werden muss, aber das ist es nicht, denn ich sehe, dass das Verhältnis zwischen meinen Eltern und Willy nicht so ist, wie es sein sollte. Sie finden einfach keinen Kontakt zueinander. Wie soll das nur werden? Auf der einen Seite meine Eltern, die alles verloren haben und nun ganz auf meine Hilfe angewiesen sind, und auf der anderen Seite Willy, der seine Ruhe braucht, der sich beengt fühlt und dem diese Belastung sehr zu schaffen macht. Ich glaube, dass er ganz unglücklich ist. Er spricht fast kein Wort und arbeitet mehr denn je. Und ich stehe dazwischen und bin ratlos. Ich kann ja nichts daran ändern, ich kann doch meine Eltern nicht wegschicken! Aber diese

*Entfremdung zwischen Willy und mir ist entsetzlich, und
ich kann nichts dagegen tun, ich bin wie gelähmt. Meinen
seelischen Zustand könnt ihr Euch bestimmt vorstellen.
Ich gehöre doch zu Willy und muss alles tun, dass unsere
Ehe nicht noch mehr Enttäuschungen erlebt.*

Charlottes Brief endet schließlich mit der geradezu flehentlichen Bitte an die Großeltern, rasch zu antworten,
sie habe so große Sehnsucht nach ein paar lieben Worten
von ihnen. Karl und Josefine Salzmann wussten inzwischen sehr genau, was Charlotte meinte, wenn sie von
Enttäuschungen in ihrer Ehe sprach und davon, wie sehr
sie darunter litt. Sie erinnerten sich noch lebhaft daran,
wie befremdet sie waren, als Willy Hesselmann schon
den zweiten Hochzeitstag am 14. April 1945 übersehen
und anschließend noch nicht einmal ein Wort des Bedauerns geäußert hatte, nachdem er auf sein Versäumnis aufmerksam gemacht worden war. Ein Gläschen Wein mit
seiner Frau am späteren Abend war seine einzige Reaktion auf diesen besonderen Tag gewesen. Doch sorgenvoller noch erinnerten sich Karl und Josefine Salzmann an
Charlottes Brief vom 22. Oktober 1945, den sie als ein erschütterndes Dokument der Resignation und der Selbstanklage empfanden:

*Gestern war ich so verzweifelt, dass ich mich am liebsten
in den Zug gesetzt hätte und zu Euch gefahren wäre. Ich
habe jeden Mut verloren, dass es noch einmal besser wird
zwischen uns. Ich habe das Gefühl, dass ich für Willi
nichts anderes bin als eine Hausdame, der gegenüber er
auch keine Verpflichtung hat. An seinem Leben habe ich
nicht den geringsten Anteil, er behandelt mich wie eine
Angestellte, die ihre Pflicht zu tun hat. Manchmal meine
ich wirklich, ich kann es nicht mehr ertragen. Und wenn*

ich etwas sage, dann explodiert er in einer Weise, die alle
Brücken abreißt. Und wie nett war er früher und kann er
sein, wenn er will. Seitdem er Bürgermeister ist, ist es ganz
schlimm. Er ist natürlich vollkommen überlastet und ab-
gearbeitet, und ich weiß, ich müsste das bedenken und
mehr Rücksicht darauf nehmen. Sicher liegt ein großer
Teil Schuld an mir, und ich kämpfe viel mit mir, doch ich
habe solche Minderwertigkeitsgefühle, dass ich es nicht
fertig bringe, großzügiger und geduldiger zu sein. Aber
ich will auch weiter alles versuchen, dass es besser wird
mit mir.

Trotz der desillusionierenden Erfahrungen, die Charlotte schon in den ersten beiden Jahren ihrer Ehe mit Willy
Hesselmann machen musste, waren die Gefühle, die sie
für ihn empfand, bislang noch nicht irreparabel verletzt
worden. Das lag vor allem daran, dass Charlotte die
wachsende Entfremdung zwischen ihr und ihm auf die
chronische Überforderung zurückführte, die er sich zumutete, eine Erklärung, an die sie nur allzu gerne glaubte oder glauben wollte. In ihrem Brief an die beiden Salzmanns vom 14. November 1945 beklagt sie deshalb auch
seinen bedenklichen Erschöpfungszustand und zeigt sich
plötzlich überraschend fest entschlossen, nicht mehr ta-
tenlos zuzusehen, wie er sich gesundheitlich zugrunde
richte:

Wenn er doch wenigstens den Posten des Bürgermeisters
loswerden könnte! Der kostet ihn nämlich erheblich mehr
Zeit und Kraft, als er gedacht hatte. Ihr kennt ihn ja, er
möchte jedem helfen und kann es dann doch nicht immer,
er hat die besten Absichten, wenn er etwas verspricht,
aber es wächst ihm auch vieles über den Kopf. Jedenfalls
leidet nicht nur er unter der ständigen Doppelbelastung,

sondern auch die Firma. Von unserer Familie will ich dabei gar nicht reden. So wie bisher kann es deshalb nicht mehr weitergehen, ohne dass er in Kürze restlos am Ende ist. Das werde ich auch nicht zulassen.

Als Charlotte diese Zeilen schrieb, ging ihr unwillkürlich wieder jener Tag Ende Mai 1945 durch den Kopf, als Willy völlig unerwartet schon am frühen Vormittag aus seinem Büro nach Hause gekommen war und sie auffallend freundlich ins Wohnzimmer gebeten hatte, da er etwas sehr Wichtiges mit ihr besprechen wollte. Er war so zuvorkommend gewesen, wie ihn Charlotte schon seit langem nicht mehr erlebt hatte, und gerade deshalb konnte sie sich auch noch sehr gut an seine Worte erinnern, so, als wäre das Gespräch erst gestern gewesen. Willy habe damals erzählt, der Kommandant der im Ort stationierten amerikanischen Soldaten, ein hagerer, hochgewachsener, etwa vierzigjähriger Mann im Rang eines *Colonel* sei am frühen Morgen überraschend in der Firma erschienen, habe sich mit wenigen Worten vorgestellt und anschließend den Wunsch geäußert, durch die Fabrik geführt zu werden, da ihn sehr interessiere, was die Firma denn eigentlich herstelle. Dann habe ihr Willy den Verlauf der Unterredung geschildert, um die der *Colonel* noch gebeten hatte:

»Nach dem Rundgang sind wir wieder in mein Büro gegangen, weil er noch mit mir sprechen wollte. Es wurde allerdings nur ein kurzes und ziemlich einseitiges Gespräch. Er war zwar sehr höflich und freundlich, keine Frage, aber auch ganz der resolute Kommandant, der keinen Zweifel daran aufkommen lässt, dass er es ist, der die Entscheidungen trifft, und sonst niemand. Als Erstes hat er mir gesagt, dass er den bisherigen Bürgermeister abgesetzt habe, weil er ein Nazi gewesen sei, er werde aber sicher nicht der einzige bleiben, denn im Rathaus gebe es noch weitere Personen, die der NSDAP angehört haben. Und dann hat er mir kurz und bündig mitgeteilt, dass ich ab morgen das Amt des Bürgermeisters übernehmen solle, denn der Ort brauche jetzt eine funktionierende Verwaltung und er einen verantwortlichen Ansprechpartner. Du kannst dir denken, ich war wie vom Schlag getroffen, mit allem hatte ich gerechnet, nur nicht damit. Ich wusste erst gar nicht, wie ich reagieren sollte, habe ihm dann aber gesagt, es sei eine große Ehre für mich, dass er mir zutraue, die Aufgaben des Bürgermeisters in Dietmannsried ordentlich zu erfüllen, dass ich sein Angebot aber leider nicht annehmen könne, weil ich mit Aufbau und Arbeitsweise öffentlicher Verwaltungen keine Erfahrung habe und die Leitung der Firma meine ganze Kraft und Zeit in Anspruch nehme. Daraufhin hat er gesagt, ich hätte da offensichtlich etwas missverstanden, es handle sich keineswegs um ein Angebot, das ich annehmen oder ablehnen könne, sondern um einen Befehl, den ich zu befolgen habe. Was mein Argument anbelange, dass ich keine Erfahrung mit öffentlichen Verwaltungen hätte, so überzeuge ihn das nicht. Wenn ich eine Firma mit so bahnbrechenden Produkten, wie ich sie ihm gerade erst vorgeführt habe, aufbauen und leiten könne, dann gebe es für ihn nicht den geringsten Zweifel, dass ich auch in der Lage sein werde, als Bürgermeister wieder eine arbeitsfähige Verwaltung im Rathaus einzurichten und die gegenwärtigen Probleme im Ort zu lösen. Er habe sich aber auch deshalb für mich entschieden, weil ihm von mehreren Personen glaubhaft versichert worden sei, dass ich kein Nazi war und außerdem leidlich Englisch spreche, wovon er sich ja nun selbst überzeugen konnte. Auf meine Frage, wie lange ich dieses Amt ausüben müsse, sagte er nur, das wisse er noch nicht. Damit war für ihn das Gespräch beendet, und er hat sich mit den Worten verabschiedet, alles Weitere würden wir dann morgen um neun Uhr im Rathaus besprechen.«

Zu guter Letzt habe sich Willy dann doch noch empört darüber gezeigt, dass ihm mit dem Amt des Bürgermeisters von Dietmannsried eine erhebliche Belastung aufgebürdet werde, und das ausgerechnet jetzt, nachdem der Krieg endlich vorbei sei und er seine ganze Kraft der Firma widmen müsse, damit es wieder aufwärts gehe. Als besonders ärgerlich habe er dabei die arrogante Art und Weise empfunden, wie der *Colonel* mit ihm umgegangen sei, wie er seine berechtigten Bedenken einfach vom Tisch gewischt und ihm Befehle erteilt habe, als wäre er einer seiner Adjutanten.

Charlotte erinnerte sich aber auch noch sehr gut daran, wie verwundert sie zunächst über das freundliche und zuvorkommende Verhalten ihres Mannes gewesen sei, dass sie seine erstaunliche Wandlung dann aber trotz aller Skepsis als gutes Omen für das bevorstehende Gespräch interpretiert und sich deshalb dazu entschlossen habe, ihm unvoreingenommen und wohlwollend zuzuhören. Doch im Laufe seiner Erzählung über die folgenschwere Visite des *Colonel* in der Firma sei ihr vorsichtiger Optimismus sehr rasch einem lähmenden Gefühl der Resignation gewichen. Sie habe sich keinerlei Illusionen über die gravierenden Konsequenzen gemacht, die sich aus der unzumutbaren Doppelbelastung ihres Mannes als Firmenchef *und* Bürgermeister für das alltägliche Leben der Familie ergeben würden. Als Ehemann und Vater wäre er noch weniger präsent, als dies bisher schon der Fall gewesen sei. Wo aber bliebe da die Familie? Jedenfalls habe sie dann sehr rasch verstanden, warum er sich so freundlich und zuvorkommend verhielt: Er wollte sie milder stimmen und ihrem Protest, mit dem er offenkundig gerechnet hatte, etwas Wind aus den Segeln nehmen. Sie sei damals allerdings auch überzeugt gewesen, dass sich ihr Mann nicht um das Amt des Bürgermeisters bemüht hatte und deshalb auch der falsche Adressat für ihre Missbilligung gewesen wäre. Folglich habe sie ihm auch keine Vorwürfe gemacht. Doch ob er insgeheim vielleicht gar nicht abgeneigt gewesen sei, dieses respektable Amt zu übernehmen und aus diesem Grund dem Willen des *Colonel* nicht energisch genug Widerstand geleistet habe, das könne sie nicht ausschließen, da würde sie für ihn die Hand nicht ins Feuer legen. Der Ehrlichkeit halber müsse sie sich aber auch eingestehen, dass sie damals, trotz ihrer enttäuschten Hoffnungen, auch stolz auf ihren Mann gewesen sei, stolz deshalb, weil ihn die Amerikaner in Dietmannsried offenbar für die geeignete Persönlichkeit hielten, um die vielen Probleme zu lösen, die der Krieg und die Nazi-Diktatur in der Marktgemeinde hinterlassen hatten.

Im Gegensatz zu dem unausgesprochenen Stolz, den seine Frau für ihn empfand, kämpfte der inzwischen fünfzigjährige Fabrikant vor allem mit einem latenten Gefühl der Unsicherheit. Er hatte noch keine konkrete Vorstellung von der Arbeitsbelastung, die da auf ihn zukam, nicht zuletzt deshalb, weil die US-Militärs noch weitere Beamte aus dem Rathaus auf Grund ihrer früheren Mitgliedschaft in der NSDAP entlassen hatten, so dass von einer arbeitsfähigen Dienststelle nicht mehr die Rede sein konnte. Willy Hesselmann machte sich auch keinerlei Illusionen, er zweifelte nicht daran, dass diese Aufgabe zumindest zeitweilig zu einem harten Stück Arbeit werden könnte, denn er musste den Verwaltungsapparat der Marktgemeinde wieder aufbauen und sich gleichzeitig um die Unterbringung und Versorgung vieler Flüchtlinge und Heimatvertriebener kümmern.

In den letzten Monaten des Krieges und vor allem nach seinem Ende am 8. Mai 1945 verließen zwölf bis vierzehn Millionen deutsche Staatsbürger und Angehörige deutschsprachiger Minderheiten ihre Heimat und begaben sich auf die Flucht nach Westen. Sie stammten aus den Ostgebieten des Reiches und aus den Staaten Ost- und Südosteuropas. Sie flohen vor den sowjetischen Armeen, vor den Bombenangriffen der Alliierten und den Kampfhandlungen an der immer näher rückenden Ostfront oder sie wurden gewaltsam aus ihrem herkömmlichen Lebensumfeld vertrieben. In Bayern kamen bis Ende des Jahres 1946 nahezu zwei Millionen Flüchtlinge und Vertriebene an, die anschließend vor allem auf jene Landgemeinden verteilt wurden, die von Kriegszerstörungen weitgehend verschont geblieben waren.

Auch die Marktgemeinde Dietmannsried wurde auf diese Weise zu einer ersten Zufluchtsstätte für viele dieser entwurzelten und verzweifelten Menschen. Ihre vorübergehende Unterbringung in der örtlichen Turnhalle und in anderen Notunterkünften, ihre Einquartierung in die Wohnungen von Einheimischen, eine Maßnahme, die nicht selten gegen den Widerstand der Mieter oder Eigentümer durchgesetzt werden musste und oft von unschönen Szenen begleitet war, die Versorgung der Flüchtlinge mit Lebensmitteln und Kleidung, mit Hausrat und Mobiliar, ihre finanzielle Unterstützung durch bezahlte Gelegenheitsarbeiten, die behutsamen Versuche ihrer Integration in die alteingesessene Bevölkerung: Es war das Zusammentreffen vieler schwieriger Aufgaben, die den Firmenchef und ehrenamtlichen Bürgermeister Willy Hesselmann immer wieder an die Grenzen seiner Belastbarkeit führten. Bei den Gemeindewahlen am 20. Januar 1946, den ersten freien Wahlen seit 1933, konnte er dann dieses Amt an seinen gewählten Nachfolger übergeben.

Endlich! Er war erleichtert. Er konnte aufatmen. Und er war stolz, denn er hatte die Erwartungen erfüllt. Er hatte es geschafft. Und er war seiner Doppelrolle gerecht geworden. Doch zu welchem Preis!

Infame Denunzierung

Kempten, Donnerstag, 14. Februar 1946. Als sie an diesem eisigen Morgen kurz vor neun Uhr das Gebäude an der Weiherstraße wieder betrat, erinnerte sie sich spontan daran, was ihr vor wenigen Tagen durch den Kopf gegangen war, als sie das trist und marode wirkende Bauwerk zum ersten Mal gesehen hatte, die Vorstellung nämlich, dass sein desolater Zustand wohl auch die seelische Verfassung vieler seiner Insassen widerspiegelte. Der Aufsichtsbeamte hinter dem schmalen Anmeldeschalter, dessen große Trennscheibe mit einer Unmenge kleiner Zettel beklebt war, begrüßte sie inzwischen, als wäre sie eine alte Bekannte, kam sie doch bereits den vierten Tag in Folge und stets akkurat um diese Uhrzeit zum Haupteingang. Nachdem er die obligatorische Personenkontrolle bei ihr wieder vorgenommen und dabei entschuldigend erklärt hatte, dass er sich als Beamter strikt an die Vorschriften halten müsse, führte er sie in das Besuchszimmer, das ihr bereits bekannt war, und bat sie, Platz zu nehmen und einen Augenblick zu warten, er würde ihn holen.

Sie setzte sich auf einen der unbequemen Holzstühle, blickte um sich und schüttelte immer wieder befremdet den Kopf über diesen abweisenden und menschenfeindlichen Raum. Sie würde ihn als Zelle, aber keinesfalls als Besuchszimmer charakterisieren, falls ihre Meinung gefragt wäre, und zwar als eine schon ziemlich heruntergekommene und düstere Zelle mit einem einzigen Fenster,

155

das noch dazu mit einem rostigen Gitter versehen war, mit kahlen und fleckigen Wänden, einem dunkelgrauen Betonfußboden und einem Mobiliar, das sich auf einen Tisch und drei Stühle beschränkte. Was für ein unwirtlicher Ort! Er ließ sie frösteln, nicht nur der Kälte wegen.

Als er neben dem Aufsichtsbeamten das Besuchszimmer betrat, hatte sie sofort den Eindruck, dass es ihm schlechter ging als in den vergangenen Tagen. Er sah sehr müde aus, sein schmales Gesicht schien noch hohlwangiger geworden zu sein, und er wirkte sichtlich resigniert. Nachdem er sich ihr gegenüber an den Tisch gesetzt hatte, sagte sie, sie mache sich Sorgen, er sehe nicht gut aus, er müsse … Sie konnte den Satz nicht beenden, weil er ihr erregt ins Wort fiel:

»Wundert Sie das? Ich sitze hier im Gefängnis, Fräulein Kleber! Muss ich Ihnen denn nochmal erklären, was das heißt? Für mich, aber auch für die Firma und die Familie? Der Inhaber des Planatolwerks wurde von den Amerikanern verhaftet, weil er ein führender Nazi war. Glauben Sie etwa, das fördert mein Ansehen? Und das der Firma? Was mich vor allem zur Verzweiflung treibt, ist diese Hilflosigkeit, weil ich hier nichts tun kann, um zu beweisen, dass ich böswillig verleumdet werde. Ich war kein Nazi, wie Sie wissen, im Gegenteil. Und in welchem Zustand sich unsere Zelle befindet, habe ich Ihnen auch schon gesagt. Unzumutbar, so wie das Essen. Aber noch viel schlimmer ist, dass ich hier nur herumsitzen und die Zeit totschlagen kann, dabei müsste ich mich dringend um die Firma kümmern. Ich halte es hier nicht mehr aus, ich muss hier weg und zwar so schnell wie möglich. Hat denn meine Frau jetzt endlich Kontakt mit diesem amerikanischen Anwalt aufgenommen?«

»Ja, ich soll Ihnen ausrichten, dass sie ihn am kommenden Montag um elf Uhr in Augsburg trifft. Sie wird aber vorher noch vorbeikommen, um mit Ihnen zu besprechen, welche Unterlagen sie dem Anwalt geben soll. Sie hat mich auch gebeten, Sie herzlich zu grüßen und Ihnen noch einmal zu sagen, dass in der Firma alles in Ordnung ist und Sie sich keine Sorgen machen müssen. Das kann ich nur bestätigen. Sie können ganz beruhigt sein, Ihre Frau und der Herr Haberlander geben sich wirklich alle Mühe, um die Firma während Ihrer Abwesenheit gut über die Runden zu bringen. Und wenn ich mir noch eine Bemerkung erlauben darf, Herr Hesselmann, denken Sie bitte daran, dass sich Ihre Frau ja auch noch um die Kinder und den Haushalt kümmern muss. Was sie zurzeit alles leistet, ist wirklich bewundernswert, und ich glaube, sie würde sich über ein anerkennendes Wort von Ihnen sehr freuen. Und damit ich es nicht vergesse, Ihre Frau hat mir frische Wäsche mitgegeben, und ich habe auch noch die heutige Post für Sie.«

»Danke. Ich werde Ihren Rat beherzigen, Fräulein Kleber. Da Sie gerade die Post erwähnt haben, bitte erinnern Sie mich rechtzeitig daran, dass ich Ihnen noch ein paar Worte diktieren muss, damit der Herr Haberlander und meine Frau wissen, was sie auf die Briefe, die Sie mir gestern mitgebracht haben, antworten sollen. Es wäre mir sehr unangenehm, wenn wir das nicht mehr erledigen könnten, weil die Besuchszeit zu Ende ist.«

Willy Hesselmann war am Freitag, den 8. Februar 1946, gegen halb acht Uhr morgens, als er gerade über den schneebedeckten Fabrikhof zu seinem Büro gehen wollte, von zwei US-Soldaten verhaftet und in das Rathaus von Dietmannsried gebracht worden. Seine hartnäckig wiederholte Frage nach dem Grund der Festnahme hatten die beiden GIs ebenso hartnäckig ignoriert wie seinen lautstarken Protest. Dass er in dieser misslichen Lage, in die er nun völlig überraschend geraten war, ausgerechnet auch noch jenes Gebäude wieder betreten sollte, in dem er noch vor wenigen Tagen als hoch geachteter Bürgermeister amtiert hatte, war ihm höchst peinlich gewesen. Doch gewiss würde sich rasch herausstellen, dass seine Verhaftung nur auf einem Irrtum der Amerikaner beruhen konnte. Im Rathaus angekommen, war ihm erst einmal befohlen worden, auf einem der Besucherstühle Platz zu nehmen, flankiert von den beiden US-Soldaten, bis er nach etwa einer halben Stunde Wartezeit endlich in das Dienstzimmer des Kommandanten der vor Ort stationierten US-Einheiten gerufen wurde. Der resolute *Colonel*, der ihn Ende Mai des vergangenen Jahres zum Gemeindeoberhaupt ernannt hatte, war nach einer spürbar distanzierten Begrüßung ohne Umschweife zur Sache gekommen: Er werde beschuldigt, seine Einstellung gegenüber dem Nationalsozialismus nicht der Wahrheit entsprechend dargestellt zu haben. Im Gegensatz zu seinen bisherigen Behauptungen, er habe der NSDAP zu keiner Zeit angehört und das Nazi-Regime von Anfang an entschieden abgelehnt, läge inzwischen eine schriftliche und sehr ausführlich begründete Aussage vor, die ihn erheblich belaste: Er sei als Inhaber eines wirtschaftlich wichtigen Unternehmens bis zum Ende der Hitler-Diktatur überzeugter Nationalsozialist und ein aktives Mitglied der Partei gewesen. Bis zur Klärung dieser Vorwürfe werde er deshalb in Arrest genommen und im Laufe des Vormittags mit einer weiteren Person nach Kempten ins Gefängnis gebracht. Selbstverständlich habe er das Recht, sich ab sofort durch einen Anwalt beraten und vertreten zu lassen.

Willy Hesselmann war fassungslos gewesen. Er wollte widersprechen, er wollte dieser schändlichen Verleumdung mit allem Nachdruck entgegentreten, er wollte dem

Colonel sagen, dass er das Gegenteil nachweisen könne, er wollte diesem amerikanischen Offizier, dem stets so viel an seiner soldatischen Ehre lag, erklären, dass es der Denunziant doch ganz offenkundig darauf angelegt habe, an ihm als Inhaber der Firma Planatolwerk W. Hesselmann Rufmord zu begehen, um damit auch seinem Unternehmen schweren Schaden zuzufügen. Aber er hatte in seiner Empörung und Verzweiflung vergeblich nach Worten gesucht, seine Seele war zu sehr in Aufruhr gewesen, alles in ihm hatte revoltiert. Der Colonel, dem nicht verborgen geblieben war, dass sein Gegenüber um Haltung rang, hatte sich nach kurzem Zögern auf die abschließende Erklärung beschränkt, als Angeklagter werde er sehr bald ausreichend Gelegenheit erhalten, zu den genannten Vorwürfen Stellung zu nehmen.

Am Freitag, den 22. Februar 1946, wurde Willy Hesselmann nach vierzehntägiger Haft aus dem Gefängnis in Kempten entlassen. Diese beiden Wochen werde sie ihr Leben lang nicht mehr vergessen, erzählte meine Mutter später, Abend für Abend sei sie am Ende ihrer Kräfte gewesen und habe nicht gewusst, wie sie den nächsten Tag noch überstehen sollte.

»Damals bin ich von Pontius zu Pilatus gelaufen, von einer amerikanischen Dienststelle zur nächsten, und habe immer wieder erklärt, dass mein Mann kein Nazi war, bei der amerikanischen Militärregierung in München bin ich sogar zweimal gewesen, aber es war alles vergeblich, man hat mir nicht geglaubt. Jetzt behaupten alle, keine Nazis gewesen zu sein, habe ich immer wieder zu hören bekommen. Das hat sich erst geändert, als ich mit einem amerikanischen Anwalt in Augsburg reden konnte. Der war mir empfohlen worden, weil er uns vielleicht helfen könnte. Und dieser Anwalt hat mir geglaubt und versprochen, dass er nachforschen werde. Das hat er auch getan und dabei sehr bald herausgefunden, dass mein Mann Opfer eines Irrtums wurde. Man hat ihn mit seinem Bruder verwechselt, der tatsächlich ein fanatischer Nazi war.«

Zu Beginn seiner Recherchen hatte der Anwalt die Mitgliederkartei der NSDAP auf den Namen Hesselmann überprüft und war rasch fündig geworden, konnte aber auch erleichtert feststellen, dass er sich in Charlotte Hesselmann nicht getäuscht hatte. Nicht ihr Ehemann Willy, sondern Heinrich, einer seiner beiden älteren Brüder, war Parteigenosse gewesen und dies sogar in führender Position.

Willy Hesselmann war zu Unrecht beschuldigt worden. Nachdem die amerikanische Militärregierung Anfang März 1946 die Verantwortung für die Entnazifizierung auf deutsche Behörden übertragen hatte, wurden anschließend zahlreiche regional zuständige Laiengerichte gebildet, die sogenannten Spruchkammern, die in den folgenden Jahren über Tausende von Fällen zu Gericht saßen. Aus den Akten der zuständigen Spruchkammer Kempten geht hervor, dass es kein Entnazifizierungsverfahren gegen Willy Hesselmann gegeben hatte. Eine dazugehörige Karteikarte mit seinem Namen unterstreicht diesen Tatbestand mit dem Vermerk NB: nicht betroffen.

Hat der Denunziant gewusst, dass in der NSDAP-Mitgliederkartei eine Person mit dem Namen Hesselmann verzeichnet war? Wenn dem so gewesen sein sollte, hat er dann die Brüder Heinrich und Willy tatsächlich verwechselt oder ganz bewusst wider besseres Wissen behauptet, der Fabrikant sei dieser Nazi gewesen, um ihm und seiner Firma Schaden zuzufügen?

Doch für Willy und Charlotte Hesselmann gab es damals drängendere Fragen: Wer war der Täter? Und welche Motive hatten ihn zu dieser infamen Tat bewogen? Es waren quälende Fragen, die den beiden seit seiner Haft in Kempten nicht mehr aus dem Kopf gegangen waren. Doch sie wurden schon sehr bald und völlig unerwartet durch eine neue Hiobsbotschaft in den Hintergrund gedrängt.

Der Verrat

Dietmannsried, Dienstag, 17. Juni 1947. Es war inzwischen schon zehn Uhr nachts geworden, als Charlotte endlich etwas Zeit fand, um in einem Brief an die Großeltern Salzmann ihrer Empörung über einen leitenden Mitarbeiter der Firma Luft zu machen:

Bei uns hat sich allerhand ereignet. Haberlander ist seit gestern entlassen; es sind tolle Sachen herausgekommen. Er hat einem unserer besten Kunden den Vorschlag gemacht, ihm Kapital zu geben, er wolle sich selbständig machen und den Kunden dann mit d e n Sorten Klebstoff beliefern, die dieser bis jetzt von uns bekam!!! Habt ihr Worte? Er hat also vor, einen Betrieb wie unseren aufzumachen und hat uns also in dieser Weise hintergangen und das Vertrauen Willys missbraucht! Das schlug dem Fass den Boden aus. Seine Vorbereitungen müssen schon sehr weit gediehen sein, er soll schon etliche tausend Dosen haben etc. Jedenfalls hat er Willy die Rezepturen gestohlen, um sie für sich zu verwerten. Aber der Kunde war anständig und hat Willy, der zufällig am letzten Freitag zu ihm nach Stuttgart kam, davon verständigt! Selbstverständlich hat Willy dem Herrn Haberlander sofort die Kündigung ausgesprochen durch einen Brief, der am Sonntag – also vorgestern Abend – zu seiner Werkswohnung hinüber getragen wurde. Er darf auch den Betrieb nicht mehr betreten. Ich glaube, wenn wir alles wüssten, was er inszeniert hat, wir würden wohl erschrecken.

*Zurzeit werden alle Vorgänge in der Firma überprüft;
jetzt glaube ich an alles, wer zu solchen Dingen fähig ist,
ist zu allem fähig. So hat er also ständig ein Doppelspiel
gespielt, hier Interesse geheuchelt, gleichzeitig aber für
sich gearbeitet und Willys geistiges Gut gestohlen, und
wer weiß, was er sonst noch tat!!! Ich finde keine Worte
dafür. Ihr könnt Euch denken, was das für eine Aufregung war und heute noch ist, der ganze Ort spricht von
nichts anderem mehr. Die Haberlanders sollen schauen,
dass sie wegkommen, hier können sie sich nicht mehr halten, sie müssen ja auch die Wohnung räumen. Ja, so endete eine »Freundschaft«, die eben nur einseitig war! Aber
Willy wollte nicht hören! Nun muss er die Folgen tragen.*

Ihren in aller Eile auf einer Schreibmaschine im Büro der
Firma getippten Brief hatte Charlotte mit den Worten beendet, falls noch weitere schockierende Dinge ans Tageslicht kommen sollten, werde die gesetzliche Kündigung
in eine fristlose umgewandelt. Das habe sich Willy vorbe-
halten. Daran hatte er ohne Zweifel auch recht getan,
denn durch die polizeilichen Ermittlungen und seine eigenen Nachforschungen wurden weitere Straftaten des
Herrn Haberlander enttarnt und der sich stets als seriöser
Kaufmann gerierende Geschäftsführer der Firma als mie-
ser und skrupelloser Gauner demaskiert. Für Willy und
Charlotte Hesselmann blieb dennoch die bange Frage,
wie es nun mit ihrem Planatolwerk weitergehen würde.

Am Donnerstag, den 10. Juli 1947, schrieb Charlotte einen weiteren Brief mit Schreckensnachrichten an die
Großeltern Salzmann:

*Es geht bei uns zu wie in einem Taubenschlag. Die Krimi-
nalpolizei geht ein und aus, und es kommen noch täglich*

tolle Dinge bezüglich Herrn Haberlander heraus. Er hat nicht nur unsere gesamten Betriebsunterlagen gestohlen, darunter die streng geheimen Rezepturen und andere wichtige Dokumente, sondern auch alle Konstruktionszeichnungen unserer Maschinen. Ein toller Schurke war das. Jetzt hat er schon zweimal Protest gegen seine Haft eingelegt, aber das wird ihm wenig nützen. Und Frau Wankel aus der Buchhaltung, die ihr ja auch kennt, ist am Mittwoch früh rasch nach München abgedampft, sie hat ja Verschiedenes gestanden, ist also Mitwisserin und Mittäterin, im Grunde dasselbe Kaliber wie Haberlander!!!

Dass die anscheinend nicht enden wollenden Schicksalsschläge, die nun schon seit Beginn des Jahres 1946 über Willy und Charlotte Hesselmann hereinbrachen, verständlicherweise immer stärker an ihren Nerven zerrten und das stets so fragile Verhältnis zwischen den beiden Eheleuten erneut zu gefährden drohten, lassen die Zeilen erahnen, die Charlotte am folgenden Tag, Freitag, den 11. Juli 1947, an Karl und Josefine Salzmann schrieb:

Es vergeht bei uns wirklich kaum ein Tag, an dem nichts Unerfreuliches passiert! Als ich gestern den Brief beendet hatte, bekamen wir die Nachricht, dass Herr Haberlander aus der Haft entlassen sei, was uns unbegreiflich ist. Willy ist nun rasch nach Kempten gefahren, um herauszufinden, aus welchem Grunde dies geschah. Wir ließen gestern das Inventar der Wohnung pfänden, wobei sich noch schweres Belastungsmaterial fand. Willy hat doch zu spät gehandelt, das sagt er nun selbst, und ich habe nicht umsonst immer so gedrängt, nachdem ich sah, was Haberlander und seine Mittäterin, die Frau Wankel, täglich fortschleppten. Nun kann er in München, wohin er gestern anscheinend sofort fuhr, weiter alles wegschleppen und verbergen, so dass es noch viel schwieriger sein wird, ihm diese Sachen wieder abzujagen. Was gestern bei der Pfändung an Belastungsmaterial zutage trat, war wieder toll, das Aktenmaterial wurde beschlagnahmt, daraus kann man ersehen, wie weit seine Pläne schon gediehen waren und wie er uns betrogen hat, er hat wahrhaftig g a n z e Arbeit geleistet! Man kann nur immer wieder voll Abscheu den Kopf schütteln, wie ein Mensch so viel Schlechtigkeit in sich bergen kann. Nun halte ich es für sehr schwierig, ihn so zu bestrafen, wie er es wirklich verdient hat. Wahrscheinlich hat er den Staatsanwalt überredet und von der Nichtigkeit all der vorliegenden Anschuldigungen überzeugt! Diesem Knaben traue ich alles zu, Willy war ihm gegenüber weitaus zu anständig, ich riet damals gleich zu einer Haussuchung, da hätten wir genug gefunden!!! Nicht umsonst haben Haberlander und Wankel Kisten und Pakete weggeschleppt und mit dem Lastwagen abtransportiert, und Willy schaute aus seinem Bürozimmer zu, ohne zu ahnen, was die da taten! Das rächt sich nun alles bitter, und die Sache wird jetzt langwierig und kostspielig werden.

Eine sehr desillusioniert klingende Prophezeiung, die sich aber offenbar bewahrheitete, denn das Gerichtsverfahren, das Willy Hesselmann gegen seinen inzwischen fristlos gekündigten Geschäftsführer anstrengte, zog sich jahrelang hin und konnte nicht verhindern, dass Herr Haberlander währenddessen in München eine eigene Firma zur Herstellung von Klebstoffen gründete. Welches Ziel meine Eltern mit diesem Prozess verfolgt hatten und ob ihnen durch das Urteil Recht widerfahren war, ließ sich leider nicht mehr feststellen. Gerechtigkeit war ihnen jedenfalls zuteil geworden, wenn auch auf andere Weise, denn meine Mutter erzählte mir später:

»Anton Haberlander versuchte, uns Konkurrenz zu machen, aber es ist ihm nicht geglückt. Er hatte kein Kapital hinter sich, und ihm fehlten viele Kenntnisse. Er hat es nicht geschafft.«

Und sie fügte hinzu, dass alles nicht geschehen wäre, wenn mein Vater auf warnende Worte gehört hätte. Aber er habe in Herrn Haberlander schon sehr frühzeitig nicht nur einen tüchtigen und absolut loyalen Mitarbeiter gesehen, sondern auch einen zuverlässigen Freund, dem er uneingeschränkt vertrauen könne. Der junge Mann sei deshalb im Hause Hesselmann ein- und ausgegangen, er habe mit seiner Frau eine Werkswohnung auf dem Betriebsgelände nutzen dürfen, und wenn von ihm die Rede gewesen sei, dann habe man nur vom »Toni« gesprochen. Umso tiefer sei die Enttäuschung meines Vaters gewesen, als die kriminellen Machenschaften seines vermeintlich »vertrauenswürdigen Freundes« ans Tageslicht kamen.

Als ich die Briefe meiner Mutter über den Fall Haberlander las, ging mir unwillkürlich wieder die Frage durch den Kopf, wer meinen Vater als strammen Nazi mit Führungsposition in der NSDAP denunziert haben könnte und ihn auf diese Weise ins Gefängnis gebracht hatte. War dieser Anton Haberlander der Täter gewesen? Ein starkes Motiv hätte er jedenfalls gehabt: Willy Hesselmann, den Gründer und Inhaber des Planatolwerks, durch eine ihn schwer belastende Falschaussage aus der Firma zu drängen, um sie dann selbst übernehmen zu können, oder ihn als Konkurrenten auszuschalten.

Unerwünscht

Dietmannsried, Donnerstag, 12. Dezember 1946. Als er nach seinem morgendlichen Rundgang durch die Fabrikräume wieder in sein Büro zurückkehrte, kam Fräulein Kleber mit raschen Schritten, ausgestreckter Hand und einem strahlenden Lächeln im Gesicht aus ihrem Arbeitszimmer auf ihn zu, ein Anblick, der ihn etwas irritierte, denn ein derart temperamentvolles Verhalten war er zu dieser frühen Stunde von seiner Sekretärin nicht gewohnt. Sie gratulierte ihm mit den Worten, er sei heute Morgen gegen sieben Uhr Vater eines gesunden Sohnes geworden, Frau Müller, die Hebamme, habe vor wenigen Minuten angerufen und gesagt, Mutter und Kind seien wohlauf, die Geburt sei ohne Komplikationen verlaufen. Willy Hesselmann zeigte keinerlei Reaktion. Mit versteinerter Miene starrte er auf Fräulein Weber und schwieg, bis er sie schließlich fragte, was denn heute alles an Terminen auf dem Kalender stünde.

Charlotte hatte gewusst, was er von ihr erwartete. In welcher seelischen Verfassung sie sich deshalb in den letzten vier Wochen vor der Geburt befand, offenbaren ihre Briefe vom November und Dezember 1946 an die Großeltern Salzmann. Am 3. November schrieb sie:

Mir wird angst und bange, wenn ich an das Ergebnis denke, ich habe so gar keine Hoffnung auf eine kleine Tochter, und Willy rechnet – glaube ich – doch sehr fest damit.

Dass die Angst sie von Tag zu Tag immer stärker beherrschte, je näher der Geburtstermin heranrückte, lassen zwei Sätze in ihrem Brief vom 2. Dezember vermuten:

Die Aussicht auf das Resultat macht mich im Hinblick auf Willys Erwartung ganz krank. Alles würde ich über mich ergehen lassen, wenn ich doch mit einem Mädchen rechnen könnte!

Dennoch, trotz allen Hoffens und Flehens, der Grund ihrer Angst wurde Wirklichkeit, wie eine sich selbst erfüllende Prophezeiung. Am 13. Dezember schrieb Charlotte sichtlich verzweifelt an Karl und Josefine Salzmann:

So musste es kommen. Ich bin ganz trostlos ... Der arme Willy ist so bitter enttäuscht, und ich heule mir die Augen aus dem Kopf, dass ich ihm diesen sehnlichsten aller Wünsche nicht erfüllen konnte. So sehr hatte ich es gerade für ihn und für unser Verhältnis erhofft! Warum hatte der Himmel kein Einsehen? Ich weiß, dass ich dankbar sein muss, dass alles gut ging und das Kind gesund ist und seine geraden Glieder hat, aber es hätte doch auch eine Tochter sein können.

Als hätte der Knabe geahnt, dass er nicht wirklich erwünscht war, hatte er den Schoss der Mutter nur sehr widerwillig verlassen und war dann an den folgenden Tagen, lauthals protestierend, in einen Hungerstreik getreten, der schließlich zu einer bedenklichen Verschlechterung seines Gesundheitszustandes führte, was wiederum die Eltern in panikartige Angst versetzte. Nach einem Arztbesuch ohne eindeutige Diagnose und einer sehr intensiven Rund-um-die-Uhr-Betreuung durch die Mutter endete der Streik abrupt, und der Kleine entwickelte sich fortan prächtig. Was immer der wahre Grund für sein Verhalten gewesen sein mochte, Komplikationen bei der Nahrungsaufnahme oder geschickte Strategie, eines hatte der jüngste Spross der Familie für die kommenden Wochen jedenfalls erreicht: die uneingeschränkte und vorauseilend besorgte Aufmerksamkeit seiner Mutter und Brüder.

Charlotte war nach der schweren Geburt erschöpft, deren körperliche und seelische Strapazen die inzwischen vierzigjährige Frau nicht mehr so leicht wegstecken konnte, auch deshalb nicht, weil ihre längst chronisch gewordene Überbelastung durch Familie, Haushalt und Firma spürbar an den Kräften zehrte. Charlotte sehnte sich deshalb nach ruhigeren und besseren Zeiten, schließlich waren die letzten drei Jahre kaum noch zu ertragen gewesen, gleichwohl, ihre Hoffnung, dass dieser Wunschtraum in Erfüllung gehen könnte, hielt sich in Grenzen.

Wie berechtigt diese Skepsis war, zeigen ihre Briefe an die Großeltern Salzmann aus der ersten Hälfte des Jahres 1947, in denen sie voller Verzweiflung die Auswirkungen der verheerenden Versorgungslage auf die Familie schildert:

Wie soll ich alle satt kriegen? Ich sehe schwarz. Unsere Kartoffeln gehen zu Ende, und wir wissen noch nicht, wo wir welche hernehmen sollen, die Bauern hier haben keine mehr. Es fehlt eben allmählich an allen Ecken und Enden, um nicht zu sagen an allem ... Die Brotration ist katastrophal! Und letzte Woche mussten wir hamstern gehen, denn wir hatten nur noch Kartoffeln für eine Woche! Es war schrecklich! Doch damit nicht genug! Auch Erika, unser Hausmädchen, isst bei uns mit und meine Eltern ebenfalls, weil sie nicht genügend Lebensmittel bekommen. Man weiß bald nicht mehr, was man noch kochen soll, es gibt ja nichts mehr, ich stehe tagtäglich vor einem Rätsel. Gottlob bekommt unser Peter nun seit zwei Tagen Schülerspeisung, das ist wenigstens eine kleine Hilfe für mich … Wenn ich nur mehr Zeit für das Büro hätte, ich würde manche Verbindung durch unsere Kunden besser ausnutzen, um an Lebensmittel heranzukommen! … Wir haben schon jetzt nur stundenweise Wasser und Strom, im Betrieb hat das fatale Folgen, weil die Maschinen wegen der Stromunterspannung häufig aussetzen. Und jeden Tag ändert sich die Stromsperrzeit, so dass man gar nicht disponieren kann. Wie soll das erst im Winter werden, falls die Trockenheit weiter anhält und dann der Frost eintritt? …

Nach einem eisigen Jahresbeginn folgte ein ungewöhnlich heißer und trockener Sommer, der im Herbst auch prompt zu den befürchteten Missernten führte und dadurch die katastrophale Ernährungslage noch weiter verschärfte. Auch Charlotte bekam dies zu spüren. Am 9. Juli 1947 klagte sie in einem Brief an die Großeltern in München:

Wenn nur die Sorge um das tägliche Essen nicht wäre!!! Letzte Woche bettelten wir um einige Pfund Kartoffeln, vergebens! Und was ist das schon für so viele Leute? Heute erbettelte ich welche bei meiner Kaufmannsfrau, man versucht halt alles. Man hat ja sonst nichts, was man anstelle von Kartoffeln nehmen könnte. Ich war noch nie so am Ende mit allem wie jetzt … Am meisten Angst habe ich vor dem Winter in punkto Kleidung für die Kinder! Es fehlt überall, ich darf gar nicht daran denken, und alles wird zu klein oder geht kaputt! Was soll da nur werden? …

Charlotte fühlte sich ganz offensichtlich von ihrem Mann allein gelassen, wenn es um die Verantwortung für die große Familie ging. Dabei hätte er über seine vielfältigen geschäftlichen Verbindungen zweifellos einfachere und erfolgversprechendere Möglichkeiten gehabt als sie, die notwendigen Lebensmittel und Kleidungsstücke zu besorgen. Dennoch, auch in der damaligen Zeit mit ihrer schwierigen Versorgungslage drehte sich bei ihm offenkundig alles nur um die Firma. In einem Brief vom August 1947 an die Großeltern in München klagte Charlotte deshalb, das einzige, was ihn wirklich interessiere, seien die Rohstoffe, die er unbedingt brauche, und der geplante Neubau für die Fabrik.

Der Kollaps

Dietmannsried, Freitag, 3. Februar 1950. Charlotte hatte ihn am gestrigen Abend noch einmal nachdrücklich gebeten, an seinem Geburtstag nicht ins Büro zu gehen, die Firma werde gewiss nicht untergehen, wenn er diesen einen Tag mit der Familie und nicht mit Arbeit verbringe. Sie würde sich jedenfalls sehr darüber freuen, und die Kinder wären ganz bestimmt begeistert, den Vater, den sie so selten zu Gesicht bekämen, ein paar Stunden für sich zu haben. Im Übrigen mache sie sich Sorgen, weil er zu wenig auf seine Gesundheit achte, auch er sei nicht unverwundbar, wenn er ernsthaft krank werde, dann bestehe tatsächlich die Gefahr, dass die Firma in große Schwierigkeiten gerate, von der Familie wolle sie dabei gar nicht reden, deshalb sei es auch so wichtig, dass er sich immer wieder die notwendige Erholung gönne. Charlotte hatte sich jedoch keine großen Hoffnungen gemacht, dass er ihrem Vorschlag zustimmen würde, aber sie wollte es wenigstens versucht haben. Umso größer war ihre Überraschung gewesen, als er nach kurzem Zögern geantwortet hatte, er müsse am Vormittag einige wichtige geschäftliche Dinge erledigen, die nicht aufgeschoben werden könnten, werde aber gegen Mittag Schluss machen und nach Hause kommen.

Am folgenden Abend schrieb Charlotte an die Großeltern Salzmann in München:

Mittags war die große Gratulationskur, die Kinder sagten ihre Verse auf, ich hatte den Tisch aufgebaut mit dem Kuchen und den Geschenken, die beiden Hausmädchen gratulierten mit Blumen, die Kinder überreichten eine sehr hübsche Bleistiftschale aus Holz und einige Bilder, die sie selbst gezeichnet hatten. Im Büro wurde nichts gemacht, nur die Damen schenkten einen Nelkenstrauß. Abends tranken wir eine Flasche Kupferberg Gold, aber er arbeitete dazwischen! Meine Mutter war der einzige Gast an diesem Tag. Sie kam zum Kaffee. Willy ließ alles ziemlich gleichgültig über sich ergehen. Ich glaube, er kann sich gar nicht mehr richtig freuen! Das wäre alles von diesem wichtigen Tag, der ziemlich sang- und klanglos verlief.

Charlottes sorgenvoller Appell an ihren Mann, mehr auf seine Gesundheit zu achten, war offenkundig nicht ganz ohne Wirkung geblieben, auch wenn sie sich erst spät zeigte. Am Donnerstag, den 27. April 1950, fuhr Willy Hesselmann in der Mittagszeit mit seinem neuen Mercedes 170 S nach Kempten, um nach Jahren der Abstinenz zum ersten Mal wieder ein Dampfbad zu besuchen. Es war ein Entschluss in der Hoffnung, dort Linderung seines schmerzhaften Nervenleidens zu finden, vielleicht aber auch nur für einen Augenblick das zu genießen, was sich der mittlerweile 55-jährige Unternehmer in seinem rastlosen und strapaziösen Arbeitsalltag vermutlich insgeheim immer häufiger wünschte, aber partout nicht eingestehen wollte: Ruhe und Erholung. Es war ein Entschluss mit unerwartet ambivalenten Folgen.

Willy Hesselmann erlitt in einer Sauna-Kabine des »Central-Bads« einen lebensbedrohlichen Kreislaufkollaps. Als sich der herbeigeholte Arzt nach dem genauen Hergang des Zusammenbruchs erkundigte, konnte der Notfallpatient lediglich antworten, er habe sich nach etwas längerem Liegen auf der Holzbank aufrichten wollen, dabei sei ihm aber so schwindlig und übel geworden, dass er sich mehrmals übergeben musste. Was danach geschehen sei, wisse er nicht, da fehle ihm jede Erinnerung. Dann fügte er noch mit Nachdruck hinzu, er habe in seiner panischen Angst um Hilfe gerufen, so laut und so lange er konnte, jedoch vergeblich.

Was sich damals im »Central-Bad« zugetragen haben muss, lässt sich aus den Worten des jungen Mannes erahnen, der das Unfallopfer gefunden, den Arzt verständigt und den Vorfall anschließend der Kemptener Polizei gemeldet hatte. Seine Zeugenaussage war von einem Beamten zu Protokoll genommen worden:

Der Zeuge (…), der am 27.4.1950, gegen ein Uhr mittags das Central-Bad besuchte und sich nach dem Bademeister (…) umsah, entdeckte durch Zufall das Unfallopfer Willy Hesselmann in einer Sauna-Kabine auf dem Fußboden neben der Holzbank, bewusstlos in seinem Erbrochenen liegend. Da die Bemühungen des Zeugen, den Bademeister oder eine andere Aufsichtsperson zu finden, ohne Erfolg geblieben waren, suchte er eiligst eine nahe gelegene und ihm bekannte Arztpraxis (…) auf und verständigte dort sofort die Sprechstundenhilfe von dem Notfall. Wenige Minuten später kehrte er in Begleitung des Arztes (…) in das Central-Bad zurück, wo dann kurze Zeit später auch der Bademeister eintraf. Auf die Vorwürfe des Arztes, er hätte seinen Arbeitsplatz nicht verlassen dürfen, um bei solchen Unfällen, mit denen immer gerechnet werden müsse, sofort erste Hilfe leisten und dann den Arzt verständigen zu können, habe der Bademeister geantwortet, er sei nur kurz weg gewesen, um etwas Wichtiges zu erledigen, wollte sich aber auf Nachfrage dazu nicht näher äußern. Als der Arzt dann die notfallmedizinische Versorgung in einem Ruheraum des Central-Bades beendet hatte und der Patient transportfähig war, wurde er mit einem Krankenwagen wieder zu seiner Familie nach Dietmannsried gebracht.

Willy Hesselmann war noch einmal davongekommen. Oder zutreffender gesagt, er hatte großes Glück gehabt, denn durch die ärztlichen Untersuchungen, die nun folgten, wurden ernste Erkrankungen bei ihm diagnostiziert, die bisher unentdeckt geblieben waren, nun aber umso dringender behandelt werden mussten: Er hatte einen Herzmuskelschaden und litt an Diabetes. Am Dienstag, den 16. Mai 1950, schrieb Charlotte deshalb an Josefine Salzmann:

Am Freitag werden wir ihn nun nach Oberstdorf in ein Sanatorium bringen und zwar in das »Stillachhaus«, das uns von vielen Seiten empfohlen wurde. Es wird Zeit, dass er wegkommt, so schwierig seine Abwesenheit im Betrieb auch sein wird. Aber er arbeitet schon wieder viel zu viel, so dass eine völlige Gesundung gar nicht möglich ist. Unser Hausarzt hat ihm gestern einen Vortrag über die noch bestehenden Gefahren seiner wirklich ernsten Erkrankung gehalten, dass er am Rande des Grabes gestanden habe und nun alles tun müsse, um wieder in den Vollbesitz seiner Kraft zu gelangen. Dazu gehöre eine sechswöchige Kur mit absoluter Ruhe! Davon wollte Willy nichts wissen, er meint, mit drei Wochen sei es bestimmt schon getan, aber wir werden nicht locker lassen ...

Charlottes Leben nahm damals geradezu tragische Züge an. Die Jahre seit Kriegsende mit ihrem hektischen Alltag hatten sie so viel Kraft gekostet, dass sie sich nichts sehnlicher wünschte, als endlich ein wenig Entlastung und Ruhe zu finden. Doch dieser inständige Wunsch erfüllte sich nicht. Im Gegenteil, die schwere Erkrankung ihres Mannes zwang sie nun, neben Familie und Haushalt auch noch die Leitung der Firma, die seit der Währungsreform im Juni 1948 stark expandiert war, zu übernehmen, eine Bürde, von der sie nicht wusste, ob sie in der Lage sein würde, sie zu tragen. In ihren Zeilen vom 10. Mai 1950 an Josefine Salzmann klagt sie deshalb auch:

Ich habe natürlich große Angst vor der Zeit seiner Abwesenheit, weil in der Firma so viele wichtige Entscheidungen anstehen. Es sind tausenderlei Dinge, man könnte wirklich verzweifeln. Jetzt rächt sich, was Willy immer versäumte, nämlich sich einen Mann heranzuziehen, der ihn vertritt, wenn er abwesend ist. Aber er will ja immer alles alleine machen. Warum hat er sich nicht längst Erleichterung verschafft? Das wäre durchaus möglich gewesen, aber es ist andererseits auch schwer, ihn zufrieden zu stellen! Ich werde wohl des Öfteren nach Oberstdorf zur Besprechung fahren müssen, denn alleine kann ich es nicht schaffen. Ich werde natürlich alles tun, was in meinen Kräften steht, aber leider fehlen mir die vergangenen Monate der Praxis. Aber es muss gehen.

Und es ging! Auch wenn sie manchmal ganz nahe dran war, vor dem Übermaß an Arbeit und Problemen zu kapitulieren. Es ging sogar noch besser, als sie gehofft hatte, weil ihr Mann sie so verständnisvoll unterstützte. Und weil er sie so unerwartet liebevoll behandelte, wie sie am 4. Juni 1950 voller Zuversicht ihrer Vertrauten Josefine Salzmann berichtete. Es ging so gut, weil sie glücklich war.

Doch es war ein flüchtiges Glück, das Charlotte beflügelte, wieder einmal! Ein Glück, das sich schon wenige Wochen nach seiner Rückkehr aus dem Sanatorium in bittere Enttäuschung verwandelte. Am 12. August 1950 schrieb Charlotte nach München:

Wir arbeiten wie die Wilden, es gibt weder samstags noch sonntags Ruhe, dazu viel Ärger und Aufregung in der Firma. Ach, es ist manchmal zum Verzweifeln. Ein Privatleben gibt es nicht mehr, so dass es selbst dem arbeitswilligsten Geist zu viel wird. Es ist schlimmer denn je, und alle seine guten Vorsätze, als er aus dem Sanatorium kam, sind in den Wind geschrieben! Für die Kinder haben wir keine Zeit mehr, ich sehe sie kaum noch. Das macht mich sehr unglücklich, weil sie uns entgleiten könnten. Wenn Willy wenigstens noch so freundlich wäre, wie er das nach seiner Rückkehr aus dem Sanatorium zunächst gewesen war, aber er ist wieder wie früher, eher noch schlimmer. Es wäre sicher alles anders, wenn wir ein nettes Familienleben hätten, aber das erreiche ich nicht, Willy lebt nur für seine Firma und geht darin auf, und alles andere ist Nebensache und kümmert ihn nicht. Das ist doch nicht der Zweck einer Ehe! Wenn wir bloß nicht in diesem schrecklichen Nest wohnen würden, dann wäre alles besser. Aber vielleicht klappt es doch einmal, von hier wegzuziehen.

Ein Wunsch, der rascher Wirklichkeit werden sollte, als sie gehofft hatte. Ob damit aber auch ihr Eheleben erträglicher werden würde, stand allerdings auf einem ganz anderen Blatt.

Eine Affäre

Dienstag, 10. Oktober 1950. Charlotte hatte ihr seelisches Gleichgewicht noch nicht zurückgewonnen. Die demütigende Missachtung, mit der er ihr gestern begegnet war, hatte sie sehr verletzt. Dass er Rita Stempnagel, ihre engste Freundin und langjährige Kollegin im Vorzimmer des Direktors der Bayerischen Gemeindebank in München, attraktiv und sympathisch fand, hatte sie schon des Öfteren beobachtet. Das war ihr nicht verborgen geblieben. Doch bisher hatte er ihr keinerlei Anlass gegeben, ernsthaft daran zu zweifeln, dass das Wohlgefallen, das er an der jungen Frau gefunden hatte, absolut harmlos war. Gestern, an Charlottes Geburtstag, schien das anders geworden zu sein. Den ganzen Tag über hatte sich Willy Hesselmann nur für Fräulein Stempnagel interessiert und sie ohne Rücksicht auf seine Frau, seine Kinder und die anwesenden Gäste offen hofiert, dabei war er in bester Stimmung gewesen, eine Gemütsverfassung, die seine Familie bei ihm nur höchst selten erleben durfte. Wie sich ihre Freundin in dieser prekären Situation verhalten hatte, beschrieb Charlotte in ihrem Brief vom 5. November 1950 an Josefine Salzmann:

Rita benahm sich absolut korrekt, zurückhaltend und freundschaftlich. Sie versuchte wirklich ihr Bestes, um mich darüber hinweg zu bringen. Mag sein, dass ich kleinlich und engherzig bin, das entspringt aber nur dem Bedürfnis nach etwas Liebe, Verständnis und Herzlichkeit,

Gefühle, die ich bei Willy so sehr entbehren muss. Dieses trostlose Leben zu Hause ist auch deshalb so niederdrückend, weil wir hier in Dietmannsried so sehr auf uns angewiesen sind. In München wäre alles halb so schlimm für mich, denn ich hätte Ablenkung genug und liebe Menschen in der Nähe. Was wäre das wert! Es ist nur so, dass ich Willy immer noch viel zu sehr liebe, um seine Kälte mir gegenüber ohne innere Kämpfe und Qualen ertragen zu können ...

Charlottes Liebe zu ihm schien in ihrer Leidensfähigkeit keine Grenzen zu kennen. Es war eine Liebe, die noch immer darauf hoffte, erwidert zu werden, auch wenn sie längst alle Illusionen verloren hatte. In jenem Brief an Josefine Salzmann nannte Charlotte auch die Gründe, warum sie überzeugt davon war, dass ihre Beziehung nie das werden würde, was sie sich immer gewünscht hatte:

Von Anfang an war es zwischen uns nicht so, wie es hätte sein sollen. Die Firma verlangt zu viel von ihm, und er geht darin ganz auf. So kamen wir beide nie zu uns selbst, verlebten nie eine Zeit gemeinsam, zum Beispiel einen Urlaub, immer stand die Firma im Vordergrund und raubte uns das Ehe- und später das Familienleben. Und so wird es auch bleiben. Ich hatte mir zu viel erwartet. Bei mir war es das erste Mal, dass ich heiratete, und ich war noch voller Illusionen. Wir hatten keine Hochzeitsreise, keine sogenannten Flitterwochen, bei uns fing alles ganz nüchtern an und ging so weiter. Und darum ist so eine Leere in mir, ich habe keine Zeit mit ihm erlebt, die wirklich glücklich und schön war, so wie es sonst zu Beginn einer Ehe ist.

Am 21. November 1950 schrieb Charlotte an Josefine Salzmann, sie habe Willy am Morgen nach ihrem Geburtstag auf sein Verhältnis zu Rita Stempnagel angesprochen. Das sei ihm sehr unangenehm gewesen und er habe sich große Mühe gegeben, sein hofierendes Verhalten als völlig harmlos herunterzuspielen. Sie selbst habe sich inzwischen auch entschlossen, die Sache ruhen zu lassen, sie werde sich dann sicher von selbst lösen.

Sie löste sich nicht. Im Gegenteil. Seit jeher hatte er Charlotte stets zu seinen Firmen- und Kundenbesuchen mitgenommen, wenn sie dies wünschte, doch nun war er plötzlich und kompromisslos der Auffassung, eine Frau gehöre nicht auf eine Geschäftsreise, sie störe ihn bei seinen Dispositionen, da er auf sie Rücksicht nehmen müsse, das aber schränke ihn in seiner Handlungsfreiheit ein, die er im Interesse der Firma jedoch dringend brauche. Da er auch unnachgiebig blieb, als Charlotte ihn bat, sie doch wenigstens auf geschäftlichen Fahrten nach München mitzunehmen, damit sie die Großeltern Salzmann besuchen könne, muss er offensichtlich bewusst in Kauf genommen haben, dass sie sich sehr rasch im Klaren darüber sein würde, warum er sie nicht dabei haben wollte.

Am 16. Mai 1951 schrieb Charlotte einen Brief an Josefine Salzmann, der die alte Dame erschütterte, obwohl sie seit Charlottes Ehe mit Willy Hesselmann nicht mehr so leicht aus der Fassung zu bringen war:

Während der Fahrt von euch zu uns nach Hause habe ich Willy gefragt, ob er ein Verhältnis mit Rita Stempnagel habe. Er hat mir zwar keine Antwort auf meine Frage gegeben, aber in diesem Falle war sein Schweigen eine Antwort. Da noch ein anderer Beweis dazu kam, gibt es nun keinen Zweifel mehr, dass es so ist. Das hat mir dann doch noch einmal schwer, sehr schwer zu schaffen gemacht, aber nun muss ich mich damit abfinden und damit fertig werden. Mein Gefühl hat mich nicht betrogen. Ich wusste es, so bitter es ist. Nun muss ich meinen Weg allein mit den Kindern gehen. Nach außen wird und soll es niemand merken, ich werde Willy weiterhin im Büro helfen, auch sonst es an nichts fehlen lassen, aber innerlich muss ich Abstand gewinnen. Die ersten Tage nach dieser Gewissheit war ich völlig fertig, und ich glaubte wirklich, es nicht schaffen zu können, so hat mich das zu Boden geworfen, aber jetzt habe ich den Tiefpunkt überwunden und werde darüber hinwegkommen, wenn auch nur langsam. Ich will nicht mehr leiden, und deshalb will ich mich all den Aufgaben, die auf mich warten, mit noch größerer Sorgfalt und Liebe widmen.

Über diese bittere Enttäuschung hinwegzukommen, auch wenn es viel Zeit in Anspruch nehmen würde, erwies sich für Charlotte allerdings als sehr schwierig. Dass sie nach wie vor gemeinsam mit ihrem Mann lebte und arbeitete, wenn auch in getrennten Räumen, war vielleicht noch das geringere Problem. Das größere war wohl die Liebe, die sie noch immer für ihn empfand, und die sie noch immer darauf hoffen ließ, dass es eines Tages zwischen ihnen so werden würde, wie es sein sollte. Am 29. März 1952 schrieb Charlotte deshalb an Josefine Salzmann, es sei so hart und so schmerzlich für sie, immer wieder feststellen zu müssen, wie wenig sie ihm noch bedeute, und dass er sich trotz aller Bitten keine Mühe gebe, ihr Verhältnis zueinander etwas freundlicher zu gestalten. Sie versuche wirklich, für alles Verständnis zu haben, aber man müsse dem anderen gegenüber ehrlich sein, dann lasse sich auch vieles verstehen und verzeihen. Sie wolle auf jeden Fall versuchen, an Willys Seite durchzuhalten, bis vielleicht alles einmal anders werde.

Charlotte geht auf Distanz

Er telefonierte täglich mit ihr, seit die erste »Internationale Messe Druck und Papier« am 26. Mai 1951 in Düsseldorf offiziell eröffnet worden war. Das fand Charlotte bemerkenswert, denn gerade in letzter Zeit hatte sie stets die gegenteilige Erfahrung machen müssen, wenn er geschäftlich auf Reisen war: Er ließ überhaupt nichts von sich hören. Sie bemühte sich deshalb, kühl und reserviert auf seine Anrufe zu reagieren – und musste sich dennoch rasch eingestehen, dass ihr distanzierter Gefühlszustand in Anbetracht seines offenkundigen Bemühens um Annäherung zunehmend aus der Balance zu geraten drohte.

Willy Hesselmann war zwar spürbar angespannt und nervös gewesen, als er vor zwei Wochen nach Düsseldorf abgereist war, um die Aufbauarbeiten am Ausstellungsstand seines Planatolwerks persönlich zu überwachen, aber dass die Firma an der weltweit größten und bedeutendsten Messe für Druckmaschinen und Papierverarbeitung schon damals teilnehmen konnte, das hatte ihn doch merklich mit Stolz und Selbstbewusstsein erfüllt. Charlotte war daher nicht sehr überrascht, als er sie das erste Mal anrief, um ihr seine große Freude über diesen Erfolg der Firma mitzuteilen, wobei er sich jedoch den Hinweis nicht verkneifen konnte, dass derartige Erfolge eben nur durch harte und unermüdliche Arbeit zu erzielen seien. Dass er sich *täglich* telefonisch melden würde, damit hatte sie allerdings nicht gerechnet.

In ihrem Brief vom 31. Mai 1951 an Josefine Salzmann berichtet Charlotte von diesen Anrufen. Es sind Telefonate eines in seiner euphorischen Stimmung geradezu leutseligen Willy Hesselmann, der voller Stolz von der Hochachtung vieler Messebesucher für die Leistungen seiner Firma erzählt, der kaum glauben kann, was für einen hervorragenden Ruf sein Unternehmen inzwischen auch im Ausland genießt, der in seinem Ausstellungspavillon alle Hände voll zu tun hat, da ständig acht bis zehn Personen davor warten, um ihn sprechen zu können, der von den Lobeshymnen schwärmt, die er für seine bahnbrechende Erfindung der Klebebindemaschine Plana-Flexibu erntet, mit der er als erster Unternehmer dieser Branche das fadenlose Buchbinden möglich macht. Das Jahr 1951 markiert deshalb den Beginn der maschinellen Klebebindetechnik in Europa.

Die Messetage hatten Willy Hesselmann erschöpft, aber er war mit sich und seinen Erfolgen hoch zufrieden – ein Zustand, der ihn so milde und umgänglich stimmte, dass er sich auffallend liebenswürdig gegenüber seiner Frau verhielt, als er an den letzten beiden Ausstellungstagen mit ihr telefonierte. Aber es handelte sich um eine Liebenswürdigkeit, auf die Charlotte nach allem, was geschehen war, nichts mehr geben wollte. Und doch blieb sie nicht ohne Wirkung, denn sie ließ in Charlotte erneut Hoffnung aufkeimen, eine Hoffnung, gegen die sie sich wehrte, die aber dennoch immer stärker Besitz von ihr ergriff, um dann ebenso plötzlich wieder enttäuscht zu werden, wie sie geweckt worden war.

Als Charlotte im Büro ihres Mannes ein Bündel von Belegen, die sich im Laufe seiner jüngsten Geschäftsreisen angesammelt hatten, durchsah, um auf seinen Wunsch hin eine Aufstellung der Kosten vorzunehmen, entdeckte sie durch Zufall mehrere Rechnungen der Münchner Gaststätte »Holzmüller« über jeweils zwei Gedecke, hohe Rechnungen, die aus den letzten Apriltagen stammten und damit gerade einmal fünf Wochen alt waren. Willy Hesselmann hatte sich damals wegen akuter Herzbeschwerden in eine Münchner Klinik begeben. Es seien Rechnungen gewesen, die auf ein Zusammensein mit Rita schließen ließen, schrieb Charlotte in ihrem Brief vom 31. Mai 1951 an Josefine Salzmann, sie irre sich nicht. Das habe ihr wieder schwer zu schaffen gemacht.

Eine starke Untertreibung. Charlotte war in Wirklichkeit völlig verzweifelt. Dass ihr Mann und ihre einst engste Freundin Rita offenkundig ein Verhältnis miteinander hatten, konnte und wollte sie nicht länger ertragen. Ihr Wunsch, diesem trostlosen und demütigenden Dasein zu entfliehen, war übermächtig geworden. Sie wollte weg, weg von ihrer Ehe, die diesen Namen schon lange nicht mehr verdiente, weg von der unwirtlichen und stets spannungsgeladenen Atmosphäre zuhause, weg von der Firma, die bisher jeden Versuch eines Familienlebens im Keim erstickt hatte, sie wollte weg, nur noch weg, um in Ruhe nachdenken und schließlich auch eine Entscheidung treffen zu können.

Am Sonntag, den 1. Juli 1951, reiste Charlotte mit der Eisenbahn nach Rosenheim und anschließend mit dem Omnibus nach Törwang, um sich dort zu erholen und von ihrer desolaten Ehesituation Abstand zu gewinnen. Drei Tage später schrieb sie an Josefine Salzmann:

Es geht mir mit jedem Tag besser! Wenn auch die Gedanken noch häufig heimwandern, so doch nicht mehr mit jener Bitterkeit. Die Kinder vermisse ich allerdings sehr, wenngleich mir die Ruhe hier gut bekommt! Das Café

Pallauf ist immer noch sehr hübsch und gepflegt, inzwischen auch neuzeitlich eingerichtet mit allen Bequemlichkeiten, die Verpflegung ist gut und die Betreuung liebevoll. Man erkannte mich gleich wieder, und es gab viel zu erzählen. Überall treffe ich Bekannte von früher, das bereitet mir große Freude!

Charlotte hatte ihren Mann bisher stets um sein Einverständnis gebeten, wenn sie verreisen wollte. Dieses Mal nicht. Sie hatte ihm auch erst am Tag vor der Abreise in seinem Büro mitgeteilt, dass sie sich entschlossen habe, für einige Zeit nach Törwang zu gehen, wie lange wisse sie noch nicht, im Haus habe sie, soweit möglich, bereits alles geregelt, ihre Mutter werde sich um die Kinder kümmern, den beiden Hausmädchen habe sie die nötigen Anweisungen erteilt, und ihre Aufgaben in der Firma werde Fräulein Hannelore Kleber übernehmen. Willy Hesselmann war sichtlich konsterniert gewesen, als er ihre Worte hörte, hatte aber nichts gesagt, nur genickt und sich dann rasch wieder den Papieren auf seinem Schreibtisch zugewandt.

Doch schon eine Woche später, am Sonntag, den 8. Juli 1951, fuhr er nach Törwang, um sie zu besuchen. Unangemeldet. Als Charlotte von ihrem Nachmittagsspaziergang zurückkehrte und ihn auf der Terrasse des Cafés sitzen sah, traute sie ihren Augen nicht. Damit hatte sie nicht gerechnet, schon deshalb nicht, weil sie ihn mit ihrer Entscheidung vor vollendete Tatsachen gestellt hatte. Warum war er gekommen? Hatte er nun plötzlich Angst, sie zu verlieren? Oder wollte er sie kontrollieren? Oder hatte er vor, sie um die Scheidung zu bitten? Charlotte war aufgeregt, weil sie nicht wusste, was sie nun erwarten würde.

Als sie sich begrüßten, hätte die innere Anspannung der beiden kaum sichtbarer zum Ausdruck kommen

188

können: Ernste Mienen, auch nicht der Hauch eines Lächelns auf den Lippen, ein wortloses Nicken, ein kurzer Händedruck – als wären sie zwei unnachgiebige Kontrahenten, die sich notgedrungen bemühten, vor der entscheidenden Verhandlungsrunde die Etikette zu wahren. Am nächsten Tag schrieb Charlotte an Josefine Salzmann, Willy sei sehr nervös gewesen und habe häufig auf die Uhr geschaut, wie immer. Er könne sich von seiner Arbeit einfach nicht lösen, ein ständig gehetzter Mensch. Ihr Zusammensein sei deshalb nichtssagend und unpersönlich verlaufen, wie so oft. Und nach zwei Stunden habe er sich auch schon wieder verabschiedet.

Nach Willys Abreise setzte sich Charlotte wieder auf die Terrasse des Cafés, um die Begegnung mit ihm am Ort des Geschehens noch einmal Revue passieren zu lassen, denn die Frage, was ihn zu diesem überraschenden Besuch veranlasst haben könnte, ging ihr nicht mehr aus dem Kopf. Sie hatte nicht den Eindruck, dass er gekommen war, um sie zu kontrollieren. Und über eine Scheidung hatten sie mit keinem Wort gesprochen. Was aber war dann der Grund gewesen, dass er, dessen Arbeitswut schon lange keinen freien Tag mehr kannte, einen ganzen Sonntag geopfert und sehr anstrengende Autofahrten auf sich genommen hatte, nur um zwei Stunden mit ihr verbringen zu können? War sein Besuch deshalb als Indiz dafür zu werten, dass er sie nicht verlieren wollte? Und dass er sich nun doch für ihre Ehe entschieden hatte? War es das, was er ihr zu verstehen geben wollte? Dass er dies nicht aussprechen würde, wenn es denn so wäre, das wusste sie. Das ließ sein Stolz nicht zu. Dazu war er aber auch gar nicht in der Lage, denn Gefühle in Worte zu fassen, das hatte er nicht gelernt. Charlotte hätte es nur zu gerne gehört – und geglaubt.

Am Sonntag, den 22. Juli 1951, kehrte sie nach dreiwöchiger Abwesenheit wieder nach Dietmannsried zurück, *in das Wohnhaus*, wie sie sich wenige Tage später in einem Brief an Josefine Salzmann auffallend distanziert äußerte. Sie kehrte der Kinder wegen zurück. Ihre Liebe zu ihnen war stärker als der Wille nach grundlegender Veränderung ihrer persönlichen Lebensverhältnisse, denn Charlotte wusste um ihre Verantwortung: Den Kindern sollte erspart bleiben, was sie bei einer Trennung der Eltern erwarten würde. Und was ihre Ehe betraf, so war sie fest entschlossen, in Zukunft ihr eigenes Leben zu führen, soweit es ihre Bürde an Aufgaben zuließ. Doch zunächst wollte sie abwarten, ob Willys überraschender Besuch in Törwang vor zwei Wochen tatsächlich so zu verstehen war, wie sie vermutet hatte. Große Hoffnungen machte sie sich allerdings nicht. Völlig zu Recht, wie sich schon drei Wochen später, am Sonntag, den 12. August 1951, herausstellen sollte.

Als er das Wohnzimmer betrat, sah sie sofort, dass etwas Unangenehmes vorgefallen sein musste, denn er wirkte sehr aufgebracht. Abgesehen davon war sie höchst erstaunt, ihn schon um diese Zeit zu sehen, obwohl sie mit ihm noch gar nicht gerechnet hatte, jedenfalls nicht um drei Uhr nachmittags, schließlich hatte sie sich nun schon seit Jahren damit abfinden müssen, dass er auch die Sonn- und Feiertage von morgens bis abends in seinem Büro verbrachte. Er war so erregt, dass seine Stimme zunächst versagte, als er sich äußern wollte. Erst nachdem er sich wieder einigermaßen gefasst hatte, brach der aufgestaute Zorn in einer für ihn ungewöhnlichen Flut an Worten aus ihm heraus:

»Ich hör auf. Ich mache nicht mehr weiter. Ich werde meinen Hut nehmen und gehen. Soll die Firma leiten wer will, ich jedenfalls nicht mehr. Diese ständige Plackerei halte ich nicht mehr aus. Und niemand nimmt mir etwas ab, ganz im Gegenteil, wenn's um Arbeit geht, halten sich alle sehr vornehm zurück und warten darauf, dass ich sie erledige. Und du hättest schon längst dafür sorgen können, dass ich mich nicht mehr so abplagen muss!«

»Ich? Ich hätte dafür sorgen sollen, dass du dich nicht so abplagen musst? Das meinst du doch wohl nicht im Ernst? Wer hat dich denn immer wieder daran erinnert, dass das Leben nicht nur aus Arbeit besteht? Dass die Firma nicht zusammenbricht, wenn du mal ein paar Tage Urlaub machst? Dass du leitende Angestellte hast, die froh wären, wenn du ihnen mehr zutrauen würdest? Und wer hat dich denn immer wieder daran erinnert, dass du auch noch eine Familie hast, für die du Verantwortung trägst? Weißt du eigentlich, dass das Leben, das du uns ständig aufzwingst, für uns alle die Hölle ist? Kannst du dir überhaupt noch vorstellen, dass auch deine Kinder einen Vater brauchen? Und wie glücklich sie wären, wenn du wenigstens hin und wieder etwas Zeit für sie hättest? Stattdessen haben sie nicht einmal mehr den Mut, dich etwas zu fragen, weil sie dich bei der Arbeit stören könnten. So geht es inzwischen auch mir! Es wäre mir viel lieber, wir würden weniger verdienen, dafür aber besser zusammenleben. Und was uns beide betrifft: Ich hätte nie gedacht, dass es einmal so zwischen uns werden würde. Als wir uns kennenlernten, bist du ganz anders gewesen. Heute weiß ich, dass ich dir schon lange nichts mehr bedeute, aber im Gegensatz zu dir gibt es noch Männer, die sich für mich interessieren. In Törwang und im Zug hat sich gezeigt, dass ich als Frau immer noch Erfolg habe.«

»Aha, du bist also die Frau der Erfolge. Gratuliere!«

»Mit deinem Spott kannst du mich nicht mehr verletzen. Im Übrigen werde ich mit den Kindern für ein paar Tage wegfahren, damit sie wenigstens in ihren Ferien für kurze Zeit aus unserem trostlosen Familienleben herauskommen.«

Als ich las, dass meine Mutter nach siebzehn Jahren zum ersten Mal wieder nach Törwang gereist war, um wenigstens für ein paar Wochen ihrer unglücklichen Ehe mit meinem Vater entfliehen zu können, habe ich mich spontan gefragt, warum sie sich ausgerechnet für *den* Ort entschieden hatte, in dem sie einst mit ihrem Hofrat Carl Pflüg so glücklich gewesen war. Hatte sie keine Bedenken, dass ihr die Erinnerung an jenes unvergessliche Jahr das Leben noch schwerer machen könnte, als es ohnehin schon war? Vielleicht suchte meine Mutter Trost in der Erinnerung an das Glück der Vergangenheit, um die Trostlosigkeit der Gegenwart besser ertragen zu können. Ich weiß es nicht, doch inzwischen glaube ich, dass es eine überzeugendere Erklärung für ihre Rückkehr an diesen Ort gibt:

Carl Pflüg hatte meine Mutter als Persönlichkeit hoch geachtet, als Frau auf Händen getragen und ihr das wohltuende Gefühl gegeben, attraktiv und liebenswert zu sein. In ihrer Ehe erlebte sie nun das genaue Gegenteil. Allem Anschein nach ist meine Mutter damals in der Hoffnung nach Törwang gereist, die Erinnerungen an jene Zeit mit Carl Pflüg, der sie geradezu vergöttert hatte, könnten ihr tief verletztes Selbstwertgefühl wieder heilen. Ihre Hoffnung scheint sich auch erfüllt zu haben, denn es war keineswegs ihr letzter Rückzug nach Törwang, im Gegenteil, dieser kleine oberbayerische Ort wurde immer dann zu einer Zufluchtsstätte für sie, wenn ihr deprimierendes Eheleben wieder einmal dafür gesorgt hatte, dass ihr stets gefährdetes Selbstwertgefühl völlig am Boden lag.

Villa Herbststraße

Rosenheim, Freitag, 18. Januar 1952. Als er seinen Wagen in der Herbststraße vor dem Haus Nr. 27 parkte, wartete der Eigentümer des Anwesens schon am Gartentor. Er begrüßte Willy und Charlotte Hesselmann mit ausgesuchter Freundlichkeit (für Charlottes Geschmack eine Spur zu freundlich), betonte, wie sehr er sich freue, nun auch die Gattin des Herrn Direktors kennenzulernen, hoffte, dass sie eine angenehme Anreise hatten und schlug vor, der gnädigen Frau zuerst den Garten und das Haus von außen zu zeigen, bevor sie sich nach innen begeben würden, ein Vorschlag, dem die beiden sehr gerne zustimmten.

Charlotte war neugierig, aber auch irritiert, als sie durch den großzügig angelegten Garten geführt wurde und dabei das stattliche Gebäude von allen Seiten betrachten konnte. Willy hatte von einem *Wohnhaus* gesprochen, das er ihr zeigen wollte, weil es ihm als künftiger Familiensitz gut geeignet schien. Doch von einem *Wohnhaus*, wie es Charlotte erwartet hatte, konnte keine Rede sein, es war weit mehr als das, es war eine herrschaftliche Villa, ein Eindruck, der sich bei ihr noch verstärkte, als sie dann das Gebäude betraten. Vor ihnen erstreckte sich die geräumige Eingangshalle, auf deren linker, dem Garten zugewandter Seite sich ein kleiner Garderobenraum mit Zugang zum Herrenzimmer und eine Türe zum großen Salon befanden. Auf der rechten, der Straße zugewandten Seite führte eine breite Treppe in das erste Stockwerk. Den größten Teil des Erdgeschosses nahmen, durch Schiebetüren miteinander verbunden, Salon und Esszimmer ein. Von dort ließen sich die Speisekammer und die Küche ebenso rasch erreichen wie die Gartenterrasse, die sich nahezu über die gesamte Länge des Gebäudes erstreckte. Während das erste Stockwerk über ein komfortables Bad, eine Wäschekammer, vier Schlafzimmer und zwei Balkone auf der Gartenseite des Gebäudes verfügte, befanden sich im zweiten Obergeschoss nur noch die beiden Dachkammern für das Hauspersonal. Als sie dann nach ihrer Visitation der Villa wieder im Vorgarten des Anwesens standen, zeigte ihnen der Eigentümer schließlich noch die große Garage, die auf der linken Seite des Gebäudes neben dem überdachten Eingangsbereich und der äußeren Kellertreppe angebaut worden war und zwei Automobile aufnehmen konnte.

Als Willy und Charlotte Hesselmann nach dem Besichtigungstermin in einem kleinen Café in der Innenstadt saßen und er sich nach ihren Eindrücken erkundigte, antwortete sie nach kurzem Zögern, sie sei sehr überrascht, dass er sich für so ein großes Anwesen interessiere. Damit habe sie nicht gerechnet, vor allem deshalb nicht, weil er in letzter Zeit immer wieder geklagt habe, der Umzug der Firma nach Rosenheim drohe zu einem finanziellen Kraftakt zu werden, der kaum noch zu bewältigen sei. Deshalb müsse gespart werden, wo immer sich eine Möglichkeit biete. Ob er allerdings unter diesen Umständen die Villa in der Herbststraße kaufen wolle, das könne nur er entscheiden. Das Gebäude sei ohne Zweifel imposant und würde der Familie viel Platz bieten, werde jedoch gewiss nicht billig sein und müsse auch noch renoviert werden, da es ziemlich heruntergekommen sei, eine zusätzliche finanzielle Belastung, die er nicht unterschätzen sollte. Dass ihr aber auch die Frage durch den Kopf ging, ob er dieses herrschaftliche Anwesen vielleicht nur deshalb besitzen wolle, um anschaulich zeigen zu können, dass er es trotz schwieriger Umstände geschafft habe, sich allein auf Grund seiner unternehmerischen Fähigkeiten und seiner eisernen Disziplin ganz nach oben zu arbeiten – das sagte sie lieber nicht.

Am Dienstag, den 22. Januar 1952, einen Tag nach ihrer Rückkehr aus Rosenheim, schrieb Charlotte an Josefine Salzmann:

Die Villa habe ich dir ja am Wochenende schon telefonisch beschrieben. Inzwischen haben wir festgestellt, dass auch recht viele Reparaturen nötig sind. Ich war mit einem dortigen Handwerker drei Stunden damit beschäftigt, alle Schäden festzustellen. Dann kamen die Verhandlungen mit dem Eigentümer, der natürlich auch nicht allzu viel machen lassen will und das Haus am liebsten jetzt an uns verkaufen würde. Doch das ist im Augenblick für uns nicht möglich. Aber wir haben einen Mietvertrag für drei Jahre mit ihm abgeschlossen. Willy wird sehr wahrscheinlich Ende der Woche nochmals nach Rosenheim fahren müssen, um zu erklären, was alles im Haus repariert werden soll und wie. In dieser Frage haben wir uns inzwischen auch mit dem Eigentümer geeinigt. Es gibt jedenfalls noch eine Menge zu tun, aber ich rechne sehr damit, dass wir Ende Februar umziehen können. Willy ging es übrigens gar nicht gut in den Tagen dort, er bekam zweimal starke Herzbeklemmungen. Er sieht auch sehr schlecht aus, das macht mir schon große Sorgen! Er darf uns doch jetzt nicht krank werden! Er möchte übrigens im Erdgeschoss unseres neuen Hauses zwei Räume als Büro nutzen, das heißt, dass das Wohnzimmer in den ersten Stock verlegt wird. Ich werde mich leider damit abfinden müssen. Du weißt ja, die Firma geht in allem vor, daran kann ich nichts ändern.

So wenig wie sie an der alltäglich gewordenen Trostlosigkeit ihres Ehe- und Familienlebens und an den Kränkungen, die er ihr achtlos oder willentlich zufügte, etwas ändern konnte. Kränkungen wie am 3. Februar 1952, als sie mit den Kindern voller Hingabe eine festliche Geburtstagsfeier für ihn vorbereitet hatte, die er jedoch mit Gleichgültigkeit und Ungeduld über sich ergehen ließ, bevor er an seinen Schreibtisch eilte. Oder wenige Wochen später, als er auf einem Betriebsfest in bester Laune mit den Damen der Belegschaft tanzte, seiner Frau diesen Wunsch aber nicht erfüllte, auch dann nicht, als sie ihn bei der Damenwahl auf das Parkett bitten wollte.

Dennoch, in den folgenden Monaten schrieb Charlotte viele Briefe an Josefine Salzmann, die erkennen lassen, dass sie das Hoffen partout nicht aufgeben wollte. Aus Worten der Resignation und der Verzweiflung werden stets solche der Zuversicht, dass durch den Ortswechsel nach Rosenheim in ihrer Ehe und Familie alles besser werden würde.

Die Firma jedenfalls prosperierte, ihre Geschäfte liefen blendend, die Gewinne konnten sich sehen lassen. Die geplante Verlegung der chemischen Fabrikationsanlagen in die Nähe von Rosenheim würde allerdings zu einer erheblichen finanziellen Belastung des Unternehmens führen. Für Charlotte war das keine Neuigkeit. Sie kannte die Kostenkalkulationen schon seit längerem, denn dank ihrer engen Kontakte zu den Damen im Vorzimmer ihres Mannes war sie über die wichtigsten Interna der Firma stets gut unterrichtet. Daher wusste sie auch, dass Willy trotz dieser künftigen Belastung in der Lage gewesen wäre, die Villa in der Herbststraße zu

Villa Herbststraße, 1952

kaufen. Warum sie sich nach der Besichtigung des Anwesens ihm gegenüber so reserviert über das Haus geäußert habe, begründete Charlotte in ihrem Brief an Josefine Salzmann vom 30. Januar 1952 mit den Worten, sie habe befürchtet, er würde einen Kauf der Villa als willkommenes Argument benutzen, um noch mehr an der Familie zu sparen als bisher. Ihr jedenfalls wäre es sehr viel lieber, sie würden künftig etwas bescheidener wohnen, könnten sich dafür aber das Leben etwas leichter machen und auch einmal die Annehmlichkeiten, die es jetzt biete, genießen. Die Geschäfte seien inzwischen voll von schönen Dingen, doch leider nicht für die Familie. Für die gebe es nur Arbeit und Verzicht.

Das Planatolwerk W. Hesselmann hatte unmittelbar nach dem Ende des Zweiten Weltkriegs mit einer Sondergenehmigung der amerikanischen Militärregierung die Produktion wieder aufnehmen können und sich schon wenige Jahre später einen erstklassigen Ruf in der Chemie-, Druck- und Papierindustrie erworben. Als Folge dieser glänzenden Reputation und des wirtschaftlichen Aufschwungs in den westlichen Besatzungszonen entwickelte sich die Auftragslage der Firma so erfolgreich, dass die Fabrik in Dietmannsried rasch aus allen Nähten platzte. In ihrem Brief vom 19. Juni 1950 an Josefine Salzmann hatte Charlotte zunächst hocherfreut berichtet, dass die Firma eine echte Goldgrube geworden sei, dann allerdings hinzugefügt, sie müsse aber auch richtig geführt werden, damit alle Möglichkeiten, die in ihr steckten, ausgeschöpft werden könnten. Dazu gehöre vornehmlich, nach größeren Fabrikgebäuden zu suchen, da es unter den gegenwärtigen räumlichen Bedingungen immer schwieriger werde, alle Aufträge termingerecht zu erfüllen. Darauf müsse unbedingt geachtet werden, wenn die Firma in Zukunft keine Kunden verlieren wolle. Sie bete jedoch inständig darum, dass Willy in Dietmannsried keine Erweiterungsmöglichkeit für die Fabrik finde, denn an diesem Ort habe sie zu viel gelitten. Sie müsse hier weg, um wieder hoffen, glauben und lieben zu können.

Am Ende ihres Briefes hatte Charlotte noch erwähnt, dass sie noch vor wenigen Jahren auf Hamsterfahrten bei den Bauern in der Umgebung Schmuck oder Kleidungsstücke gegen Kartoffeln oder ein paar Eier eintauschen musste. Und dass Willy und sie damals ziemlich verzweifelt waren, weil sie nicht wussten, wie es nun mit der Firma und der Familie weitergehen würde. Das aber sollte sich schneller ändern, als sie je zu hoffen gewagt hatten, denn am 5. Juni 1947 kündigte der damalige Außenminister der Vereinigten Staaten, George Marshall, ein umfassendes Hilfsprogramm für Europa an, um den Wiederaufbau der vom Krieg zerstörten Länder zu forcieren. Der alte Kontinent sollte aus Schutt und Asche neu erstehen. In den Jahren 1948 bis 1952 stellten die USA dafür mehr als dreizehn Milliarden Dollar zur Verfügung, von denen 1,3 Milliarden nach Westdeutschland flossen. Und am 20. Juni 1948 bekamen die westlichen Besatzungszonen auch noch eine neue Währung, denn an die Stelle der wertlos gewordenen Reichsmark trat nun die »D-Mark«. Mit ihrer Einführung waren wichtige Schritte auf dem Weg zur marktwirtschaftlichen Ordnung verbunden: Die leidigen Bezugsscheine wurden abgeschafft und die meisten Preise freigegeben. Nicht staatlicher Dirigismus, sondern Wettbewerb sollte künftig das wirtschaftliche Handeln bestimmen.

Der legendär gewordene »Marshall-Plan« und die Währungsreform waren die entscheidenden Triebkräfte des rasanten wirtschaftlichen Aufschwungs, der in den

Westzonen und dann in der kurz darauf gegründeten Bundesrepublik Deutschland einsetzte, ein Aufschwung, von dem auch die Firma Planatolwerk W. Hesselmann enorm profitierte.

Umzug nach Rosenheim

Dietmannsried, Sonntag, 3. September 1950. Es war inzwischen sechs Uhr abends geworden und er war immer noch nicht zurückgekommen, obwohl der Bauernhof der Familie Haslinger auf der anderen Seite der Straße lag, nur einen Katzensprung entfernt, und die Frage, um die es ging, müsste doch schon längst geklärt sein. Charlotte lief ruhelos zwischen Wohnzimmer und Küche hin und her, sie war sehr nervös, weil sie nicht wusste, wie sie seine nun schon mehr als eineinhalb Stunden dauernde Abwesenheit interpretieren sollte. Doch es blieb ihr nichts anderes übrig als zu warten und zu hoffen. Als er dann kurze Zeit später das Wohnzimmer betrat, sah sie ihm sofort an, dass er keinen Erfolg gehabt hatte:

»Der Haslinger verkauft nicht. Keinen Quadratmeter, hat er gesagt, obwohl er keinen Hehl daraus macht, dass er das Stück Land, das wir haben wollen, gar nicht braucht. Ich habe mein Angebot sogar noch zweimal erhöht, trotzdem hat er nein gesagt. Ich habe ihm die Lage der Firma erklärt und ihn darauf hingewiesen, dass es um viele Arbeitsplätze geht, aber er ist stur geblieben. Ich habe wirklich alles versucht, aber es war nichts zu machen. Der Haslinger will uns schaden, kein Zweifel!«

»Und was nun? Was willst du jetzt machen?«

»Wir werden von hier weggehen müssen, ich sehe keine andere Möglichkeit. Eine Erweiterung der Firma ist dringend notwendig, das muss ich dir nicht erklären. Nur wo? Der Haslinger verkauft nicht, und von der

Gemeinde können wir auch keine Hilfe erwarten. Der Bürgermeister hat mir gesagt, dass er nichts für uns tun kann. Er habe weder einen Baugrund noch geeignete Räumlichkeiten zur Verfügung. Das heißt, wir haben gar keine andere Wahl, als wegzugehen, denn wenn wir nicht erweitern können, ist es nur eine Frage der Zeit, bis wir in diesem harten Konkurrenzkampf untergehen. Deshalb muss ich jetzt so schnell wie möglich eine leerstehende Fabrik finden, die für unsere Zwecke geeignet ist. Das wird nicht einfach werden, aber ich sehe keine Alternative.«

Charlotte hatte ihm zunächst mit ungläubigem Staunen zugehört. Doch als er seine Worte beendet hatte, konnte sie ihr Glück kaum fassen. Ihre inständige Hoffnung, den Ort, der in seiner Trostlosigkeit den Zustand ihrer Ehe nicht besser hätte symbolisieren können, eines Tages für immer zu verlassen, schien sich nun endlich zu erfüllen. Charlotte ließ sich aber ihre Freude und Erleichterung nicht anmerken, sie wollte ihren Mann nicht verletzen, denn sie wusste, dass er gerne in Dietmannsried bleiben würde.

Im Januar 1951, nach monatelangen Recherchen, zahlreichen anstrengenden Reisen im Automobil oder im Eisenbahnabteil, enttäuschenden Besichtigungen brachliegender Industrieanlagen und schleppenden Verhandlungen mit Fabrikbesitzern, Immobilienhändlern und Bankvorständen konnte Willy Hesselmann seine schwierige Suche nach einem geeigneten Firmengelände schließlich doch noch erfolgreich beenden: Er wurde in der kleinen oberbayerischen Gemeinde Thansau nahe Rosenheim fündig. Die Fabrikgebäude befanden sich im Großen und Ganzen in einem passablen baulichen Zustand, und das ausgedehnte Areal bot nicht nur Platz für eventuelle Erweiterungsbauten, sondern auch eine gute Verkehrsanbindung.

Doch Willy Hesselmann hatte nicht alle seine Ziele erreicht. Die Gebäude in Thansau waren nicht groß genug, um beide Produktionszweige, die Chemie- und die Maschinenfabrik, unterbringen zu können. Deshalb werde er seine Firma vorerst auf zwei Standorte aufteilen müssen, die Chemie in Oberbayern und der Maschinenbau im Allgäu, eine Entscheidung mit ambivalenten Folgen, wie ihm durchaus bewusst war: Sie werde die Betriebskosten und seine Arbeitsbelastung spürbar erhöhen, andererseits aber auch das Ansehen des Planatolwerks in der Geschäftswelt fördern, da ein weiterer Firmenstandort in aller Regel sichtbares Zeichen dafür sei, dass sich ein Unternehmen auf Expansionskurs befindet. Und schließlich hätte er sich auch gewünscht, dass der Kredit, den die Banken zur Finanzierung des Firmenumzugs zugestehen wollten, etwas üppiger ausgefallen wäre. Dennoch, er hätte allen Grund gehabt, Genugtuung über sein erfolgreiches Handeln zu empfinden, doch stattdessen begannen ihn Ängste zu plagen, Ängste, die wie ein schleichendes Gift immer stärker Besitz von ihm ergriffen. Er hatte Angst vor der enormen logistischen Herausforderung, mit einem ganzen Produktionszweig umziehen und gleichzeitig die vertraglich vereinbarten Liefertermine einhalten zu müssen. Er hatte Angst vor den finanziellen Unwägbarkeiten der gesamten Transaktion. Vor allem aber hatte er Angst vor der Belegschaft, die sich dem Vorhaben verweigern und es damit zunichte machen könnte, eine düstere Vorahnung, die sich verdrängen ließ, solange er sich nicht nur um die Fabrik in Dietmannsried, sondern auch um die Bau- und Renovierungsarbeiten am neuen Firmenstandort kümmern musste. Ängste, die zurückkehrten, als Ende des Jahres 1951 die Gebäude in Thansau bezugsfertig waren.

Am Mittwoch, den 20. Februar 1952, kurz vor drei Uhr nachmittags, füllte sich die Montagehalle des Planatolwerks in Dietmannsried mit den Arbeitern und Angestellten der Firma. Ihr Chef Willy Hesselmann, Alleininhaber des Unternehmens, hatte sie zu dieser außerordentlichen Betriebsversammlung eingeladen. Die Belegschaft war bis auf zwei erkrankte Kolleginnen vollzählig versammelt, ein nicht alltäglicher Umstand, der zweifellos auf die ebenso lapidare wie irritierende Formulierung des einzigen Tagesordnungspunktes auf dem Einladungsschreiben zurückgeführt werden konnte: *Die Zukunft des Planatolwerks.*

Willy Hesselmann war sehr aufgeregt, seine Hände zitterten, als er an das Stehpult trat und sein Redemanuskript aus der Jackentasche zog. Nachdem er die Belegschaftsmitglieder begrüßt und die besondere Bedeutung dieser Betriebsversammlung für die Zukunft des Unternehmens hervorgehoben hatte, begann er seine Ansprache mit einem etwas langatmigen Rückblick, in dessen Verlauf er die Leistungen der Firma und ihren daraus resultierenden wirtschaftlichen Aufschwung seit Kriegsende noch einmal Revue passieren ließ und dabei vor allem den Betriebsangehörigen für ihren beispielhaften Arbeitseinsatz dankte. Ohne sie wären jene Erfolge nicht möglich gewesen. Im Anschluss an seine positive Bilanz kam er dann auf die beengten räumlichen Verhältnisse in der Fabrik zu sprechen und äußerte vollstes Verständnis für die häufigen Klagen der betroffenen Kolleginnen und Kollegen, dass es unter diesen unzumutbaren Arbeitsbedingungen immer schwieriger werde, die ständig wachsende Zahl an Aufträgen termingerecht zu erledigen. Er sei deshalb der festen Überzeugung, dass die Konkurrenzfähigkeit des Planatolwerks und damit auch viele Arbeitsplätze nur dann erhalten werden könnten, wenn es

gelänge, das Raumproblem zu lösen. In der wettbewerbs-
orientierten Marktwirtschaft, mit der sie nunmehr konfrontiert seien, bedeute Stagnation in Wahrheit Rückschritt und Rückschritt sehr rasch das Ende einer Firma.
Das Planatolwerk müsse expandieren, wenn es sich in
dem immer härter werdenden Konkurrenzkampf in der
chemischen Industrie und im Maschinenbau auch in Zukunft behaupten wolle. Darauf habe er sich in den vergangenen Monaten mit ganzer Kraft konzentriert, zunächst allerdings mit enttäuschendem Ergebnis, denn
sowohl in Dietmannsried als auch in der näheren Umgebung habe er sich vergeblich um ein geeignetes Bau-
grundstück bemüht, und eine leerstehende Fabrik lasse
sich gegenwärtig offensichtlich nirgendwo im Allgäu finden. Umso erfolgreicher sei seine Suche jedoch in Oberbayern gewesen. Und dann beschrieb er die inzwischen
bereits renovierten und modernisierten Gebäude in
Thansau in den rosigsten Farben, auch wenn gegenwärtig noch nicht beide Produktionszweige dort untergebracht werden könnten, pries die Lebensqualität, die das
oberbayerische Voralpenland biete, und erläuterte schließlich, wann und wie er sich den Umzug der Chemie-Fa-
brik vorstelle. Und dann tat er etwas, was er nicht hatte
tun wollen, jedenfalls nicht in dieser Form: Er appellier-
te in einer für ihn seltenen Leidenschaftlichkeit an seine
Arbeiter und Angestellten, die Firma nicht im Stich zu
lassen und mit ihr nach Thansau zu gehen. Es war jedoch
mehr als ein Appell, es war eigentlich schon eine be-
schwörende Bitte, die er da vorbrachte, und die er auch
sofort wieder bereute, weil ihm bewusst wurde, dass er
damit zwangsläufig den Eindruck erwecken musste, von
der Belegschaft abhängig zu sein.

Nachdem Willy Hesselmann seine Ansprache beendet
hatte, herrschte Schweigen in der Montagehalle, ein

Schweigen, das ihn irritierte, weil es seine düsteren Vorahnungen in Erinnerung rief. Als die Sprachlosigkeit unerträglich zu werden begann, meldete sich schließlich Otto Rauh zu Wort, ein Arbeiter aus der chemischen Fabrikation. Er sei seit Oktober 1945 beim Planatolwerk beschäftigt und arbeite gerne in der Fabrik. Vor eineinhalb Jahren habe er für sich und seine Familie in Altusried ein Haus gekauft, weil er geglaubt habe, dass die Firma in Dietmannsried bleiben werde. Das Haus sei noch lange nicht abbezahlt, deshalb gehe auch seine Frau arbeiten. Wenn er nun nach Thansau mitgehen würde, müssten sie es verkaufen. Ob er aber dort wieder ein Haus zu ähnlich günstigen Bedingungen bekäme, wie er sie jetzt habe, könne ihm niemand garantieren, genauso wenig, ob seine Frau dort auch eine so gut bezahlte Arbeit finden würde wie hier. Deshalb sei es sehr schwierig für ihn, sich für Thansau zu entscheiden.

Mit seiner Wortmeldung hatte Otto Rauh auch andere Mitglieder der Belegschaft ermutigt, auf die eindringliche Bitte ihres Chefs zu antworten. Als nächster äußerte sich sein langjähriger Kollege Franz Kulinna, der wie Otto Rauh quasi schon zum Inventar der Firma gehörte. Seine Frau und er würden nach Thansau mitgehen, wenn sie sich nicht um seine verwitwete Mutter kümmern müssten, die inzwischen zu alt und gebrechlich sei, um noch einmal umziehen zu können. Und in ein Altersheim wolle sie auf keinen Fall gehen. Deshalb bliebe ihm gar nichts anderes übrig, als sich hier in der Gegend eine neue Stelle zu suchen, was allerdings nicht einfach werde, denn er sei ja nicht mehr der Jüngste.

Unter den wenigen Betriebsangehörigen, die sich anschließend noch zu Wort meldeten, befanden sich nur zwei, die spontan erklärten, sie würden jederzeit mit der Firma nach Thansau wechseln. Die anderen dagegen nannten ähnliche Gründe wie Otto Rauh oder Franz Kulinna, warum ein Umzug für sie nicht in Frage käme. Und die große Mehrheit? Sie schwieg, immer noch, ein Schweigen, das ihren Chef zu entnerven begann, und das ihm wieder Angst einflößte, weil es seine düsteren Vorahnungen zu bestätigen schien. Eine Angst, die ihn lähmte, die ihm die Kehle zuschnürte, als er zum Ende der Veranstaltung Bilanz ziehen wollte. Er werde in den nächsten Wochen mit jedem Mitarbeiter sprechen und versuchen zu helfen, wenn der Umzug nach Thansau Probleme bereiten sollte – es waren die einzigen Worte, die er noch artikulieren konnte.

Eine Woche später, am 28. Februar 1952, schrieb Charlotte an Josefine Salzmann:

Du glaubst nicht, was wir jetzt für eine scheußliche Zeit haben! Jeden Tag ist irgendetwas los. Die meisten Leute wollen nun doch nicht nach Thansau mitgehen! So tritt immer wieder die Frage auf, woher wir Ersatz nehmen sollen. Dann kündigen viele schon jetzt, weil sie eine andere Tätigkeit gefunden haben, kurzum, es ist ein ziemliches Durcheinander. Es fehlt jetzt auch schon der richtige Arbeitsgeist bei denen, die nicht mitgehen, es ist also alles höchst unerfreulich. Willy sieht schlecht aus und ist so aufgeregt, wie ich ihn nur selten erlebt habe. Gottlob scheint die Sache mit dem Kredit zu klappen! Wenn wir nur schon alles hinter uns hätten! Ich bin oft ganz mutlos, weil jeder Tag neue Aufregungen bringt.

Für Willy Hesselmann war die Weigerung der Mehrzahl seiner Arbeiter und Angestellten, mit der Firma in das oberbayerische Thansau zu wechseln, eine Katastrophe. Er sah sein Lebenswerk in einer existenzbedrohenden

Situation. Ohne qualifiziertes Personal würde er den Betrieb schließen müssen. Wo aber sollte er so schnell so viele geeignete Arbeitskräfte finden, noch dazu im ländlichen Raum? Er war fassungslos, nun in eine solche Lage geraten zu sein, und bitter enttäuscht. Was hatte er in den vergangenen Jahren alles für seine Leute getan: Günstige Wohnungen vermittelt, kostenloses Mobiliar beschafft, finanzielle Unterstützung geleistet, sich bei Behörden für ihre Belange eingesetzt, kurzum, geholfen, wo immer er konnte. Und dafür ließen sie ihn jetzt im Stich! Um zu unterstreichen, wie tief ihn das mehrheitliche Verhalten der Belegschaft enttäuscht und verletzt hatte, erwähnte Charlotte in ihrem Brief vom 28. Februar ausdrücklich, es habe ihn so aufgeregt, dass er am Vormittag aus seinem Büro nach Hause gekommen sei mit dem festen Entschluss, den Betrieb nicht mehr zu betreten. Er sei ein erschütternder Anblick gewesen.

Doch Willy Hesselmann war inzwischen lange genug im Geschäft, um zu wissen, dass eine Kapitulation in dieser Lage noch keine Option sein durfte. Dass sich die Firma in der schwersten Krise ihrer zwanzigjährigen Geschichte befand und ihr der Kollaps drohte, wenn die Personalfrage nicht rasch geklärt wurde, daran bestand kein Zweifel mehr, aber noch war der Kampf ums Überleben nicht verloren. Willy Hesselmann musste nur endlich zu kämpfen beginnen. Was dann auch geschah, indem er sein Versprechen am Schluss der Betriebsversammlung in die Tat umsetzte. Dass er sich dabei nicht scheute, Charlotte um Unterstützung zu bitten, obwohl er wusste, wie sehr sie sich durch sein Verhältnis mit Rita Stempnagel verletzt fühlte, lässt erahnen, wie groß seine Verzweiflung über die Lage der Firma inzwischen sein musste. Er wusste, dass Charlotte in der Belegschaft geradezu vergöttert wurde, sie war der gute Geist der Firma, ihre

Seele und ihr Schutzengel, bei dem die Arbeiter und Angestellten jederzeit ihr Herz ausschütten und Hilfe erhoffen konnten.

In den folgenden Wochen kämpften Willy und Charlotte Hesselmann bis zur Erschöpfung um die »fahnenflüchtigen« Belegschaftsmitglieder. Sie appellierten an ihr Verantwortungsgefühl für die Arbeitsplätze all derer, die bei der Firma bleiben wollten, boten Hilfe bei der Wohnungssuche an, versprachen logistische und finanzielle Unterstützung für den Umzug, offerierten Kredite zu besonders günstigen Konditionen für notwendige Anschaffungen und stellten berufliche Aufstiegsmöglichkeiten in Aussicht. Und sie schafften es. Ihr zäher Kampf um die »Abtrünnigen« war nicht vergebens gewesen. Die Mehrheit entschloss sich, die Firma nun doch nicht zu verlassen, sondern mit dem chemischen Betrieb nach Thansau zu gehen, auch wenn einige Angestellte in leitender Position darunter waren, die erklärten, nur so lange bleiben zu wollen, bis dort Ersatz für sie gefunden sei. Die Katastrophe war abgewendet, nur das zählte jetzt für Willy und Charlotte Hesselmann.

Der Umzug der Chemiefabrik nach Thansau erfolgte schließlich in der Woche zwischen dem 28. April und dem 3. Mai 1952, der Umzug der ganzen Familie nach Rosenheim nur zwei Tage später.

Enttäuschte Hoffnung

Bad Gastein, Samstag, 7. Mai 1955. Als Charlotte vor dem Haupteingang des Grandhotels Straubinger aus dem Auto stieg, war sie beeindruckt von dem Anblick, der sich ihr bot. Doch je länger sie die prunkvolle Gründerzeit-Fassade dieses imposanten Gebäudes betrachtete, umso widersprüchlicher wurden ihre Gefühle. Sie musste daran denken, dass Willy an jedem Monatsende kontrolliert, wofür sie das bescheidene Haushaltsgeld, das er ihr zugesteht, ausgibt, dass er ihre Buchführung allmonatlich akribisch nachprüft, und dass er sie dann regelmäßig zu äußerster Sparsamkeit ermahnt, da die Firma immer noch sehr hohe Bankkredite abzahlen müsse. Und wenn sie ihn gerne auf einer Geschäftsreise begleiten würde, ein Wunsch, den sie bisher jedoch nur sehr selten geäußert habe, dann lehne er mit der Begründung ab, das sei zu teuer, das könnten sie sich noch nicht leisten. Er selbst habe aber offenkundig keine Skrupel, sich eine dreiwöchige Kur in Bad Gastein, einem der mondänsten Kurorte Europas, zu gönnen und dabei auch noch in einem Luxushotel zu logieren, das gewiss sündhaft teuer sei. Charlotte hatte Mühe, die Empörung, die sich in ihr breitzumachen begann, in Schach zu halten, um ihre zaghafte Hoffnung auf ein entspanntes Wochenende, vielleicht sogar auf eine Wiederentdeckung längst verloren geglaubter Empfindungen für einander, nicht zu zerstören. Sie freute sich auf ihn. Auch wenn sie sich dieses Gefühl nicht wirklich erklären konnte, so wollte sie es doch bewahren.

Als Charlotte die Empfangshalle des Hotels betrat, ein stilvoller Raum mit dezenter Stuckverzierung an der Decke, silbernen Kronleuchtern und Möbeln der Belle Époque, wurde sie vom diensthabenden Concierge im schwarzen Frack mit ausgesuchter Höflichkeit begrüßt und ihrem Wunsch entsprechend zur Rezeption geleitet. Charlotte nannte dort ihren Namen und bat um die Zimmernummer ihres Mannes, des Herrn Willy Hesselmann, der seit einer Woche Gast des Hotels sei. Die junge Dame, die Charlotte bediente, war sehr liebenswürdig und beeilte sich, die Nummer aus ihrer Gästeliste herauszusuchen, wirkte jedoch sichtlich konsterniert, als sie fündig geworden war, und musterte Charlotte für einen Moment mit fragendem Blick, ließ sich kurz ihren Ausweis zeigen, lächelte dann aber rasch wieder, wenn auch etwas gequält, nannte ihr die gewünschte Nummer und sagte, Herr Direktor Hesselmann sei aber momentan nicht in seinem Zimmer, sie habe ihn vor wenigen Minuten zum Speisesaal gehen sehen. Und nach kurzem Zögern fügte sie wie beiläufig hinzu, er sei in weiblicher Begleitung gewesen, eine Bemerkung, deren Bedeutung Charlotte nicht wirklich bewusst wurde, da ihre Gedanken bereits nervös um die Frage kreisten, wie er wohl auf ihren überraschenden Besuch reagieren werde. Als sie das Restaurant erreicht hatte und durch die halb geöffnete Tür einen Blick in den prächtigen Saal warf, entdeckte sie ihn rasch, obwohl er ihr den Rücken zudrehte. Er saß an einem der großen Fenster auf der gegenüber liegenden Seite des Raumes, an einem Tisch für zwei vis-à-vis von Rita Stempnagel. Beide offenkundig in bester Stimmung.

Charlottes Fassungslosigkeit hätte größer nicht sein können. Damit hatte sie nicht gerechnet. Im Gegenteil, sie war fest davon überzeugt gewesen, dass die Affäre der beiden längst ein Ende gefunden hatte. Ihre Enttäuschung hätte schmerzlicher nicht sein können. Sie fühlte sich von ihm erneut gedemütigt und jeder Hoffnung auf ein respektvolles und vertrauenswürdiges Zusammenleben beraubt. Er hatte die Gefühle, die sie noch immer für ihn empfand, irreparabel verletzt.

Charlotte wusste, dass sie keine Wahl mehr hatte. Sie musste handeln, wenn sie ihre Selbstachtung nicht völlig verlieren wollte. Sie ging zur Rezeption zurück und bat um Auskunft, ob die Begleiterin ihres Mannes sich ein Zimmer mit ihm teile. Der jungen Dame am Empfang war diese Bitte sichtlich unangenehm, denn sie wusste, dass sie zur Diskretion verpflichtet war, andererseits konnte sie das Anliegen der Ehefrau sehr gut verstehen. Nach einem kurzen Augenblick der Ratlosigkeit antwortete sie, die Bekannte des Herrn Direktor Hesselmann logiere in einem Zimmer auf dem gleichen Gang.

Charlotte musste Anton Maschke, Willys altgedienten Chauffeur, der sich erboten hatte, sie im Mercedes seines Chefs nach Bad Gastein zu bringen und auch wieder abzuholen, nicht lange suchen. Er hatte das Fahrzeug inzwischen auf dem Parkplatz des Hotels abgestellt und anschließend im Foyer auf einem der edlen Polstersessel Platz genommen. Als er sie fragte, ob er noch etwas für sie tun könne, reagierte Charlotte lediglich mit den Worten, er solle sie bitte so rasch wie möglich wieder nach Hause bringen. Während der Fahrt wollte ihr das Verhalten des Anton Maschke nicht aus dem Kopf gehen, denn nach ihrer Äußerung, sie wolle nach Rosenheim zurückkehren, habe sie nicht den Eindruck gehabt, als sei er sehr überrascht gewesen. Ganz im Gegenteil. Das machte sie nachdenklich. Doch sie sagte nichts.

Schwerwiegende Entscheidungen

München, Mittwoch, 18. Februar 1976. Zehn Jahre nach dem Tode meines Vaters standen meine Mutter und ich zum ersten Mal wieder an seiner Grabstätte auf dem Waldfriedhof in München. Ich erinnere mich noch sehr genau an diesen Tag, auch wenn ich mir eingestehen muss, dass ich dieses Datum übersehen hätte, wäre da nicht meine Mutter gewesen, die mich im Laufe unseres vorabendlichen Telefongesprächs darauf aufmerksam gemacht hatte. Wie bei seiner Beerdigung verharrte sie auch dieses Mal regungslos und mit versteinertem Gesicht vor dem Grab, bevor sie sich abrupt abwandte und langsam den Weg zum Ausgang des Friedhofs zurückging.

Als wir anschließend in einem nahe gelegenen Café saßen, sagte ich zu ihr, ich könnte immer noch nicht verstehen, warum sie sich damals nicht habe scheiden lassen, obwohl sie doch beste Chancen gehabt hätte, einen Prozess zu gewinnen, denn auf der Grundlage des Schuldprinzips konnte ein Ehepartner die Scheidung verlangen, wenn der andere die Ehe gebrochen hatte. Das aber sei doch bei unserem Vater ohne Zweifel der Fall gewesen. Und ich fügte noch rasch die Frage an, wie sie sich denn damals ihm gegenüber verhalten habe, als er nach Beendigung seiner Kur in Bad Gastein wieder nach Hause zurückgekehrt sei. Und wie *er* reagiert habe. Sie antwortete, er sei sehr überrascht und peinlich berührt gewesen, als er hörte, dass sie ihn und Rita Stempnagel im Hotel Straubinger gesehen habe. Und weil sie so erregt gewesen sei, habe sie ihn angeschrien, sie lasse sich von ihm nicht zum Haushaltszubehör degradieren, während er sich mit seiner Freundin im Luxushotel vergnüge. Die beiden Hausmädchen behandle er mit Respekt und Wertschätzung, wie sich das auch gehöre, die Würde seiner Ehefrau hingegen glaube er mit Füßen treten zu dürfen. Doch das sei nun ein für alle Mal vorbei, sie werde sich von ihm nicht mehr demütigen lassen. Nie wieder. Dazu werde er aber auch keine Gelegenheit mehr haben, denn sie werde die Scheidung beantragen. Und seine Reaktion? Er habe die ganze Zeit über kein Wort gesagt, kein einziges Wort, nichts, und als sie sein Zimmer wieder verließ, habe er rasch die Tür hinter ihr verschlossen.

In der Frage, wie groß ihre Chancen gewesen wären, eine Scheidung durchzusetzen, habe sie sich damals von zwei sehr bekannten und erfahrenen Anwälten, die früher in München zu ihrem Freundeskreis gehört hatten, beraten lassen. Beide hätten ihr übereinstimmend erklärt, nach allem, was sie über das Verhältnis zwischen ihrem Mann und Frau Stempnagel erzählt habe, würde es schwierig werden, ihm eine außereheliche Beziehung zweifelsfrei nachzuweisen. Dazu wären dem Gericht die genannten Indizien aller Wahrscheinlichkeit nach nicht überzeugend genug. Und sie sollte auch eines nicht vergessen: Da er ihr über seine Anwälte bereits mitgeteilt habe, dass er sich einer Scheidung mit allen rechtlichen Mitteln, die ihm zur Verfügung stünden, widersetzen werde, notfalls durch alle gerichtlichen Instanzen, müsse sie auch damit rechnen, dass sich der Prozess über Jahre hinziehen werde und dadurch nicht unerhebliche Anwalts- und Gerichtskosten auf sie zukämen, jedenfalls vorerst. Für ihn mit der Firma im Rücken wäre das sicherlich kein Problem, für sie aber vermutlich schon. Und dies alles bei ungewissem Ausgang des Verfahrens. Beide Anwälte hätten ihr deshalb geraten, eine Scheidung erst dann anzustreben, wenn sie ein außereheliches Verhältnis ihres Mannes eindeutig nachweisen könne.

Nach kurzem Schweigen fügte sie hinzu, das sei damals eine schwierige Zeit für sie gewesen. Sie habe ständig gegen ein Gefühl der Angst ankämpfen müssen, Angst vor einem Gerichtsverfahren gegen ihren eigenen Ehemann, eine Vorstellung, die ihr bald sehr unangenehm geworden sei, Angst vor seelischen Verletzungen, die sie sich während des Prozesses zweifellos gegenseitig zufügen würden, Angst vor den Folgen einer Scheidung, die sie damals noch gar nicht alle ermessen konnte. Deshalb habe sie sich immer wieder gefragt, was vor allem aus den Kindern werden würde, wenn es tatsächlich zu einer Trennung käme. Wie würden sie den letzten Akt der Ehetragödie ihrer Eltern verkraften? Und würde sie selbst mit ihren neunundvierzig Jahren noch einmal beruflich und privat Fuß fassen können? Und was würde geschehen, wenn sie mit ihrer Scheidungsklage vor Gericht scheitern sollte? Diese und ähnliche Fragen seien ihr Tag und Nacht durch den Kopf gegangen. Deshalb sei sie schließlich doch erleichtert gewesen, als sie mit den Argumenten ihrer Anwälte guten Gewissens den Entschluss fassen konnte, eine Scheidung nicht anzustreben. Gleichzeitig habe sie aber auch große Angst davor gehabt, dass dieses schweigende Nebeneinanderleben, das eigentlich längst zu einem *Auseinander*leben geworden war, einfach so weitergehen könnte, denn sie habe sich in ihrem ganzen Leben nie so einsam gefühlt wie in ihrer Ehe. Als ich wissen wollte, wie sie damals mit dieser geradezu ausweglos erscheinenden Situation umgegangen sei, antwortete sie, das sei sehr schwierig gewesen, sie habe lange Zeit nicht gewusst, was sie tun solle, habe sich dann aber einen Ruck gegeben und beschlossen, in

Zukunft keine Rücksicht mehr auf ihn zu nehmen, sondern ihr eigenes Leben zu führen, soweit das neben der Sorge um uns Kinder und ihrer Tätigkeit in der Firma möglich wäre.

Die Ehe, die der Industrielle Wilhelm Hesselmann und die Direktionssekretärin Charlotte Bressem am 14. April 1943 vor einem Standesamt der Stadt München geschlossen hatten, eine Ehe, die nie das geworden war, was sie hätte werden sollen, wie Charlotte schon Anfang November 1950 voller Bitterkeit an Josefine Salzmann geschrieben hatte, diese Ehe war nun unwiderruflich am Ende, auch wenn sie auf Papier weiter existierte.

Es war die fünfte Ehe meines Vaters. Und die vierte, die in die Brüche ging. Eine Bilanz, von der meine Mutter erfreulicherweise nie erfahren hat. Sie glaubte stets, seine dritte Ehefrau gewesen zu sein. Dass ihre Vorgängerin Renate Salzmann an Krebs gestorben war, das hatte sie schon aus seiner damaligen Heiratsanzeige herauslesen können. Und seine erste Ehe mit Helene Wittenhaus, die geschieden worden war, hatte er ihr auf dem Weg zum Standesamt gebeichtet. Dass er aber gleichzeitig zwei weitere gescheiterte Ehen verschweigen würde, das konnte sie damals nicht ahnen. Von der Existenz seiner zweiten Frau Nathalie Witschel hat sie ebenso wenig erfahren wie von der ihrer unmittelbaren Vorgängerin, denn am 4. Oktober 1941, nur ein halbes Jahr nach dem Tode seiner dritten Frau Renate, heiratete Willy Hesselmann im Alter von 46 Jahren die 24-jährige Gastwirtstochter Else Maria Probst, deren Eltern den »Regensburger Hof« in der Münchner Augustenstraße bewirtschafteten. Schon nach wenigen Monaten lebte das jungvermählte Ehepaar wieder getrennt, sie bei ihren Eltern und er in seiner Wohnung in der Mechthildenstraße in Nymphenburg.

Willy Hesselmann mit den Söhnen Karl-Heinz und Peter, 1953

Charlotte Hesselmann mit Sohn Hans, 1953

Wer von den beiden die Scheidung beantragt hatte, lässt sich nicht mehr klären. Sie erfolgte jedenfalls sehr rasch und war bereits am 23. Februar 1943 rechtskräftig, sieben Wochen vor seiner Heirat mit meiner Mutter. Die Schuld am Scheitern ihrer Verbindung gab das Gericht beiden Eheleuten zu gleichen Teilen.

Welche Gründe könnten meinen Vater zu dieser überstürzten und schwer verständlichen Eheschließung mit einer mehr als zweiundzwanzig Jahre jüngeren Frau veranlasst haben? Wie mochte Karl und Josefine Salzmann zumute gewesen sein, als ihr Schwiegersohn so kurze Zeit nach dem qualvollen Tod ihrer Tochter Renate, mit der er nahezu vierzehn Jahre verheiratet gewesen war, erneut eine eheliche Verbindung einging? Taktvollerweise haben sie diese Episode aus Willys Leben für sich behalten, wollten sie doch Charlotte, die sich so liebevoll um ihre Enkel kümmerte, nicht beunruhigen.

Mochte Bad Gastein eine niederschmetternde Erfahrung für Charlotte gewesen sein, so doch auch eine sehr heilsame, denn sie setzte allen Illusionen über ihre Ehe endgültig ein Ende und holte sie auf den harten Boden der Realität zurück. Gastein hatte den wahren Zustand ihrer Beziehung offen gelegt und damit für klare Verhältnisse gesorgt. Sie wusste nun, wo sie stand und machte sich keine falschen Hoffnungen mehr. Nachdem sie ihren Scheidungswunsch ad acta gelegt und die anschließende Orientierungslosigkeit überwunden hatte, war Charlotte fest entschlossen, der Freudlosigkeit, Gefühlskälte und Vereinsamung zu entfliehen und ein neues Leben zu beginnen. Anfangs sei sie sich allerdings wie eine Strafgefangene vorgekommen, die nach langjähriger Haft entlassen worden sei und nun ihre ersten unbeholfenen Schritte in die Freiheit unternehme. Dabei habe sie auch sehr widersprüchliche Gefühle empfunden – Gefühle, die zwischen Angst, Unsicherheit und Erleichterung schwankten, wie sie Jahre später ihren damaligen Seelenzustand beschrieb.

Sie begann sich Wünsche zu erfüllen, die lange unerfüllt geblieben waren. Sie ging in München ins Theater und in die Oper, flanierte durch die namhaften Modehäuser in der Innenstadt, traf sich regelmäßig mit ehemaligen Kolleginnen und Kollegen von der Bayerischen Gemeindebank im Kaffeehaus Annast am Odeonsplatz, machte Urlaub an der italienischen Riviera und auf der Insel Ischia, verbrachte gesellige oder zurückgezogene Wochenenden in Törwang. Doch die lang entbehrten kulturellen Veranstaltungen und kurzweiligen Amüsements konnten nicht ersetzen, was ihr damals mehr denn je fehlte: Sie sehnte sich nach ihrem Freundeskreis aus glücklichen Berliner Tagen, sie hatte Heimweh nach ihrer »Clique«, in der sie wegen ihrer Fröhlichkeit, ihrer Unterhaltungskünste und ihrer Hilfsbereitschaft geliebt worden war. Charlotte wusste, dass ihre Erfolgsaussichten nicht sehr groß wären, würde sie versuchen, jene Freundschaften, die nun schon seit vielen Jahren nicht mehr existierten, wiederzubeleben. Sie tat es dennoch. Und scheiterte leider schon bei ihrem Bemühen, die Anschriften all derer herauszufinden, denen ihre Sehnsucht galt.

Als ein Bote im Namen von Fleurop den dritten Monat in Folge einen üppigen Blumenstrauß für Frau Charlotte Hesselmann an unserer Haustüre in der Herbststraße ablieferte, der Auftraggeber aber stets unbekannt blieb, beschäftigte mich zum ersten Mal der Gedanke, dass meine Mutter einen Verehrer haben könnte. Als ich sie darauf ansprach, schüttelte sie energisch den Kopf, sagte aber nichts. Dieses nahezu monatliche Ritual florierte noch einige Jahre, bis es schließlich ein abruptes Ende fand. Ich habe erst nach dem Tode meiner Mutter erfahren, wer jener unbekannte »Blumenfreund« gewesen war, als ich seine Briefe in ihrem Nachlass fand.

Am 15. Juli 1964 ging Dr. Friedrich Kroll mit einem kleinen Zettel, auf dem nichts als der Name Charlotte Bressem stand, zum Einwohnermeldeamt der Stadt München und fragte einen der zuständigen Beamten, ob er die derzeitige Adresse dieser Frau herausfinden könnte. Er konnte. Anschließend schrieb Dr. Kroll im Flughafen München-Riem an meine Mutter, auch der größte Optimist hätte einem solchen Unterfangen nach über dreißig Jahren wohl nicht die Spur einer Chance gegeben. Anders Friedrich Kroll – die Tatsache, dass er ihr kurz vor seinem Abflug nach Düsseldorf diese Zeilen schreiben könne, beweise, dass man seinem guten Stern unter freundlichen Auspizien auch durchaus etwas zutrauen sollte. Nach kurzen Anmerkungen über seinen sechzigsten Geburtstag, den er vor wenigen Tagen gefeiert habe, und über seine berufliche Tätigkeit als Jurist beim Opel-Werk in Bochum schloss er seine Ansichtskarte mit den Worten, er würde sich riesig freuen, gelegentlich von ihr zu hören, wie es ihr denn in den zurückliegenden fünfunddreißig Jahren ergangen sei.

Doch er wartet Charlottes Antwort nicht ab. Er ruft sie an. Dann schreibt er ihr wieder und bittet sie, ihre Briefe an seinen Arbeitsplatz zu adressieren, da seine Frau vermutlich wenig Verständnis für ihre Korrespondenz aufbringen würde. Seine Briefe und Ansichtskarten an Charlotte werden allmählich immer zahlreicher. Und sie erwähnen immer häufiger ihre romantische Zweisamkeit damals in Berlin, die offensichtlich in der Nacht vom 30. April auf den 1. Mai 1928 begann, als sie in einem Café am Nollendorfplatz Mai-Bowle tranken und anschließend

222

zu den Liedern einer Musikkapelle bis in die frühen Morgenstunden tanzten. Die Karte, in der er sie an jene *schöne Nacht* erinnert, datiert vom 2. Mai 1965. Warum meine Mutter sie zerrissen hat, kann ich nur vermuten. Vielleicht deshalb, weil sie noch einmal die Enttäuschung durchlebte, die sie empfunden hatte, als damals in Berlin aus ihrer Beziehung nicht das geworden war, was sie sich erhofft hatte?

In seinem Brief an Charlotte vom 26. August 1966 zitiert Friedrich Kroll eine Äußerung von ihr, die sie ihm jüngst geschrieben hatte:

Bei mir muss immer alles klar sein – und sollte es auch meinen Nachteil bedeuten.

Es ist eine Äußerung, mit der er sich nicht identifizieren kann und die ihn auch zu beunruhigen scheint, weil er sehr wahrscheinlich die Konsequenzen fürchtet, die ihr folgen könnten. Wohl deshalb argumentiert er so eindringlich und manchmal geradezu beschwörend:

Das bist nun ganz du! Bei dir muss alles seine äußere und innere Ordnung haben; alles und jedes gehört in das dafür bestimmte Kästchen – und was sich eben nicht so recht einordnen lässt, ist im Grunde störend und ärgerlich.

Ach, wenn das denn so einfach ginge, wie einfach und klar wäre dann das Leben!

Wenn ich mir mit meinen nunmehr 62 Jahren **eine** *Erfahrungstatsache zu eigen gemacht habe, so ist es wohl die, dass auf dieser Welt nichts vollkommen und schon gar nichts klar ist.*

Das gilt in ganz besonderem Maß für die zwischenmenschlichen Beziehungen, die sich kaum analysieren lassen und sich niemals nach bestimmten Normen richten. Wie sollte man es selbst einem wohlwollenden Dritten zu erklären versuchen, dass ich mich nach über

223

30 Jahren bemühte, dich ausfindig zu machen, und dass wir uns seither regelmäßig schreiben, miteinander telefonieren und gelegentlich auch treffen.

Wem nützt es, wenn wir uns nicht mehr schrieben? Niemandem! Und wir beide brächten uns am Abend unseres Lebens um die Freude, uns auszutauschen und in Kontakt miteinander zu leben.

Was ist daran unklar und unangemessen? Doch nichts – und doch, es lässt sich für den Ordnungsmenschen nicht einordnen und nicht unterbringen. Es gibt gerade im menschlichen Bereich außerhalb der strengen Legitimität so viele Nuancierungen, die man nicht messen und nicht wägen und nicht unterbringen kann. Sie sind aber da – und man sollte ihnen im Rahmen des Vertretbaren Rechnung tragen! Lass' es uns doch so halten, ohne viel darüber nachzugrübeln! Wenn ich dir bei Gelegenheit einmal wieder bei Kerzenlicht und einer Flasche köstlichen Weines gegenüber sitze, sollten wir dieses Thema diskutieren. Es ist um vieles leichter, darüber miteinander zu sprechen, als zu schreiben. Die Formulierungen gelingen nicht immer, klingen falsch und führen zu Missverständnissen – und an dem einen zwischen uns vom Mai 1931 habe ich für dieses Leben genug!!

Die Reaktion meiner Mutter auf sein Plädoyer für die Beibehaltung des Status quo in ihrer Beziehung kenne ich ebenso wenig wie den Anlass, der zu dieser Kontroverse über ihre unterschiedlichen Standpunkte geführt hatte. Ich kann deshalb nur mutmaßen, was gewesen sein könnte. Vielleicht wollte sie die Beziehung wegen moralischer Bedenken gegenüber seiner Frau beenden, die von der Intensität des Kontaktes zwischen den beiden nichts ahnte? Meine Mutter wünschte sich klare Verhältnisse, wie sie ihm geschrieben hatte, ein sehr verständliches

Anliegen angesichts der Erfahrungen, die sie selbst in ihrer Ehe machen musste. Am 18. Februar 1966 war mein Vater überraschend verstorben. Wenige Tage später schrieb Friedrich Kroll in seinem Kondolenzbrief einen möglicherweise folgenreichen Satz mit zwei unterstrichenen Worten: *Du bist mir* **sehr viel** *in diesem Leben.* Vielleicht erhoffte sich meine Mutter, dass er sich nunmehr für sie entschied? Doch ich weiß es nicht. Sie hat nie mit mir darüber gesprochen.

Der Briefwechsel zwischen den beiden wird in den folgenden Monaten immer spärlicher, bis er schließlich Anfang Oktober 1967 endet. Und mit ihm die unglückliche Liebesbeziehung zwischen meiner Mutter und Friedrich Kroll, eine Verbindung, die 1931 an einem tragischen Missverständnis und 1966 sehr wahrscheinlich an seiner Unentschlossenheit oder ihrer konsequenten Haltung scheitert.

Friedrich Kroll war nicht der einzige unter den inzwischen ergrauten Freunden aus längst vergangenen Tagen, der nach Jahrzehnten des Schweigens meine Mutter völlig unerwartet mit einem brieflichen Liebesgeständnis konfrontierte. Und dennoch, ihre Sehnsucht nach einer harmonischen und verlässlichen Beziehung erfüllte sich nicht.

Mein Vater befand sich da in einer wesentlich glücklicheren Lage, denn *er* hatte ein Verhältnis, noch dazu ein recht komfortables, eines, das im Gegensatz zu einer Ehe oder Familie nahezu keine Verpflichtungen mit sich brachte. Er konnte seine Geliebte besuchen und auch wieder verlassen, wann immer es ihm wünschenswert oder opportun erschien. Seine langjährige Sekretärin und enge Vertraute Hannelore Kleber erzählte mir, mein Vater habe Rita Stempnagel vor Beginn seiner häufigen

Geschäftsreisen in ihrer Münchner Wohnung aufgesucht, sofern es seine Zeit zuließ, und sie als willkommene Begleitung mitgenommen, sofern es ihre beruflichen Verpflichtungen zuließen.

Aus der Zeit gefallen

Das Beziehungsleben meines Vaters, das er sich offensichtlich so bequem und angenehm wie möglich gestaltete, hätte wohl kaum in einem größeren Kontrast zu seinem Arbeitsleben stehen können, denn seine berufliche Tätigkeit wurde nahezu täglich aufreibender, eine Belastung, die allerdings diejenigen kaum überraschte, die ihn und die Entwicklung der Firma kannten.

Die Währungsreform von 1948 und die damit verbundene Einführung der sozialen Marktwirtschaft hatten in der bald danach gegründeten Bundesrepublik Deutschland einen wirtschaftlichen Aufschwung ausgelöst, der jedoch wegen des Mangels an Waren und den anschließenden Preissteigerungen bereits wenige Monate später wieder ins Stocken geriet und die Arbeitslosigkeit beunruhigend ansteigen ließ. Doch der im Juni 1950 beginnende Koreakrieg brachte dann die Wende. Da die Bundesrepublik damals keine Rüstungsgüter herstellen durfte, konnte sie sich auf die weltweit stark wachsende Nachfrage nach Konsum- und Investitionsgütern konzentrieren und ihren Export rasch steigern. Dadurch setzte ab 1952 ein rasantes wirtschaftliches Wachstum ein, das innerhalb kürzester Zeit dafür sorgte, dass aus dem westlichen Teil des kriegszerstörten Deutschland die stärkste ökonomische Macht in Europa wurde.

Es waren diese »Wirtschaftswunderjahre«, die auch das Planatolwerk Willy Hesselmann boomen ließen. Die Firma stieg im Laufe der fünfziger und sechziger Jahre zu einem führenden Unternehmen der Klebstoffindustrie und schließlich auch zu einem ›Global Player‹ auf, denn seine innovativen Erzeugnisse auf den Gebieten der Chemie und des Maschinenbaus wurden schon bald weltweit exportiert. Kein Wunder, dass die Belegschaft, die in den ersten Monaten nach Kriegsende auf ganze fünfzehn Arbeiter und Angestellte geschrumpft war, bis 1958 nahezu um das Zehnfache an Beschäftigten wuchs und bereits Mitte der sechziger Jahre die Zahl zweihundert überschritt.

Der rasche Aufschwung der Firma ließ auch ihre Maschinenfabrik in Dietmannsried bald aus allen Nähten platzen. Da aber an eine Erweiterung des Betriebsgeländes in der Allgäuer Marktgemeinde nicht zu denken war, verlegte mein Vater diesen Produktionszweig Ende der fünfziger Jahre nach Rosenheim, unseren Wohnort. Damit hatte er die beiden Unternehmensbereiche allerdings erneut an zwei verschiedenen Orten angesiedelt, eine eigentlich unbegreifliche Entscheidung, denn sie erschwerte ein weiteres Mal die dringend notwendige Kooperation zwischen den beiden Firmenteilen und erwies sich noch dazu als sehr kostspielig. Ich erinnere mich recht gut daran, dass meine älteren Brüder, die damals bereits in der Firma tätig waren, diesen Entschluss des Vaters hinter vorgehaltener Hand als unverständlich kommentierten. Vielleicht liegt der Schlüssel zum Verständnis seiner umstrittenen Entscheidung in einem einzigen Buchstaben? Nachdem er nämlich die Maschinenfabrik aus dem Allgäu in die Stadt Rosenheim verlegt hatte, wurde der Name Planatolwerk überraschend in Planatolwerke geändert. Vielleicht war es dieser Plural, den er als Kompensation für seine unmenschliche Plackerei brauchte, denn der rasche Aufstieg der Firma und ihre schrittweise Verlegung nach Thansau und Rosenheim hatten meinem

Vater alles an Kraft und Energie abverlangt, was er trotz
seiner Herzschwäche und seiner schweren Diabetes-Er-
krankung noch mobilisieren konnte. Oder sollte dieser
Plural ein labiles Selbstwertgefühl stärken? Was auch immer der Grund für die damalige Entscheidung gewesen
sein mochte, meine älteren Brüder haben sie jedenfalls
später revidiert und die Maschinenfabrik in einem Neubau auf dem Werksgelände des Chemiebetriebs in Thansau untergebracht.

Die Firma war inzwischen stark gewachsen, dennoch
kümmerte sich mein Vater nach wie vor buchstäblich um
alles und jeden, ein Verhalten, das sich in dem immer härter werdenden Konkurrenzkampf allerdings auch immer
häufiger nachteilig auf die Firma auswirkte, weil er sich
viel zu oft mit Nebensächlichkeiten aufhielt und deshalb
für wirklich wichtige Entscheidungen zu wenig Zeit
fand, ganz zu schweigen von seiner Arbeitsvielfalt, die immer weiter wucherte und unaufhaltsam an seinen Kräften zehrte, ein schleichender Raubbau an seiner Gesundheit.

Meinem Vater fiel es offensichtlich sehr schwer, Aufgaben zu delegieren. War das so, weil er anderen nichts
und sich selbst alles zutraute? Oder weil er auf Anerkennung hoffte? Frau Kleber erzählte mir, sie erinnere sich
noch sehr genau daran, wie er seinen leitenden Angestellten an einem Montagmorgen während der gewohnten
Lagebesprechung überraschend ein bis ins letzte Detail
ausgearbeitetes Konzept mit den Worten vorlegte, es
handle sich dabei um eine Werbekampagne, die er über
das Wochenende entworfen habe. Anschließend sei erst
einmal eine ziemlich peinliche Situation entstanden,
denn der zuständige Abteilungsleiter habe sich sichtlich
brüskiert gefühlt und wollte offenbar etwas sagen, habe
aber dann doch vorgezogen, zu schweigen. Alle anderen

Anwesenden hätten sich jedoch so verhalten, wie es mein Vater von ihnen vermutlich erhofft, höchst wahrscheinlich sogar erwartet hatte: Sie studierten das Exposé, wenn auch mit einem etwas zu auffällig wirkenden Interesse, und äußerten sich dann in sehr anerkennenden Worten.

Die Mitarbeiter meines Vaters hatten mit ihrem devoten Verhalten die Konsequenzen aus der Erfahrung gezogen, dass ihr Arbeitgeber sehr verärgert reagierte, wenn seine Ideen nicht auf Zustimmung stießen oder die Vorschläge anderer als tauglicher beurteilt wurden. Das konnte er nicht ertragen, weil er fest davon überzeugt war, dass seine Kompetenz infrage gestellt werden sollte, eine Befürchtung, die ganz erheblich an seinem Selbstwertgefühl kratzte. Kritik war deshalb nicht erwünscht. Seine Kritiker ließ er dies auch deutlich spüren. Dass in seiner Umgebung schon bald Personen dominierten, die ihn hofierten, während sich verantwortungsbewusste Mitarbeiter enttäuscht zurückzogen, war eine geradezu zwangsläufige Konsequenz seines Verhaltens, die sich negativ auf die Notwendigkeit einer ungeschminkten Darstellung betrieblicher Probleme und dadurch auch einer kompetenten Beratung durch seine engsten Mitarbeiter auswirkte.

Mein Vater war ein glänzender Erfinder gewesen. Er verfügte sowohl auf technischem als auch auf naturwissenschaftlichem Gebiet über schöpferische Fähigkeiten, die höchste Bewunderung verdienen, da er in diesen Fachbereichen nie eine Ausbildung erhalten hatte. Als es aber um Fragen der Rechtsform und der Führungsstruktur seiner Firma ging, hätte er besser daran getan, dem Rat zu folgen, der ihm von Wirtschaftsanwälten und Steuerberatern immer wieder und mit Nachdruck ans Herz gelegt worden war, um die finanziellen Risiken für

Willy Hesselmann in seiner Firma, 1960er Jahre

sich und sein Unternehmen auf ein Mindestmaß zu beschränken. Doch mein Vater hatte stets abgelehnt, die Firma in eine Kapitalgesellschaft, etwa eine GmbH, umzuwandeln. Er wollte Alleininhaber bleiben, auch wenn er dadurch mit seinem gesamten Vermögen für die Firma haftete. Er wollte keine Macht abgeben. Auch nicht an die drei Söhne, die bereits in der Firma tätig waren. Er wollte Herr seines Werkes bleiben. Und er blieb es auch bis zu seinem Tode.

Das starrsinnige Festhalten meines Vaters an seiner Alleinherrschaft in der Firma, trotz aller Risiken und Nachteile, die damit verbunden waren, ist nicht der einzige Grund, warum er wie ein Unternehmer wirkte, der ein wenig aus der Zeit gefallen war. Obwohl er aus einer katholischen Familie stammte, erinnerte er mit seiner asketisch disziplinierten Arbeitseinstellung und seiner rastlosen Berufstätigkeit, mit hervorstechenden Eigenschaften wie etwa unermüdlicher Pflichterfüllung, angestrengtem Fleiß, ausgeprägter Ordnungsliebe und oft genug an Geiz grenzender Sparsamkeit auffallend an den typischen protestantischen Fabrikherrn des 19. Jahrhunderts. Dass er auch ein entschiedener Gegner der Gewerkschaften war, kann da nicht mehr überraschen. Frau Marianne Moises, eine altgediente Mitarbeiterin aus der Buchhaltung, erinnerte sich noch gut an einen Vorfall Anfang der fünfziger Jahre in Dietmannsried. Ein Vertreter der IG Chemie-Papier-Keramik habe sich damals mit dem Anliegen an den Fabrikherrn gewandt, in der Firma einen Vortrag halten zu dürfen. Mein Vater habe diese Bitte jedoch umgehend mit den Worten abgelehnt, die Gewerkschaften seien in seinem Unternehmen nicht erwünscht. Als dann dennoch eine Delegation jener Arbeitnehmerorganisation vor dem Fabriktor erschien, habe er ihr den Zutritt zur Firma verwehrt.

Dass mein Vater mit seiner unternehmerischen Mentalität an das 19. Jahrhundert erinnerte, fand sichtbaren Ausdruck auch in der patriarchalischen Fürsorge für seine Belegschaft. Frau Moises nannte ihn einen *Musterchef.* Wenn man ein Problem gehabt habe, ob beruflich oder privat, dann sei man damit zu ihm gegangen. Wenn er konnte, habe er auch geholfen. Er sei ein vorbildlicher Arbeitgeber gewesen. Allerdings auch ein strenger, denn er sei schon um sieben Uhr morgens in der Firma gewesen, und dann habe man ihn buchstäblich überall gesehen, im Büro, im Betrieb und draußen. Er habe alles überwacht und alles kontrolliert, Pünktlichkeit, Fleiß, Arbeitszeiten. Aber trotz allem sei er in der Belegschaft sehr geschätzt worden.

In den Jahren 1966 und 1967 erlebte die Bundesrepublik zum ersten Mal in ihrer jungen Geschichte eine Rezession, deren verunsichernde Wirkung auf die Bevölkerung nach jahrelanger Aufwärtsentwicklung allerdings dramatischer war als die tatsächlichen ökonomischen Folgen, wie sich im Nachhinein herausstellte. Dennoch, das Wirtschaftswachstum brach regelrecht ein, die Firmeninsolvenzen häuften sich, Arbeitslosigkeit und Lebenshaltungskosten stiegen deutlich an. Die Unternehmen produzierten mehr, als sie verkaufen konnten, die Lagerbestände nahmen zu, Fabrikationsstätten mussten stillgelegt und Arbeiter entlassen werden. Auch das Planatolwerk litt erheblich unter den Auswirkungen der Krise. Die Zahl der Aufträge war rückläufig, vor allem im Maschinenbau ließen die Bestellungen aus dem Inland stark nach, der Wettbewerb wurde spürbar härter und die finanzielle Lage der Firma verschlechterte sich zusehends.

Mein Vater hat diese erste Wirtschaftskrise in der Bundesrepublik nicht mehr erlebt. Frau Kleber erzählte, dass es nach der Krise unter den leitenden Angestellten ernst zu nehmende Stimmen gegeben habe, die sagten, mit meinem Vater an der Spitze hätte die Firma nicht überlebt, denn er sei schon seit längerer Zeit kaum noch in der Lage gewesen, die unbarmherzige Arbeitsfülle, die er sich tagtäglich aufbürdete, zu bewältigen. Vernünftige Angebote zu seiner Entlastung habe er aber stets ebenso strikt abgelehnt wie so manche wohlerwogene Empfehlung zur Geschäftspolitik. Und da die Firma im Laufe der Krise auch noch mit wachsenden finanziellen Problemen konfrontiert gewesen sei, hätte er sich als Alleininhaber den Banken gegenüber in einer denkbar schlechten Verhandlungsposition befunden.

Mein Vater hat diese Firma aufgebaut. Sie war ein Neuanfang für ihn, eine Chance, noch einmal ganz von vorne beginnen zu können. Er hat für sie gekämpft und gelitten. Sie durfte nicht scheitern. Sie war sein Lebenssinn. Deshalb musste auch alles andere zurückstehen, in erster Linie die Familie. Sollten jene Angestellten des Planatolwerks mit ihrer pessimistischen Prognose recht gehabt haben, so würde dies bedeuten, dass der vorzeitige Tod meines Vaters sein Lebenswerk vor dem Untergang bewahrte. Was für eine Tragik!

Von bitteren Erfahrungen zu skeptischem Optimismus

Rosenheim, Samstag, 27. Oktober 1956. Es war halb neun Uhr abends. Mein jüngerer Bruder Herbert und ich saßen auf der obersten Treppenstufe im ersten Stock unserer Villa in der Herbststraße und verfolgten gebannt das lärmende Treiben in der mit zahlreichen Kerzen stilvoll erleuchteten Eingangshalle und den angrenzenden Räumlichkeiten, soweit wir sie mit gereckten und gestreckten Hälsen einsehen konnten. Die Türe zum Salon war weit geöffnet, denn rechts an der Wand neben dem stattlichen Biedermeier-Sofa befand sich die neue Telefunken-Musiktruhe mit ihrem hochmodernen Zehn-Plattenwechsler. Unablässig in Betrieb, animierte er in dieser Nacht eine Heerschar an jungen Damen und Herren, die das gesamte Erdgeschoss bevölkerte, mit Rock'n'Roll von Elvis Presley und Bill Haley, Schlagern von Freddy Quinn, Catarina Valente und Peter Alexander sowie Jazzmusik von Louis Armstrong, Benny Goodman und Glenn Miller zu wilden oder kuschligen Tänzen. Auch unsere Mutter wurde immer wieder aufgefordert und tanzte so ausgelassen, dass das jugendliche Publikum jedes Mal stürmisch Beifall klatschte. Erst viele Jahre später erfuhr ich durch einen der Briefe aus ihrem Nachlass, dass ihr damals ganz und gar nicht zum Tanzen zumute war, sie habe es Peter zuliebe getan, der sehr enttäuscht gewesen sei, dass dem Vater selbst an diesem festlichen Abend nichts anderes einfiel, als in seinem Zimmer zu arbeiten, anstatt endlich einmal seinen familiären Verpflichtungen nachzukommen und sich, wenigstens für kurze Zeit, den Gästen seines Sohnes zu widmen.

Herbert und ich waren begeistert, denn eine solche Festlichkeit hatte es in unserem Elternhaus noch nie gegeben. Wir wären auch gerne dabei gewesen, aber das hatte die Mutter nicht zugelassen. Diesen Abend habe sich Peter gewünscht, um seinen 21. Geburtstag und die damit verbundene Volljährigkeit nachträglich auch noch mit seinen Freunden feiern zu können. Das sollten wir respektieren. Im Übrigen seien wir mit unseren neun und zwölf Jahren auch noch viel zu jung, um an einem solchen Fest für Erwachsene teilzunehmen. Deshalb mussten wir unseren Beobachtungsposten auch bald wieder räumen und um zehn Uhr unsere Betten aufsuchen. Allerdings war an ein rasches Einschlafen nicht zu denken, da sich unsere übermütige Stimmung nur langsam legte und die Musik noch lange zu hören war.

Das erste große Fest in unserem Haus hatte deutliche Spuren im ganzen Erdgeschoss hinterlassen. Damit war jedoch zu rechnen gewesen. Die beiden Hausmädchen würden folglich am Montag einiges zu tun bekommen, um die Räume akkurat in den makellosen Zustand zurückzuversetzen, den der Hausherr stets erwartete. Aber es hatte bis zum Ende der Geburtstagsfeier in den frühen Morgenstunden weder unangenehme Vorfälle noch ärgerliche Beschädigungen an Möbeln oder anderen Einrichtungsgegenständen gegeben. Die Erleichterung darüber stand meiner Mutter ins Gesicht geschrieben, ein befreiendes Gefühl, das jedoch nicht lange währte. Als der Vater gegen elf Uhr zum sonntäglichen Spätfrühstück ins Esszimmer kam, wirkte er sichtlich aufgebracht. Und er war es auch, denn er kam sofort zur Sache. Eine derartige Veranstaltung werde er in seinem Hause nicht mehr dulden. Der ständige Lärm, diese schreckliche Musik, und immer wieder Geschrei und Getrampel, es sei unerträglich gewesen. Er habe die ganze Nacht kein Auge zugetan. Und an Arbeit sei überhaupt nicht zu denken gewesen, ausgerechnet jetzt, da er so viel zu tun habe. Und wie die Räume alle aussähen. Dazu wolle er sich aber nicht äußern, das würde ihn zu sehr aufregen. Wenn er geahnt hätte, dass die halbe Stadt kommen und die Feier so ausufern würde, er hätte sie auf keinen Fall genehmigt. In Zukunft müssten wir uns einen anderen Ort suchen, wenn wir so ein Fest veranstalten wollten, jedenfalls nicht in seinem Haus. Für den Vater war damit die Sache abgeschlossen. Er hatte seine Entscheidung getroffen. Und unter den restlichen Familienmitgliedern herrschte wieder, wie gewohnt, resigniertes Schweigen. Niemand sagte etwas, denn wir alle wussten nun, dass es die erste und gleichzeitig die letzte Festlichkeit gewesen war, die in diesem Hause stattgefunden hatte. Wir feierten von nun an bei Freunden.

Wenn Herbert und ich kurz nach sieben Uhr morgens die Stufen ins Erdgeschoss hinunter liefen, um im Esszimmer zu frühstücken und anschließend zur Schule zu gehen, dann bekamen wir bei einem Blick aus dem Treppenfenster auf die Herbststraße gelegentlich unseren Vater zu Gesicht, der neben seinem schwarzen und auf Hochglanz polierten Mercedes stand und sich mit seinem Chauffeur unterhielt. Ein Anblick, der uns jedes Mal Ehrfurcht einflößte: Er im grauen Anzug mit schwarzem Homburg und farblich zur Krawatte passendem Einstecktuch in der Brusttasche, Anton Maschke in dunkelblauer Livree. Doch es handelte sich um eine Ehrfurcht, bei der die Furcht deutlich überwog, aus bitterer Erfahrung. Ich erinnere mich noch sehr genau an einen Vorfall im August des Jahres 1957. Wir waren damals zehn und dreizehn Jahre alt, zwei Jungs, für die es nichts Wichtigeres gab als Fußball. Der mit Steinplatten gepflasterte Hof vor unserer Garage mit ihrem großen Tor hatte sich sehr rasch als gut geeignetes Spielfeld erwiesen. Dabei war uns allerdings irgendwann völlig aus dem Blickfeld geraten, dass sich im oberen Drittel des Tores zwei geteilte Glasfenster befanden. Und es kam, wie es irgendwann kommen musste. Ein harter Schuss landete in einem der beiden Fenster, das Glas splitterte und die Scherben fielen in die Garage. Unsere Panik hätte größer nicht sein können, als wir entdeckten, dass einige auf den Kofferraumdeckel des Mercedes herabgefallene Splitter den Lack an einer Stelle lädiert hatten. Die Beschädigung war zwar geringfügig, dennoch hofften wir vergebens auf eine moderate Reaktion des Vaters. Er tobte. Doch es war nicht sein maßloser Zorn, der unsere Tränen fließen ließ. Es war die kalte Ablehnung, die er uns danach spüren ließ, die aus seinen Worten und Gesten sprach. Von uns seien ja auch keine anderen Leistungen zu erwarten gewesen. Es waren die Herabwürdigungen, die Verletzungen unseres Selbstwertgefühls, die er uns mit diesen und ähnlichen Worten zufügte, Worte, die wir nicht mehr vergessen konnten, an denen wir ein Leben lang litten. Dass er uns dann auch noch das Fußballspielen auf dem ganzen Grundstück verboten hatte, fiel da nicht mehr ins Gewicht. Wir spielten von nun an bei Freunden. Die Fliehkräfte in der Familie, die durch das Verhalten ihres Oberhaupts hervorgerufen worden waren, hatten nach den älteren nun auch uns jüngere Söhne erfasst.

Die langjährige persönliche Sekretärin und Vertraute unseres Vaters, Hannelore Kleber, erzählte, sie habe ihn als einen Menschen kennengelernt, der nicht nur seine Betriebsangehörigen, sondern auch seine drei älteren

Söhne, die er in die Firma geholt hatte, gut versorgt wissen wollte, der andererseits aber nicht gewillt war, ihnen Verantwortung zu übertragen, an der sie hätten wachsen können. Er habe alle wesentlichen Entscheidungen alleine getroffen. Dadurch sei eine Situation entstanden, die beide Seiten auf Dauer nicht glücklich machen konnte. Deshalb sei sie auch nicht überrascht gewesen, als er in seinen letzten Lebensjahren ihr gegenüber immer häufiger darüber klagte, seine Kinder würden ihn nicht mehr achten.

Doch wofür hätten mein Bruder Herbert und ich ihn achten sollen? Für die Ablehnung, die er uns stets spüren ließ? Mit Freuden hätten wir ihm Respekt und Liebe entgegengebracht, wenn er das gewesen wäre, was wir uns damals so sehnlichst gewünscht hatten: einen Vater, der diesen Namen auch verdiente. Stattdessen war er zum Ursprung unserer Ängste geworden. Wir sind eigentlich in einer »vaterlosen Familie« aufgewachsen, denn wir haben ihn nicht wirklich kennengelernt. Er ist uns fremd geblieben. Wie ein Hotelgast, der wortlos kommt und geht. Und der herrisch wie ein Patriarch reagiert, wenn sein Wille nicht geschieht. In den fünfziger Jahren, der Wirtschaftswunderzeit, scheint *auch er* mehr denn je der festen Überzeugung gewesen zu sein, die einzige Verpflichtung als Ehemann und Vater bestünde darin, die Familie materiell zu versorgen, eine Überzeugung, die viele Männer mit ähnlichem Leistungswillen und Mangel an Zeit mit ihm teilten. Damals hatte ich wie jeder Heranwachsende viele Fragen an den Vater, aber nicht den Mut, ihn anzusprechen, weil ich ihn fürchtete. Als ich dann Mitte der sechziger Jahre zu studieren begann und mich in der Studentenbewegung engagierte, hätte ich den Mut gehabt, ihm Fragen zu stellen, aber es war zu spät. Er war schon tot.

Ich erinnere mich, dass ich zum ersten Mal Hochachtung vor dem Vater empfand, als meine Mutter erzählte, er habe die Nazis entschieden abgelehnt und sei deshalb auch nicht Mitglied der Partei geworden. Dennoch, ich hätte ihn damals gerne gefragt, ob auch *er* von den Verbrechen der Nazis nichts gewusst habe, wie es viele Deutsche nach Kriegsende von sich behaupteten? Und ob ihm bewusst sei, dass auch *er* mit seinem kriegswichtigen Betrieb letzten Endes dazu beigetragen habe, dass die Diktatur dieser selbsternannten Herrenmenschen so lange funktionieren konnte? Was *er* eigentlich gegen die braunen Machthaber und ihre Schreckensherrschaft unternommen habe? Und schließlich, was er dazu sage, dass schon bald nach der Gründung der Bundesrepublik in großen Teilen der Bevölkerung die Bereitschaft deutlich spürbar nachgelassen habe, sich mit der nationalsozialistischen Vergangenheit auseinanderzusetzen und immer nachdrücklicher gefordert worden sei, nun endlich einen Schlussstrich unter die Verfolgung von NS-Verbrechen zu ziehen. Ich habe mich oft gefragt, ob er mir geantwortet hätte. Ich weiß es nicht.

Wahrscheinlich hatte die wiederholte Klage unseres Vaters, seine Kinder würden ihm die gebührende Achtung verweigern, auch in mir einen Anlass gehabt. Ich erinnere mich nämlich noch sehr genau an einen Abend Ende März 1964, drei Monate vor meinem Abitur, als er mich nach dem Abendessen überraschend aufforderte, in einer halben Stunde in sein Zimmer zu kommen, denn er habe etwas mit mir zu besprechen. Da er mich in einem unerwartet freundlichen Tonfall angesprochen hatte, ließ meine Angst, die in seiner Nähe allgegenwärtig war, spürbar nach. Als ich an seine Tür klopfte, war ich zwar sehr aufgeregt, hatte aber keine Panikgefühle. Der Vater saß hinter seinem mächtigen dunklen Schreibtisch, der in der Mitte des Raumes wie ein Symbol seiner Herrschaft thronte und nur noch Kleiderschrank, Ohrensessel und Bett neben sich duldete. Er schob die Aktendeckel, Briefe und Konstruktionszeichnungen, die sich vor ihm türmten, etwas zur Seite, damit er mich besser sehen konnte und kam ohne Umschweife zur Sache. Meine Schulzeit gehe ja nun ihrem Ende entgegen. Er nehme an, dass ich nach dem Abitur ein Studium anstreben werde. Ob ich mir schon Gedanken gemacht habe, was ich studieren wolle? Dass es sich dabei lediglich um eine rhetorische Frage handelte, wurde sehr schnell offenkundig, denn er wartete meine Reaktion nicht ab, sondern beantwortete seine Frage selbst. Das Planatolwerk expandiere seit vielen Jahren und sei inzwischen weltweit zu einem führenden Unternehmen in der Klebetechnik geworden. Und gerade auf diesem Gebiet sehe er in der Zukunft noch große Entwicklungschancen. Damit sie auch genutzt werden könnten, brauche das Werk in Thansau aber erstklassige Chemiker. Er habe die Firma unter sehr schwierigen Bedingungen aufgebaut, um der Familie eine sichere wirtschaftliche Existenz zu ermöglichen. Deshalb erwarte er auch von seinen Söhnen, dass sie in den Betrieb eintreten, seine Tätigkeit loyal unterstützen und sie nach seinem Ableben fortsetzen. Mit Karl-Heinz habe die Firma inzwischen einen fähigen Wirtschaftsfachmann. Was sie aber in Zukunft brauchen werde, sei qualifiziertes Führungspersonal für die chemische Abteilung, gute Leute mit überzeugenden Ideen. Da ich neben Karl-Heinz der einzige seiner Söhne mit Hochschulreife sein würde, käme aus der Familie nur ich für ein Chemiestudium und anschließend für das Labor der Firma in Betracht. Nachdem er noch ausdrücklich betont hatte, dass er sich diese berufliche Zukunft für mich sehr gut vorstellen könne, schwieg er und sah mich fragend an.

Da war sie wieder, die Angst, die mir in seiner Gegenwart jedes Mal die Kehle zuschnürte. Ich hatte Angst vor seiner Reaktion, wenn ich ihm jetzt sagen würde, dass ich für ein naturwissenschaftliches Studium partout nicht geeignet wäre. Meine bescheidenen schulischen Ergebnisse in diesen Fächern seien ein überzeugender Beleg dafür. Eine Tätigkeit in der chemischen Abteilung der Firma käme deshalb für mich nicht in Frage und könnte auch nicht im Interesse der Firma liegen, denn ich wäre dort rundweg eine Fehlbesetzung. Meine berufliche Zukunft würde ich mir stattdessen in der Schule vorstellen, als Lehrer für Englisch und Geschichte. Ich hatte Angst, ihm das zu erklären, aber ich wollte es unbedingt hinter mich bringen, deshalb sagte ich es ihm *jetzt*. Er schwieg und zeigte keine sichtbare Reaktion auf meine Worte, doch sie blieben nicht ohne Folgen. Er ignorierte mich fortan konsequent. Es war das letzte Gespräch zwischen uns beiden bis zu seinem Tode.

Nach dem Tode unseres Vaters vergingen mehrere Wochen, bevor einer meiner älteren Brüder, Karl-Heinz Ilja, der bereits seit einigen Jahren in der väterlichen Firma tätig war, kommissarisch die Geschäftsführung des Planatolwerks Willy Hesselmann übernehmen konnte, gemeinsam mit zwei angestellten Direktoren. Die Familie erbte die Firma, die sich bisher im alleinigen Eigentum ihres Gründers befunden hatte, und beschloss, sie unverzüglich in eine Gesellschaft mit beschränkter Haftung umzuwandeln, ein Verfahren, das sich allerdings bis in die Mitte des Jahres 1967 hinzog.

Die Zukunft der Familie hatte zunächst düster ausgesehen: Ihr Patriarch war plötzlich verstorben, ohne ein Testament zu hinterlassen, das Unternehmen befand sich in einem führungslosen Zustand, und die ersten Auswirkungen der Rezession, die inzwischen in der Bundesrepublik eingesetzt hatte, ließen bereits erahnen, was auf die Firma noch zukommen könnte. Das unerwartete Zusammenrücken der Familie in dieser als existenziell empfundenen Krise förderte gleichzeitig ihre Zuversicht, dass schließlich alles gut werden würde. Ein Irrtum, wie sich rasch herausstellen sollte.

Als sich die Familienmitglieder wenige Tage nach der Beisetzung ihres Seniors vollzählig im Salon der Herbststraße versammelt hatten, um über die Zukunft der Firma zu beraten, teilte Karl-Heinz Ilja, dem die Gesprächsleitung übertragen worden war, in seinen Eröffnungsworten völlig überraschend mit, dass der Vater ihm vor einigen Jahren notariell das Betriebsgrundstück der Firma in Thansau übereignet habe. Zur Begründung erklärte er, der Vater sei in der Vergangenheit von seinen Finanzberatern und Anwälten immer wieder und mit allem Nachdruck zu dieser Entscheidung aufgefordert worden, um die hohe Steuerlast, die er als alleiniger Eigentümer des Unternehmens zu tragen habe, spürbar verringern zu können. Dies sei auch deshalb unverzichtbar gewesen, um die Investitionsfähigkeit und dadurch die weitere Entwicklung der Firma nicht zu gefährden.

Nach einem Augenblick der Unsicherheit über die Konsequenzen, die das Dokument für sie zur Folge haben könnte, war den übrigen Familienmitgliedern sehr rasch bewusst geworden, dass es ihren eigenen Erbanteil an dem Unternehmen zugunsten von Karl-Heinz Ilja erheblich schmälern würde. Eine Flut erzürnter Worte ergoss sich nunmehr über ihn: Warum er bis heute über diese himmelschreiende Ungerechtigkeit geschwiegen habe? Warum er ein solches Machwerk überhaupt unterschrieben habe? Mit welcher Begründung er diesen Eigentumsanspruch eigentlich immer noch aufrecht erhalte?

Der stünde doch wohl zuallererst der Mutter zu und nicht ihm. Man werde diese Entscheidung jedenfalls keineswegs hinnehmen, sondern anwaltlich prüfen lassen, ob sie überhaupt rechtens sei. Die Mutter, die den Ärger der anderen teilte, da auch sie von der Existenz dieses Vertrags nichts gewusst hatte, bemühte sich dennoch, wenn auch zunächst nur mit geringem Erfolg, die Wogen zu glätten und mahnte wiederholt Sachlichkeit an. Der Zorn, der eigentlich dem Vater galt, ihn aber aus Gründen der Pietät verschonte, obwohl *er* diesen Vertrag letztlich zu verantworten hatte, entlud sich mit großer Härte an Karl-Heinz Ilja und führte schließlich dazu, dass er sich mehr denn je von der Familie zurückzog. Es war der Anfang ihrer Erosion. Nur der Vertrag blieb, wie er war.

Die Beisetzung unseres Vaters, so erzählte mir meine Mutter später, habe längst verbannte Bilder in ihr Gedächtnis zurückkehren lassen – Bilder, die ihr Herz beschwerten, denn sie erinnerten daran, wie glücklich sie gewesen war, als sie sich entschloss, diese Ehe einzugehen, und wie rasch sich ihr Glück in Enttäuschung und Verzweiflung verwandelt hatte. Es waren Bilder, die an seinem Grab Trauer und Bitterkeit in ihr auslösten. Doch das Gefühl der Befreiung, das von ihr Besitz zu ergreifen begann, habe sich schließlich als stärker erwiesen, da das Leiden an ihrer gescheiterten Ehe nach so vielen Jahren endlich ein Ende gefunden hatte und Hoffnung auf eine lebenswertere Zukunft aufkeimen ließ. Eine Hoffnung, die sich allerdings ein weiteres Mal als trügerisch herausstellen sollte.

Als die Firma 1967 von uns Söhnen als Erben des verstorbenen Patriarchen in eine GmbH umgewandelt wurde, beriefen wir als neue Anteilseigner des Unternehmens aus unserer Mitte Karl-Heinz einstimmig zum Geschäftsführer der GmbH, da er damals der einzige aus der Familie war, der für diese Aufgabe in Frage kam. Dass der Vater die Firma wie ein Autokrat regiert und das Führungspersonal häufig zu Zaungästen seiner einsamen Entschlüsse degradiert hatte, sollte sich nun unter dem 39-jährigen Diplomkaufmann Karl-Heinz grundlegend ändern, denn auch er hatte oft genug unter der väterlichen Selbstherrlichkeit gelitten. Dass der Vater aber auch maßgebliche Details über wichtige Geschäftskontakte und geplante Innovationen offenkundig als Herrschaftswissen für sich behalten hatte, wurde nun für seinen Nachfolger zu einer Bürde, die umso schwerer wog, als er keinerlei Hehl daraus machte, dass er nur sehr ungern die Leitung der Firma übernommen habe, dass er viel lieber Ingenieur geworden wäre, sich aber dem Wunsch (oder dem Druck?) des Vaters hatte beugen und Betriebswirtschaft studieren müssen. Dass er in seiner neuen Rolle nicht glücklich war, hätte seine Mimik kaum deutlicher wiederspiegeln können. Hannelore Kleber, auf deren langjährige Erfahrung als Chefsekretärin auch Karl-Heinz Ilja nicht verzichten wollte, beschrieb ihn als sehr diszipliniert, korrekt und kompetent, aber auch als einen Menschen, der im Gegensatz zum Vater Risiken zu vermeiden suchte, deshalb stets sehr vorsichtig agierte und sich vor wichtigen Entscheidungen immer wieder um Gewissheit bemühte.

Seit 1965 mehrten sich die Vorzeichen auf ein Ende des »Wirtschaftswunders«. Die Bundesrepublik erlebte in den folgenden beiden Jahren ihre erste Rezession. In der Bevölkerung, die sich rasch an den kontinuierlich wachsenden Wohlstand gewöhnt hatte, weckten die steigenden Inflationsraten und Arbeitslosenzahlen Erinnerungen an traumatische Erfahrungen während der Weimarer

Republik, Erfahrungen, die nun erneut Ängste und Unsicherheiten förderten. Wohin würde die Krise führen?

Karl-Heinz Ilja wusste um seine Verantwortung. Von seinen Entscheidungen hing das Überleben eines inzwischen traditionsreichen Unternehmens mit weit mehr als zweihundert Arbeitern und Angestellten, ihren Familien und zahlreichen Vertretungen im In- und Ausland ab. Von wem aber hätte er auf seiner Suche nach Gewissheit eine verständnisvollere und vor allem kompetentere Antwort erwarten können, als von Lotte, wie er unsere Mutter nannte, die wie kaum eine andere Person mit der Lage der Firma vertraut war und sie schon einmal aus größter Not gerettet hatte?

Charlotte reagierte abwehrend, als Karl-Heinz Ilja sie bat, noch ein letztes Mal für das Unternehmen tätig zu werden und ihn in der Geschäftsführung zu unterstützen. Sie erinnerte ihn nachdrücklich daran, dass sie inzwischen sechzig Jahre alt geworden sei, dass sie sich nach allem, was sie in den dreiundzwanzig Jahren Ehe mitgemacht habe, seelisch und körperlich erschöpft fühle, dass sie sich nur noch nach Ruhe und Zeit sehne, um darüber nachdenken zu können, wie es nun in ihrem Leben weitergehen solle. Ihre Zusage am nächsten Morgen, wenn auch mit der Einschränkung, sie würde aber nur für ein Jahr, *und keinen Tag länger!*, zur Verfügung stehen, überraschte in der Familie niemanden mehr. Wir hatten längst als selbstverständlich hingenommen, dass sie sich stets zuerst um uns und andere sorgte, bevor sie an sich selbst dachte. Es blieb deshalb auch nicht bei einem Jahr, es wurden drei.

Es sei eine harte Zeit gewesen, sagte meine Mutter, denn als die Krise 1967 ihren Höhepunkt erreichte, habe der Rückgang an Aufträgen, vor allem für die Maschinenfabrik, geradezu dramatische Ausmaße angenommen.

Das Planatolwerk W. Hesselmann in den 1990er Jahren

Die Firma sei deswegen kaum noch in der Lage gewesen, ihren Zahlungsverpflichtungen gegenüber den Banken und Zulieferbetrieben nachzukommen. Dass sie deren Direktoren, die sie schon vor Jahren auf verschiedenen Geschäftsessen unseres Vaters kennengelernt habe, nun in persönlichen Gesprächen zu terminlichen und finanziellen Zugeständnissen bewegen konnte, sei ein Glücksfall gewesen, der sehr dazu beigetragen habe, die Firma vor der Insolvenz zu bewahren und damit auch die Arbeitsplätze zu retten.

Als Karl-Heinz Ilja im Mai 1993 die Geschäftsführung der Firma PLANATOL Klebetechnik GmbH – so der Firmenname inzwischen – niederlegte und im Alter von fünfundsechzig Jahren in den Ruhestand trat, konnte er seinem Nachfolger ein Unternehmen übergeben, das in den zurückliegenden zwei Jahrzehnten weltweit zu einem der führenden Hersteller von Klebstoffen und ihren Verarbeitungssystemen aufgestiegen war, ein Unternehmen mit rund zweihundert Beschäftigten in seinem Stammwerk, einem Jahresumsatz von über vierzig Millionen DM, zahlreichen Patentrechten im In- und Ausland, mehr als hundert Handelsvertretungen in siebzig Ländern sowie Dépendancen in den USA und Großbritannien. Die Familie hatte allen Grund, optimistisch in die Zukunft zu blicken. Eigentlich.

Abgesang

Am Morgen des 15. September 2008, einem Montag, hatte die traditionsreiche US-amerikanische Investmentbank »Lehman Brothers« Insolvenz angemeldet. Ihr Zusammenbruch löste heftige Schockwellen aus, die weltweit die Finanzmärkte erschütterten und das Vertrauen in die Banken zerrütteten. Viele Regierungen rund um den Globus mussten immense Milliardenbeträge aufwenden, um ihre Kreditinstitute vor dem Untergang zu retten. Und sehr schnell wurde klar, dass sich die verheerende Finanzkrise auch noch zur schlimmsten globalen Rezession der Nachkriegszeit auswachsen würde. In der Europäischen Union gehörte Deutschland zu den Ländern, die am stärksten unter der Krise zu leiden hatten. Die Bundesrepublik musste 2009 einen Einbruch in ihrer Wirtschaftsleistung um fünf Prozent hinnehmen, ein Rückgang, den es in dieser Höhe in ihrer Geschichte noch nicht gegeben hatte. Die Krise ließ die Ausfuhren deutscher Unternehmen drastisch sinken, und im Inland ging die Nachfrage nach ihren Erzeugnissen so stark zurück, dass die Industrieproduktion insgesamt gesehen besorgniserregend einbrach.

Die weltweite Rezession erschütterte auch das Unternehmen PLANATOL Klebetechnik GmbH in seinen Grundfesten. Im Geschäftsbericht für das Jahr 2009 heißt es deutlich, der Maschinenbau lasse noch nicht einmal ansatzweise eine Wiederbelebung erkennen. Die Firma sehe sich dadurch gezwungen, die Kurzarbeit auszuweiten.

Dennoch müsse im Maschinenbau auch im Jahre 2010 mit einem hohen Verlust gerechnet werden. Aus diesem Grund werde parallel die Möglichkeit geprüft, ob dieser Bereich aufgelöst oder eventuell verkauft werden könne. Die Klebstoffproduktion sei hingegen in den letzten Monaten erfreulich angestiegen. Dies dürfe jedoch nicht darüber hinwegtäuschen, dass das Vorjahresniveau um nahezu zwanzig Prozent verfehlt wurde. Deshalb seien im Jahr 2010 weitere Maßnahmen zur Reduzierung des Personals unvermeidlich. Insgesamt gesehen summiere sich der diesjährige Verlust der Firma auf rund zwei Millionen Euro. Dadurch werde das gegenwärtige Eigenkapital weitgehend aufgezehrt. Wie sich die Banken zu dieser Situation verhalten würden, könne derzeit niemand vorhersagen. Die Umstände seien jedenfalls alles andere als beruhigend.

Unter dem Eindruck der prekären Lage der Firma und seiner ungewissen Zukunft hatten die Gesellschafter im September 2009 nach langer und zeitweilig sehr aufgewühlter Diskussion schließlich den Beschluss gefasst, ihre Geschäftsanteile an einen Münchner Unternehmer zu veräußern, der die Firma übernehmen und weiterführen wollte. Er repräsentierte eine angesehene und wirtschaftlich erfolgreiche Aktiengesellschaft. Seine Offerte war angemessen und seine Bonität über jeden Zweifel erhaben. Und ihm war am ehesten zuzutrauen, die Firma erfolgreich durch die Krise zu führen und dadurch den größten Teil der Arbeitsplätze zu retten. Die Furcht vor einer drohenden Insolvenz mit ihren gravierenden Folgen war möglicherweise aber nicht der einzige Grund für dieses schmerzliche Votum der Familie gewesen. Das spannungsgeladene Verhältnis zwischen einzelnen familiären Anteilseignern könnte durchaus zu dieser irreversiblen Entscheidung beigetragen haben.

Siebenundsiebzig Jahre hatte sich das 1932 von Willy Hesselmann in München gegründete Planatolwerk im Eigentum der Familie befunden. Unter seiner Ägide und anschließend der seines Sohnes Karl-Heinz Ilja war die Firma aus kleinsten Anfängen zu einem führenden Unternehmen der Klebstoffindustrie und zu einem Global Player aufgestiegen. Viele bahnbrechende Erfindungen ihres Gründers und Alleininhabers hatten die Voraussetzungen für diesen Erfolg geschaffen. Dennoch, die Firma hätte die weltweite Finanz- und Wirtschaftskrise der Jahre 2008 bis 2011 wahrscheinlich nicht überlebt, wäre es nicht von dem Münchner Unternehmer übernommen und grundlegend saniert worden.

Das Votum der Gesellschafterversammlung vom September 2009, die PLANATOL Klebetechnik GmbH an diesen Geschäftsmann zu verkaufen, war der Abgesang der Familie Hesselmann als Unternehmer. Und es schien der Schlussakt in einem nahezu endlosen familiären Trauerspiel gewesen zu sein. Dass es aber nur wenige Jahre später durch einen mit kompromissloser Härte geführten Rechtsstreit unter den verbliebenen Söhnen des Firmengründers noch schlimmer kommen würde, konnte damals niemand ahnen.

Kurz vor Beginn der gerichtlichen Auseinandersetzung war mein jüngerer Bruder Herbert verstorben, kurz nach Beendigung des Verfahrens folgte ihm mein älterer Bruder Peter. Und die Familie des Firmengründers Willy Hesselmann war für immer zerbrochen, eine Familie, die nie wirklich eine geworden war.

Epilog

Mein Vater war zweifellos ein begnadeter Erfinder, eine mutige, energiegeladene und weitblickende Unternehmerpersönlichkeit und zudem ein verständnisvoller Arbeitgeber, der durch seine Fürsorglichkeit in der Belegschaft hohes Ansehen genoss. Er hatte seine Firma, das *Planatolwerk Willy Hesselmann, Chemische und Maschinenfabrik für Klebetechnik,* zu Beginn der dreißiger Jahre unter denkbar schwierigen wirtschaftlichen und politischen Gegebenheiten gegründet und nach dem Zweiten Weltkrieg zu einem international renommierten Unternehmen der Klebstoffindustrie ausgebaut. Dass er diese beachtlichen Erfolge als Autodidakt und Selfmademan erreichte, verdient besondere Bewunderung. In Anbetracht der katastrophalen politischen und wirtschaftlichen Entwicklungen, mit denen er und seine Firma viele Jahre lang konfrontiert waren, hätte seine *berufliche* Bilanz eindrucksvoller kaum ausfallen können. In krassem Gegensatz dazu stand jedoch seine *familiäre* Lebensleistung, die enttäuschender kaum hätte sein können.

Ich habe meinen Vater als unnahbaren, unberechenbaren und mir stets fremd gebliebenen Mitbewohner unseres Hauses erlebt, als einen Menschen, dem zu begegnen ich mich Zeit seines Lebens fürchtete. Nicht anders erging es meinem Bruder Herbert. Damals wusste ich nicht genau, *warum* wir Angst vor unserem Vater hatten. Heute weiß ich es. Wir hatten Angst vor ihm, weil wir die seelischen Verletzungen fürchteten, die er uns zufügte, weil er eine abfällige Bemerkung machte, wenn wir Ermutigung gebraucht hätten, weil er schwieg, wenn wir auf ein verständnisvolles Wort hofften, weil er uns seine Nichtachtung spüren ließ, wenn wir uns nach Anerkennung und Zuneigung sehnten. Er gab uns deutlich zu verstehen, manchmal durch Worte, häufig durch eisiges Schweigen, dass wir ihm nicht willkommen waren, dass er von uns nichts hielt, dass er uns ablehnte. Es waren sehr schmerzhafte Verletzungen unseres Selbstwertgefühls, die unser Leben für immer veränderten, weil sie wie schwärende Wunden nicht wirklich heilen wollten. Und weil sie uns so hilflos machten, denn seitdem wurden wir immer wieder von quälenden Selbstzweifeln, von Ängsten und depressiven Stimmungen heimgesucht, die zu verstehen und immer wieder zu überwinden ich gelegentlich psychologischen Rat brauchte. Warum uns der Vater so abweisend begegnete, haben wir nie erfahren. Ich kann deshalb über seine Gründe nur mutmaßen. Dass weder mein jüngerer Bruder Herbert noch ich die von ihm sehnlichst gewünschte Tochter geworden waren, hatte ihn bitter enttäuscht. Dennoch kann ich mir nicht vorstellen, dass diese deprimierende Erfahrung ausreichte, zwei seiner Söhne für den Rest seines Lebens zu ächten. Ich glaube vielmehr, dass die Ursache dieses Verhaltens in der Beziehung unserer Eltern zu suchen ist. Ich vermute deshalb, dass der Vater die ablehnende Haltung, die er unserer Mutter gegenüber schon nach den ersten Ehejahren erkennen ließ, auch auf die beiden gemeinsamen Söhne übertrug. Dass er uns schon sehr bald und immer häufiger als *Charlottes Kinder* bezeichnete, so, als wollte er sich von seiner Vaterschaft distanzieren, spricht für diese Vermutung. Doch ich weiß es nicht sicher, warum er Herbert und mich so konsequent ablehnte.

Im Gegensatz zu uns befanden sich drei der älteren Brüder geradezu in einer komfortablen Lage. Sie genossen das Wohlwollen des Vaters, weil sie für die Firma tätig waren, Karl-Heinz Ilja und Peter in leitenden Positionen, Theo als kaufmännischer Angestellter. Der Vater brauchte sie, wenn er die Gewissheit haben wollte, dass sein Lebenswerk in Familienhand bleiben würde. Die Zukunft des Unternehmens scheint aber nicht der einzige Grund gewesen zu sein, warum er sich diesen drei Söhnen zugetan fühlte, denn sehr wahrscheinlich hat er die Zuneigung, die er offenbar noch immer für seine verstorbene dritte Frau Renate, geborene Salzmann, empfand, auch auf ihre gemeinsamen Kinder übertragen. Wenn dem so gewesen sein sollte, und dafür spricht allein schon sein ausdrücklicher Wunsch, nach seinem Ableben in Renates Grab beigesetzt zu werden, dann war das eine bemerkenswerte Parallele zu seinem Verhalten gegenüber meiner Mutter, lediglich mit umgekehrtem Vorzeichen! Dennoch, auch Peter verließ die Villa der Familie in der Herbststraße, sobald es sein Alter und seine finanzielle Lage zuließen. Es war eine Flucht aus kalter und bedrückender Atmosphäre. Und Karl-Heinz Ilja? Nach dem Tode seiner Mutter lebte er lange Jahre bei den Großeltern Salzmann in München, bis er sich später ein eigenes Refugium suchte. Er hat nie in unserem Elternhaus gewohnt.

Bleibt schließlich noch unser ältester Bruder Harald, geboren 1919 in der rheinischen Stadt Rheydt. Er stammte als einziges Kind aus der ersten Ehe des Vaters, die bereits im März 1923 wieder geschieden worden war. Harald wuchs anschließend bei seiner Mutter auf und lebte später mit seiner eigenen Familie in der Nähe von Düsseldorf, wo er auch bis zu seinem Ruhestand als Sportjournalist arbeitete. Seinen Vater besuchte er regelmäßig in dessen Ausstellungspavillon, wenn in Düsseldorf die DRUPA, die »Internationale Messe Druck und Papier«, stattfand, ansonsten hatte er jedoch nur sporadisch Kontakt zu ihm. Nach dem Tode des Vaters entwickelte sich rasch ein familiäres Verhältnis zwischen Harald und seinen (Halb-)Brüdern, denn als Miterbe der väterlichen Firma gehörte er nunmehr der neugegründeten GmbH an und war dadurch an allen wichtigen unternehmerischen Entscheidungen beteiligt.

Ich glaube, mein Vater war ein zutiefst unglücklicher Mensch. Ich kann mich nicht erinnern, ihn auch nur ein einziges Mal in meinem Leben in einer heiteren oder gar ausgelassenen Stimmung erlebt zu haben, eine Gemütsverfassung, die ihm offensichtlich fremd war, so fremd, dass er sie auch bei anderen Menschen nur schwer ertragen konnte. Ich erinnere mich nämlich noch sehr gut daran, dass unser Lachen stets erstarb, wenn er den Raum betrat, weil wir fürchteten, es könnte ihn stören. Und seine Sprachlosigkeit in unserer Familie trug manchmal geradezu autistische Züge und sorgte bei seiner Anwesenheit regelmäßig für eine beklemmende Atmosphäre. Für uns Kinder war sie zudem eine stete Quelle der Einschüchterung und Angst.

Mein Vater war ein Getriebener. So haben ihn seine Ehefrauen erlebt. Und so haben wir, seine Söhne, ihn kennengelernt. Die Firma hatte für ihn von Anfang an geradezu einen sakralen Charakter, sie war seine Abgöttin, der er mit rastloser Plackerei huldigte. Weder schwere Krankheiten noch scheiternde Ehen oder zerfallende Familien konnten ihn davon abhalten, sich wie besessen für sein Werk abzuarbeiten. Warum? Was trieb ihn? Mein Vater hat die Firma aufgebaut, sie war ein Neubeginn, eine Chance, noch einmal ganz von vorne anfangen zu können, er hat für sie gekämpft und gelitten, sie durfte nicht scheitern, für ihren Erfolg musste alles andere zurückstehen, auch die Familie. War es das, was ihn trieb? Oder wollte er etwas beweisen? Wem? Dem Vater, der von seinem Sohn vermutlich eine abfällige Meinung hatte? Und der Sohn deshalb dem Vater, auch nach dessen Tod, partout beweisen wollte, dass er sehr wohl imstande war, in seinem beruflichen Leben Erfolg zu haben? So wie es mein Bruder Herbert und ich unserem verstorbenen Vater beweisen wollten. Denn auch wir arbeiteten wie besessen und ohne Rücksicht auf unsere Familien, um ihm zu zeigen, dass wir es in unserem beruflichen Dasein gleichermaßen zu etwas bringen konnten. Weil wir aber auch immer wieder von neuem versuchen mussten, unser lädiertes Selbstwertgefühl aufzurichten. Vielleicht habe ich deshalb so sehr unter meinem Vater gelitten, weil ich ihm so ähnlich bin?

Im Ersten Weltkrieg war der Infanterist Wilhelm Hesselmann an der Westfront eingesetzt. Auch in der Hölle von Verdun, als erst 21-jähriger Mann. Die grauenhaften Grabenkämpfe, in denen die Soldaten unaufhörlich dem Feuer der Maschinengewehre, Granatwerfer und Kanonen eines unsichtbaren Gegners ausgesetzt waren, verursachten nicht nur physische Verletzungen. Die unvorstellbare Brutalität dieses Krieges und der alltägliche Anblick entsetzlich zugerichteter Toter und Verwundeter führten bei vielen Soldaten zu schweren psychischen Belastungen. Sie waren für den Rest ihres Lebens traumatisiert. Erst vierzig Jahre nach dem Inferno von Verdun sprach mein Vater, den wir bis dahin stets schweigsam erlebt hatten, plötzlich und ohne einen erkennbaren Anlass in erschütternden Bildern von jenem hunderttausendfachen Töten, vom Sterben seines besten Freundes, von seinen damaligen Albträumen und Todesängsten. Vermutlich hatte auch er bis zum Ende seines Lebens an einem Kriegstrauma gelitten. Hatte auch er, wie so viele andere Soldaten, in jener Hölle auf Erden seine Sprache »verloren«? Weil es für das, was er gesehen hat, keine Worte gibt? Und sein Gefühlsleben? Vier seiner fünf Ehen scheiterten. Vielleicht hatten seine furchtbaren Erlebnisse während des Krieges auch seine Liebes- und Beziehungsfähigkeit zerstört? Vielleicht war er zu stabilen Gefühlen nicht oder nicht mehr in der Lage? Oder er konnte sie nicht ausdrücken, weder in Worten noch in Gesten? Vielleicht fürchtete er sich vor emotionaler Nähe? Andererseits unterhielt er eine offenbar recht lange während Beziehung zu Charlottes ehemals bester Freundin. Vielleicht fand er bei ihr das Verständnis, die Liebe und die Geborgenheit, die er suchte? Oder er sah in diesem Verhältnis eine für ihn vorteilhafte Alternative zu seiner Ehe, da die Liaison mit Rita Stempnagel weitgehend frei von Verantwortung und Verpflichtungen war?

Doch kaum habe ich diese Zeilen geschrieben, kommen mir Zweifel. Vielleicht irrte ich mich mit der Vermutung, mein Vater sei ein zutiefst unglücklicher Mensch gewesen? Vielleicht war er nur in unserer Familie unglücklich? Weil er sie als eine Belastung empfand, aber nicht auf sie verzichten konnte, denn er hatte noch zwei minderjährige Söhne, Herbert und mich, für die er Verantwortung trug? Vielleicht wollte er aber auch deshalb nicht auf Ehe und Familie verzichten, weil sie Vertrauenswürdigkeit verkörperten – ein Attribut, das für einen Geschäftsmann unentbehrlich ist? Vielleicht war er nur in seiner Firma glücklich? Weil er dort unbegrenzt und unbehelligt am Schreibtisch sitzen und an technischen Neuerungen arbeiten konnte? Vielleicht aber auch deshalb, weil er dort seine traumatischen Kriegserfahrungen wirksamer verdrängen konnte? Fragen über Fragen, auf die ich keine Antwort habe.

Heute bedaure sie ihre Heirat nicht mehr, sagte meine Mutter im Laufe eines Interviews, das mein Sohn Oliver Anfang der neunziger Jahre mit ihr führte. Sie begründete diese knappe Feststellung mit den Worten, sie sei sehr glücklich mit all den Kindern, Enkeln und Urenkeln, von denen sie auch keinen einzigen missen möchte. Eine bemerkenswerte Aussage, denn schließlich war das ein indirektes Bekenntnis meiner Mutter zu ihrem offenbar schon lang gehegten Wunsch, sie hätte die Entscheidung, meinen Vater zu heiraten, ungeschehen machen können. Es war ein Bekenntnis, das in unserer Familie allerdings auch niemanden mehr überraschen konnte in Anbetracht all dessen, was sie in ihren dreiundzwanzig Ehejahren erlebt und erlitten hatte.

Während ich diese Zeilen schreibe, muss ich an die vielen Fotos meiner Mutter denken, die in Berlin und einige Jahre später in München aufgenommen worden waren. Sie zeigen eine junge Frau mit Lebensmut und Witz, aufgeschlossen und vielseitig interessiert, glücklich und verliebt. Wie hatte diese Ehe sie verändert! Ich werde die vielen Nächte nicht vergessen, in denen ich meine Mutter hörte, wenn sie ihr Zimmer verließ und im Erdgeschoss unseres Hauses auf und ab ging, weil sie keinen Schlaf finden konnte, Nächte, in denen sie in ihrer Einsamkeit und Verzweiflung Selbstgespräche führte. Ich werde die vielen Morgenstunden nicht vergessen, in denen sie ihr übernächtigtes Gesicht mit den verquollenen Augen vor uns Kindern zu verbergen suchte. Was war aus der jungen Frau geworden, die sich dem Willen ihres herrschsüchtigen Vaters widersetzt und das Elternhaus verlassen hatte, um ihr Leben in Freiheit selbst gestalten zu können! Was war aus dieser selbstbewussten Frau geworden, die bereits in den dreißiger Jahren einen bewundernswerten Mut an den Tag gelegt hatte, als sie ohne Trauschein mit einem Mann in einer gemeinsamen Wohnung zusammenlebte!

Meine Mutter bewies im Laufe ihrer Ehe eine geradezu unerschöpfliche Leidensfähigkeit und ließ sich von meinem Vater immer wieder demütigen, ohne sich gegen diese schmerzlichen Verletzungen ihrer Seele gebührend zu wehren. In Anbetracht ihrer vorehelichen Lebensgeschichte ist auch heute noch schwer zu verstehen, warum sie das Kreuz dieser gescheiterten Ehe bis zum Tode ihres Mannes still und widerstandslos auf sich nahm? Mit einer Ausnahme jedoch, eine, die in unserer Familie zur damaligen Zeit niemand mehr für möglich gehalten hatte: Mitte der fünfziger Jahre fasste meine Mutter überraschend den Entschluss, die Scheidung einzureichen, was sie offenbar nicht mehr vermeiden konnte, da der Leidensdruck übermächtig geworden war. Ich erinnere mich noch sehr gut daran, dass mein Bruder Herbert und ich diese Entscheidung wie eine Befreiung empfunden und inständig gehofft hatten, nun auch bald die schwer erträgliche Atmosphäre unseres Elternhauses verlassen zu können. Umso größer war die Enttäuschung, als meine Mutter ebenso überraschend ihren Plan wieder fallen ließ, da mein Vater eine Auflösung der Ehe kategorisch abgelehnt hatte. Wie sie mir später erzählte, habe sie deshalb eine sehr langwierige und harte juristische Auseinandersetzung mit höchst unsicherem Ausgang befürchtet, einen Rosenkrieg, den sie weder seelisch noch finanziell glaubte durchstehen zu können. Damals sei es ihr aber auch darum gegangen, uns Kindern das hässliche Schauspiel einer vor Gericht und damit in aller

Öffentlichkeit ausgetragenen Konfrontation der Eltern zu ersparen.

Ich habe meine Mutter als eine Persönlichkeit erlebt, die Entscheidungen und Konflikten vor allem dann aus dem Weg zu gehen versuchte, wenn sie sich nicht in der Lage sah, zu erkennen, welche Folgen sich daraus für sie ergeben könnten. Sie war keine Kämpfernatur, kein Mensch mit Durchsetzungswillen. Ich bin fest davon überzeugt, dass mein Vater sie sehr rasch mit dem gebührenden Respekt behandelt hätte, wäre sie seinem rücksichtslosen Verhalten mit dem angemessenen Widerstand entgegengetreten. Er war nur so stark, weil sie sich nachgiebig zeigte.

Ich habe mich auch oft gefragt, ob die Ehe meiner Eltern nicht schon zum Scheitern verurteilt war, bevor sie überhaupt begann, denn die Motive, die zu ihrer Heirat führten, hätten ungünstiger kaum sein können. Meine Mutter befand sich mit ihren 36 Jahren offensichtlich in einem geradezu panikartigen Gefühlszustand, befürchtete sie doch, in diesem mörderischen Krieg schon bald keinen Mann im heiratsfähigen Alter mehr zu finden. Mein Vater, den sie schließlich über seine Heiratsanzeige kennenlernte, gefiel ihr zwar sehr gut, wie sie gelegentlich erzählte, aber es war offenkundig *nicht wirklich er*, der ihr Herz berührte, es waren seine beiden vier und sieben Jahre alten Söhne Theo und Peter, die ihre Mutter durch eine schwere Krankheit verloren hatten. Auch das Gefühlsleben meines Vaters befand sich damals in einem Zustand stetig wachsender Verzweiflung. Willy Hesselmann konnte weder eine Haushälterin noch eine geeignete Betreuungsperson für seine Kinder finden. Doch wie sollte er die Firma leiten, wenn er sich zur gleichen Zeit um die beiden kleinen Buben kümmern musste? War die Heirat mit Charlotte Bressem deshalb für ihn lediglich der rettende Ausweg aus einem Betreuungsproblem? Existierten zwischen den beiden zu Beginn ihrer Beziehung auch Gefühle *für* einander? Und wenn dem so war, entstand daraus auch ein Gefühl, das *Liebe* genannt werden könnte? Bei meiner Mutter scheint es zumindest in den ersten Jahren ihrer Ehe so gewesen zu sein. Vielleicht scheiterte die Beziehung schließlich aber auch deshalb, weil keiner der beiden dem anderen das geben konnte, was sich dieser erhoffte: Verständnis, Unterstützung, Liebe? Doch ich weiß es nicht gewiss.

Nach dem Tode meines Vaters im Februar 1966 blühte meine Mutter peu à peu wieder auf, ihr Lebensmut und ihr sprichwörtlicher Humor, den wir in der Familie nun schon so lange hatten entbehren müssen, kehrten mit der Zeit zurück. Dass nun auch mehrere ihrer Verehrer aus längst vergangenen Tagen mit neuerlichen Liebesgeständnissen bei ihr vorstellig wurden, überraschte uns damals nicht, schließlich war sie mit ihren sechzig Jahren noch immer eine sehr attraktive Frau. Und inzwischen auch eine gute Partie. Doch ihre Sehnsucht nach einem Leben in harmonischer Zweisamkeit erfüllte sich nicht.

Meine Mutter starb im Mai 2002. Bis dahin hatte sie unsere Großfamilie zusammengehalten. Nach ihrem Tod zerfiel auch sie.

Danksagung

Meinem Sohn Oliver schulde ich größten Dank. Trotz seiner starken beruflichen Belastung hatte er sich sogleich bereit erklärt, mein Vorhaben nach Kräften zu unterstützen. Er war ein großartiger Lektor, der mir mit besonders wertvollen Anregungen und konstruktiver Kritik unverzichtbare Hilfe geleistet hat. Ohne ihn hätte ich es nicht gewagt, dieses Buch zu schreiben.

Die größte Last hatte jedoch meine Frau Evelyn zu tragen, denn sie war es, die in den viereinhalb Jahren, in deren Verlauf ich an diesem Buch arbeitete, meine Launenhaftigkeit und meine gereizten Stimmungen ebenso erdulden musste wie meine häufige körperliche und geistige Abwesenheit. Und sie war mir nicht nur eine unentbehrliche Lektorin, sondern stets auch eine große seelische Stütze. Ohne sie hätte ich es nicht geschafft. Auch ihr schulde ich daher größten Dank.

Ein ganz besonderer Dank gilt der Lektorin Beate Decker, die mir mit ihrem großen Einfühlungsvermögen und ihren überzeugenden Anregungen eine unverzichtbare Hilfe war.

Ein ganz besonderer Dank gilt auch meinem in der Zwischenzeit leider schon verstorbenen Bruder Peter. Er war es, der als Erster die Idee zu diesem Buch hatte, und von ihm stammen viele entscheidende Informationen über die Firma, unseren Vater und die große Familie. Ohne sein reiches Wissen hätte ich die Idee nicht verwirklichen können.

Dank schulde ich aber auch meiner Tochter und meinem Enkel. Tamara hat es sich trotz ihrer enormen Arbeitsbelastung nicht nehmen lassen, das Entstehen des Werkes mit klugen Fragestellungen und Anregungen zu begleiten. Und Luca wurde nicht müde, zu erklären, er werde eines Tages an diesem Buch anknüpfen und die Familiengeschichte fortschreiben. Beide haben mich dadurch immer wieder motiviert, nicht aufzugeben, sondern das Werk unbedingt zu Ende zu bringen. Ganz herzlich danken möchte ich auch Ulla und Ulrich Hesselmann, die mich bereitwillig an den Erfahrungen, die sie in der Familie und der Firma gemacht hatten, teilhaben ließen.

Ganz besonderen Dank schulde ich dem Psychotherapeuten Wolfgang Walter, der mir sehr dabei half, meine Eltern besser zu verstehen.

Großer Dank gebührt auch dem Heimatforscher Siegfried Sailer aus der Marktgemeinde Dietmannsried, der mir mit seinem fundierten Wissen über die Kriegs- und Nachkriegsjahre im Allgäu und mit wichtigen Dokumenten über die damalige Lage der Firma eine unerlässliche Hilfe war. Ein ebenso großer Dank gilt den ehemaligen Belegschaftsmitgliedern Walter Brauner, Marianne Moises und Hannelore Weber (†), die mir viele interessante Details über das Innenleben der Firma berichten konnten.

Ganz herzlich danken möchte ich aber auch dem Verleger Klaus G. Förg und seinen Lektorinnen Christina Klasna und Julia Womser, die mich mit ihrer reichen Erfahrung großzügig unterstützten, den Rechtsanwälten Iris Haydn und Michael Häusele für ihre profunde juristische Beratung und Jenny McMurray, einer engen Freundin meiner Familie, für ihre wertvollen Anregungen.

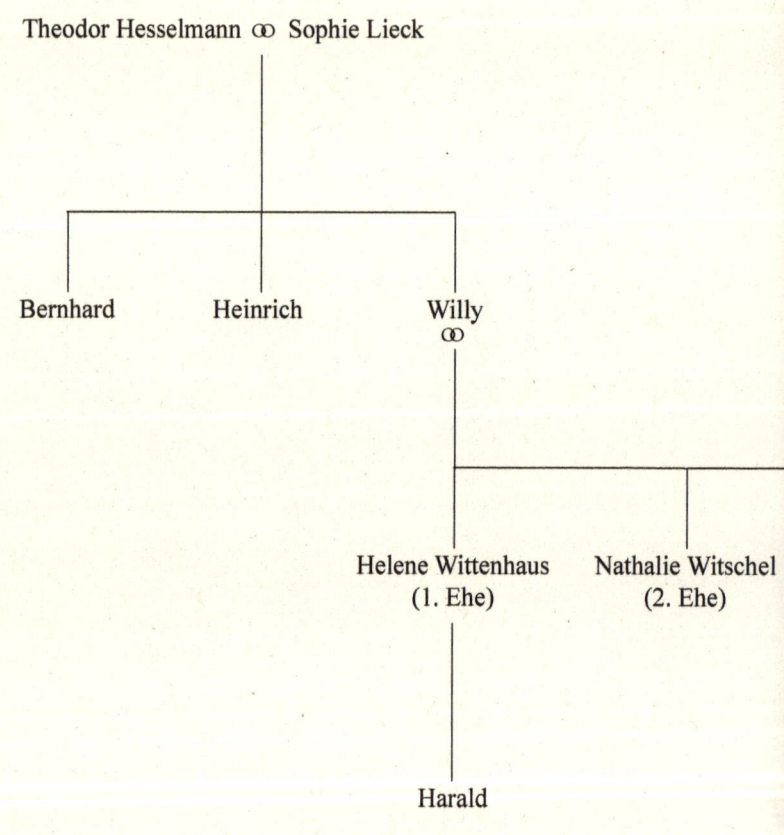

Theodor Hesselmann ⚭ Sophie Lieck

Bernhard   Heinrich   Willy
⚭

Helene Wittenhaus   Nathalie Witschel
(1. Ehe)   (2. Ehe)

Harald

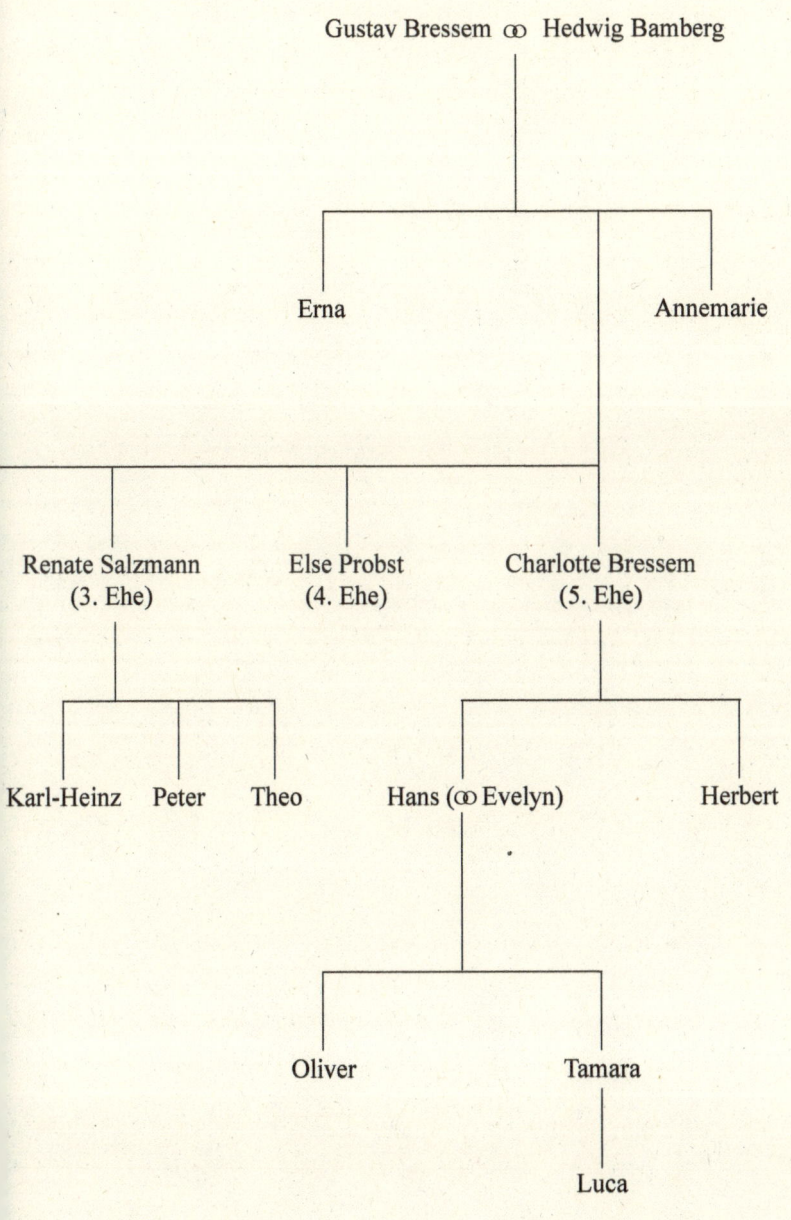

Im Rosenheimer Verlagshaus bereits erschienen

Hoffnung auf das große Glück
304 Seiten
ISBN 978-3-475-54666-2

Ingolstadt 1916: Nach dem tragischen Tod ihrer Mutter wächst die kleine Fanny bei ihren Großeltern auf. Den Ersten Weltkrieg erlebt sie als junges Mädchen im Kreis einer Familie, zu der sie doch nie richtig gehört. Als uneheliches Kind ist sie stets auf der Suche nach Liebe und Geborgenheit und wird doch immer wieder enttäuscht. Trotzdem verliert sie nie die Hoffnung. Geprägt von Entbehrungen und Schicksalsschlägen geht sie als junge Frau ihren eigenen Weg.

Meine Münchner Kindheit
128 Seiten
ISBN 978-3-475-54150-6

Franz Freisleder war zu Kriegsbeginn acht Jahre alt. Alt genug, um zu begreifen, dass der Krieg mehr als den Wegfall des Oktoberfestes bedeutete. Aber zu jung, um später Rechenschaft ablegen zu können. Keine andere Stadt stand so im Fokus der Kriegsjahre 1939–1945 wie München. Als »Hauptstadt der Bewegung« bildete sie ein Zentrum des Nazi-Regimes und musste dafür später bitter bezahlen.
Neben den traumatischen Erfahrungen des Krieges erzählt Franz Freisleder auch von schönen Momenten. Theaterbesuche und seine Leidenschaft für Pferde und Trabrennen machten ihm diese Zeit erträglich.

Ins warme Licht der Freiheit
256 Seiten
ISBN 978-3-475-53867-4

Es hätte eine behütete Kindheit und Jugend sein können im sächsischen Dreiländereck. Doch nach und nach brechen die Schatten der Zeitgeschichte in Ursulas Leben ein: der Nationalsozialismus und der Zweite Weltkrieg. Schorsch, ihre erste Liebe, fällt in den Kämpfen gegen Kriegsende. Als die Niederlage besiegelt ist, flieht die junge Frau aus dem Dorf vor der Roten Armee. Man will sich nach Prag in Sicherheit bringen – ohne zu ahnen, dass diese Flucht geradewegs in die Hölle führt. Eine lange Zeit wird es dauern, bis Ursula wieder das warme Licht der Freiheit sehen darf …

Klassentreffen
192 Seiten
ISBN 978-3-475-53886-5

Der bekannte Schriftsteller Helmut Zöpfl erzählt über seine Kindheit: Kein Wunder, dass daraus eine höchst unterhaltsame Lektüre wird. Wir lernen eine längst vergangene Zeit aus dem Blickwinkel eines Münchner Buben kennen. Eine Zeit, in der man sich als stolzer Besitzer eines Fußballs noch wie ein König fühlen konnte. Auch über so manchen gelungenen Lausbubenstreich kann man schmunzeln. Aber auch der ernste Zeithintergrund, der Zweite Weltkrieg mit seinen Bombenangriffen und die Kriegsgefangenschaft des Vaters, kommen zur Sprache.

Mehr Informationen zu unserem Verlagsprogramm finden Sie unter www.rosenheimer.com